交通运输行业高层次科技人才培养项目著作书系

郑中义 编著

海事行政法

Maritime Administration Law

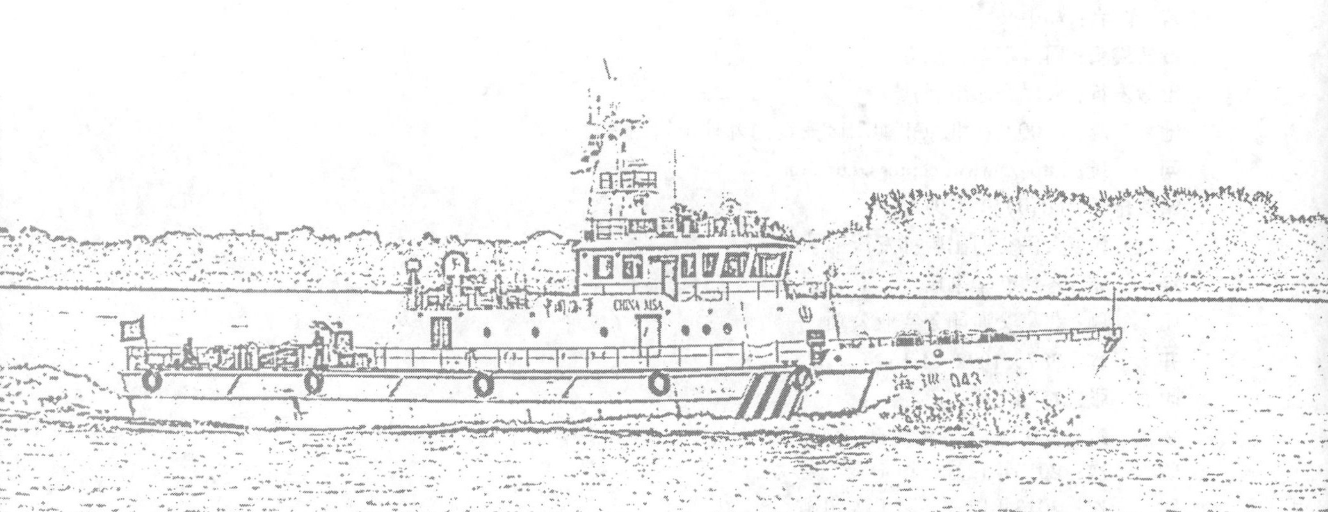

内 容 提 要

本书共十三章,内容包括:绪论、海事行政法律关系主体、海事行政法律体系、海事行政行为、海事行政立法、海事行政许可、海事监督检查、海事行政处罚、海事行政强制、海事行政诉讼、海事行政复议、海事行政赔偿、海事行政法制监督。

本书可作为高等院校教学用书,也可作为海事行政执法人员培训、自学等的参考用书。

图书在版编目(CIP)数据

海事行政法 / 郑中义编著. — 北京 : 人民交通出版社, 2013.11

ISBN 978-7-114-10971-3

Ⅰ. ①海… Ⅱ. ①郑… Ⅲ. ①海事处理 - 行政法 - 研究 Ⅳ. ①D993.5

中国版本图书馆 CIP 数据核字(2013)第 257914 号

交通运输行业高层次科技人才培养项目著作书系

书　　名: 海事行政法
著 作 者: 郑中义
责任编辑: 周　宇　赵东方
出版发行: 人民交通出版社
地　　址: (100011)北京市朝阳区安定门外外馆斜街 3 号
网　　址: http://www.ccpress.com.cn
销售电话: (010)59757973
总 经 销: 人民交通出版社发行部
经　　销: 各地新华书店
印　　刷: 北京交通印务实业公司
开　　本: 787×1092　1/16
印　　张: 15.5
字　　数: 360千
版　　次: 2013年12月　第 1 版
印　　次: 2013年12月　第 1 次印刷
书　　号: ISBN 978-7-114-10971-3
定　　价: 45.00元

作者简介

Author Introduction

郑中义，生于1964年，大连海事大学航海学院教授，工学博士，博士生导师。主要从事海上交通工程科学与技术、交通信息工程及控制相关学科的教学和研究工作。现为海上交通工程学科负责人，水上交通安全研究中心主任及北极海事研究中心主任。校级知名航运专家人选、校级教学名师。

出版《水上安全监督管理》(编)、《船舶避碰决策》(著)、《船舶安全配员》(著)、《船舶与船员管理》(编)等8部专著和教材。负责或作为主要研究人员承担40余项科研项目，其中省部级以上30余项。公开发表论文80余篇。

所参加或承担的课题，获得省部级科技进步三等奖3次；所参加的科研项目获得大连市科技进步二等奖和创造发明奖各1次；所参加的科研项目2次获得了大连市政府电子信息技术推广应用技术奖；所主持或参加的科研项目2次获得日本邮船海事基金三等奖，获得日本邮船海事基金一等奖1次。

发表的学术论文，获得辽宁航海学会优秀论文二等奖1次，获得中国航海学会期刊优秀论文三等奖1次。

在长期的教学和科研中，曾获得交通运输部吴福—振华交通教育优秀青年教师、学校优秀教师、教学名师等光荣称号。现为中华人民共和国交通运输部新世纪“十百千人才工程”第一层次人选。

出版说明
Published Description

进入21世纪以来,党中央、国务院高度重视人才工作,提出人才资源是第一资源的战略思想,先后两次召开全国人才工作会议,围绕“人才强国”战略实施作出一系列重大决策部署。党的十八大着眼于全面建成小康社会的奋斗目标,提出要进一步深入实践“人才强国”战略,加快推动我国由人才大国迈向人才强国,将人才工作作为“全面提高党的建设科学化水平”八项任务之一,为人才成长发展进一步营造出良好的政策和舆论环境,极大激发了人才创新创业的积极性。

国以才立,业以才兴。面对风云变幻的国际形势,综合国力竞争日趋激烈,我国在全面建成社会主义小康社会的历史进程中机遇与挑战并存,人才资源作为第一资源的特征和作用日益凸显。只有深入实施“人才强国”战略,确立国家人才竞争优势,充分发挥人才对国民经济和社会发展的重要支撑作用,才能在国际形势、国内条件深刻变化中赢得主动、赢得优势、赢得未来。

近年来,交通运输行业深入贯彻落实“人才强交”战略,围绕“建设综合交通、智慧交通、绿色交通、平安交通”的战略部署和中心任务,加大人才发展体制机制改革与政策创新力度,行业人才工作不断取得新进展,逐步形成了一支专业结构日趋合理、整体素质基本适应的人才队伍,为交通运输事业全面、协调、可持续发展提供了有力的人才保障与智力支持。

“交通青年科技英才”是交通运输行业优秀青年科技人才的代表群体,培养选拔“交通青年科技英才”是交通运输行业实施“人才强交”战略的“品牌工程”之一,1999年至今已培养选拔282人。他们活跃在科研、生产、教学一线,奋发有为、锐意进取,取得了突出业绩,创造了显著效益,形成了一系列较高水平的科研成果。为加大行业高层次科技人才培养力度,“十二五”期间,交通运输部设立人才培养专项经费,重点资助包含“交通青年科技英才”在内的高层次科技人才。

人民交通出版社以服务交通运输行业改革创新、促进交通科技成果推广应用、支持交通行业高端人才发展为目的,配合“人才强交”战略设立“交通运输行业高层次科技人才培养项目著作书系”（以下简称“著作书系”）。“著作书系”面向包括“交通青年科技英才”在内的交通运输行业高层次人才，旨在为行业人才培养搭建一个学术交流、成果展示和技术积累的平台，是推动加强交通运输人才队伍建设的重要载体，在推动科技创新、技术交流、加强高层次人才培养力度等方面均将起到积极作用。凡在“交通青年科技英才培养项目”和“交通运输部新世纪十百千人才培养项目”申请中获得资助的出版项目，均可列入“著作书系”。对于虽未列入培养项目，但同样能代表行业水平的著作，经申请、专家评审后，也可酌情纳入“著作书系”。

高层次人才是创新驱动的核心要素，创新驱动是推动科学技术发展的不竭动力。“著作书系”的出版在服务行业、服务社会、服务国家的同时，力求达到助力科技创新、促进青年人才成长的目的。相信在全面建成社会主义小康社会的历史进程中，必将会有更多优秀人才在建设综合交通、智慧交通、绿色交通、平安交通的过程中脱颖而出、建功立业。

人民交通出版社

2013 年 12 月 10 日

前 言

Foreword

国家海事行政执法人员转为国家公务员以及我国法制建设的不断推进，对海事行政执法水平提出了更高的要求。同时，海事行政执法不仅要执行国内海事行政立法，还要执行我国加入的相关国际公约，具有国际性的特点，因此，海事执法应与国际接轨。

到目前，《海事行政法》是我国涉及海事行政法的唯一一部部门行政法著作。该书的较早版本曾于2007年由大连海事大学出版社出版，至今已过去了6年，期间国内外海事行政法规发生了很大变化，需要对内容加以修改完善。2012年经申请，该书获得交通运输部“交通运输行业高层次科技人才培养项目”的资助，得以再版。

本书第一章、第四章、第九章由郑中义撰写；第二章由张连丰撰写；第三章、第十一章由翟宏利撰写；第五章、第十章、第十二章由汉丽撰写；第六章由荆浩博撰写；第七章由李国平、郑中义撰写；第八章、第十三章由张利、张连丰撰写；全书由郑中义统稿、定稿。

本书既可作为高等院校的教学用书，也可作为海事行政执法人员培训、自学等的参考用书。

本书限于作者水平，不足之处在所难免，恳请广大读者批评指正。

作者

2013年7月

目 录

Content

第一章　绪论 ······ 1

第一节　概述 ······ 1
第二节　海事行政执法的原则 ······ 5
第三节　海事行政法的形式 ······ 10

第二章　海事行政法律关系主体 ······ 16

第一节　海事行政法律关系概述 ······ 16
第二节　海事行政主体 ······ 20
第三节　海事行政相对人 ······ 26

第三章　海事行政法律体系 ······ 30

第一节　概述 ······ 30
第二节　我国现行海事行政法律体系及存在的问题 ······ 32
第三节　我国拟建设的海事法律体系框架 ······ 37
第四节　我国主要海事法规的主要内容 ······ 41
第五节　主要国际海事公约的主要内容 ······ 47

第四章　海事行政行为 ······ 58

第一节　海事行政行为的概念 ······ 58
第二节　海事行政执法行为及其分类 ······ 61
第三节　准海事行政行为及海事事实行为 ······ 67
第四节　海事行政自由裁量权及其控制 ······ 81

第五章　海事行政立法 ······ 85

第一节　海事行政立法概述 ······ 85
第二节　海事行政立法权限划分 ······ 87
第三节　海事行政立法的原则和程序 ······ 88
第四节　海事行政法规、规章以外的行政规范性文件 ······ 91

第六章　海事行政许可 …… 93
第一节　概述 …… 93
第二节　海事行政许可的原则 …… 95
第三节　具体海事行政许可的种类及条件 …… 98
第四节　海事行政许可的实施程序 …… 109
第五节　海事行政许可目前存在的问题和对策 …… 113
第七章　海事监督检查 …… 116
第一节　海事监督检查概述 …… 116
第二节　海事监督检查的性质 …… 118
第三节　海事监督检查的程序及方式 …… 120
第八章　海事行政处罚 …… 124
第一节　海事行政处罚的概念 …… 124
第二节　海事行政处罚的原则 …… 126
第三节　海事行政违法行为构成要件 …… 128
第四节　海事行政处罚的种类、适用规定、权限及管辖 …… 129
第五节　海上海事行政违法行为和行政处罚 …… 132
第六节　海事行政处罚程序 …… 136
第七节　海事行政处罚的法律文书 …… 145
第八节　海事行政处罚有关问题的探讨 …… 147
第九章　海事行政强制 …… 153
第一节　概述 …… 153
第二节　国外海事行政强制状况 …… 158
第三节　海事行政强制的种类及内容 …… 161
第四节　赋予海事行政机构行政强制权的必要性 …… 165
第五节　海事行政强制在立法和执法中存在的问题 …… 170
第十章　海事行政诉讼 …… 174
第一节　海事行政诉讼概述 …… 174
第二节　海事行政诉讼范围和管辖 …… 177
第三节　海事行政诉讼参加人 …… 179
第四节　海事行政诉讼起诉与审理程序 …… 182
第十一章　海事行政复议 …… 192
第一节　海事行政复议概述 …… 192

第二节　海事行政复议的基本原则 …… 195
第三节　海事行政复议的范围及管辖 …… 197
第四节　海事行政复议参加人 …… 200
第五节　海事行政复议的程序 …… 202
第六节　海事行政复议相关法规及法律文书 …… 205
第七节　海事行政复议存在的问题 …… 206

第十二章　海事行政赔偿 …… 208

第一节　海事行政赔偿概述 …… 208
第二节　海事行政赔偿范围 …… 210
第三节　海事行政赔偿主体 …… 212
第四节　海事行政赔偿程序 …… 215
第五节　海事行政赔偿的方式和标准 …… 218
第六节　海事行政补偿 …… 220

第十三章　海事行政法制监督 …… 223

第一节　海事行政法制监督概述 …… 223
第二节　海事行政法制监督的国家机关 …… 225
第三节　海事行政管理机构的内部监督 …… 227
第四节　中国共产党和社会的监督 …… 233

第一章 绪　论

第一节 概　述

一、海事的概念

就“海事”一词而言，在我国有多种解释，因此明确“海事”一词，对于理解海事行政是十分重要的。依据新华词典（修订版）及有关著作[1]：“海事”一词一是指一切有关海上事务，如航海、造船、验船、海运权利、海运法规、信号标准、海员教育、国际海上公约、海损事故处理等。在这一概念中，“海事”是指一切与海上相关的事务，是“海事”定义中内涵最广的一种，即为广义的“海事”；二是指船舶在水上航行或停泊中所发生的事故，如搁浅、触礁、沉没、火灾、碰撞等，以及由于其他自然灾害所造成的水上事故。这一概念，实际上是将“海事”等同于“海上事故”，也是“海上事故”的简称，即为狭义的“海事”。

在本书中，关于“海事”的含义，既不采用上述含义的第一种，也不采取上述含义的第二种，而是采取与“中华人民共和国海事局”中的“海事”内容相一致的含义。一方面，本书的目的是较为全面地研究和论述中华人民共和国海事局及其工作人员的行政管理活动，以及在管理活动中作出的具体行政行为的要件及其有效性等。另外，由于“海上事务”内容的广泛性，在我国，海上事务的管理归属多个部门，而各部门的权利和义务也是不完全一样的，因此若全面论述与这一概念相关的内容，则会显得内容错综复杂，让人难以理解。

针对本书涉及的海事行政法有关内容，“海事管理”或“海事行政”主要涉及以下几个方面：

(1)船舶所有人、经营人和船舶安全营运管理；

(2)船舶、海上设施检验管理；

(3)海上船舶登记管理；

(4)船员、引航员及船舶配员的管理；

(5)海上航行、停泊和作业管理；

(6)海上通航安全保障管理；

(7)船舶载运危险货物运输的安全与防污染监督管理；

(8)海难救助管理；

(9)海上打捞管理；

(10)海上船舶污染沿海水域的监督管理；

---

[1] 吴兆麟. 海事调查与分析. 大连：大连海运学院出版社，1993.

(11)海上交通事故调查处理;

(12)船舶保安管理;

(13)其他海上海事行政管理。

从行政法的角度,特别是“法”的角度上讲,海事行政主体不具有相应的海事立法权,然而在本书中,“海事行政法”除了包括海事行政处罚、海事行政许可、海事行政监督、海事行政复议、海事行政诉讼等外,也包括了海事行政立法等内容。

二、海事行政的概念与特征

随着我国法律建设的不断完善,海事行政法作为一个部门行政法越来越受到社会的广泛关注。但对其概念而言,所涉及的还不多。在国际上,由于各国海上安全执法机构的职能不完全相同,因此,海事行政法的概念也不完全相同。

海事行政是海事行政管理的简称,是国家行政管理的一部分。海事行政是指海上安全监督管理机关及其工作人员为了维护国家主权、维护水上交通安全,保护水上人命和财产安全、防止船舶污染水域,依法采取行政命令、行政处罚、行政强制等手段,所进行的管理活动。这种管理活动主要包括:船舶登记与安全管理、船员管理、通航水域管理、航标配布及管理、船舶载运危险货物管理、海上搜寻与救助等。

海事行政是水上安全监督管理机构的法定职责,具有以下特征:

1. 海事行政的主体

海事行政的主体是满足行政主体条件与资格的我国各级海事行政管理机构。具体而言,我国海事行政的主体包括两大类,一类是国家海事管理机构,是我国海上及内河的海事行政主体;另一类是各省、自治区、直辖市人民政府在中央管理水域以外的其他水域设立的海事管理机构,是中央管理水域以外其他水域的海事行政主体。这两类主体所存在的差别主要是:第一,成立的依据不同。国家海事行政主体依据《中华人民共和国海上交通安全法》(以下简称《海上交通安全法》)设立;而各省、自治区、直辖市人民政府所设立的海事行政主体,则是依据《中华人民共和国内河交通安全管理条例》(以下简称《内河交通安全管理条例》)所设立的。第二,各自的执法依据不完全相同。国家海事行政主体除了执行我国海上、内河有关法律、法规及规章以外,还执行我国所参加或承认的国际公约的有关规定;而各省、自治区、直辖市人民政府所设立的海事行政主体执行的则是我国内河有关法律、法规(包括地方法规)及有关规章的规定。第三,隶属关系不同。国家海事行政主体隶属于国务院交通主管部门;而各省、自治区、直辖市人民政府所设立的海事行政主体在业务上接受国务院交通主管部门的领导,在行政上隶属于各地方政府。第四,财政来源不同。国家海事行政主体的财政来源于中央财政;而各省、自治区、直辖市人民政府所设立的海事行政主体的财政来源于地方财政。

2. 海事行政的目的

海事行政的目的是维护国家主权,维护水上交通安全秩序,保护水上人命及财产安全、保护水域及海洋环境不受污染。

3. 海事行政的方式

海事行政的方式主要包括:命令、监督检查、行政许可、行政处罚、行政强制等。海事行政方式的突出特点是监督检查,以使行政相对人的船舶、其他水上设施及其上的人员资格、配备符合有关海事法律、法规及规章和标准等的要求,遵守我国海上交通安全的有关规定等。

4.海事行政具有显著的涉外性质

这是由于船舶航行于世界各国港口的特点所决定。一方面,我国承认或加入了国际海事组织所有重要的国际公约,适用于我国国际航行的船舶及其所有人或经营人;另一方面,到我国港口及管辖水域的船舶须接受港口国管理,除适用于相关的国际公约外,还适用于我国有关的海事法律、法规。

三、海事行政法的概念

1.海事行政法的概念

海事行政法是有关国家海事行政管理法律规范的总称,是规定海事行政主体的组织、行使职权方式、程序以及对海事行政职权的法制监督、调整海事行政法律关系的法律规范的总称。从定义来看,海事行政法所调整的对象是海事行政管理关系,而不是其他的行政关系,是调整海事行政主体在行使海事行政职权过程中,与特定的公民、法人和其他组织之间所发生的各种权利和义务关系。海事行政法是有关海事行政法律规范的总称,其内容包括了组织规范、行为规范以及对海事行为的监督规范。海事行政组织规范用以调整和规定海事行政主体及其工作人员的内部行政管理关系;海事行为规范用以调整和规定海事行政主体及其工作人员在行政管理过程中,与特定的公民、法人及他组织之间所发生的行政管理关系,以及规定了海事行政权的构成及行使;对海事行为的监督规范是对海事行为进行监督的法律规范。

2.海事行政法的调整对象

海事行政法作为行政法体系中的一个部门行政法,有它特定的调整对象,这也是区别于其他部门行政法的特点之一。海事行政法的调整对象是海事行政管理关系。这种行政关系是海事行政主体为实现其管理职能的社会形式,以国家的名义,为实现其管理目标,在行使海事行政管理职权过程中发生的各种社会关系。由于对"海事"定义的不同,对这些社会关系的认识,不同的专家学者有不同的认识,就我国现在海事行政法所涉及的范围而言,应该包括:

(1)船舶管理过程中发生的社会关系。其主要是指海事行政主体在行使管理职权过程中,为了确定船舶的国籍、船舶的所有权、船舶的航行权、船舶的适航性等方面与船舶所有人或经营人之间所发生的社会关系。这种关系所涉及的方面主要是通过海事行政主体对船舶的登记以确认船舶的国籍、船舶的所有权以及为特定的以船舶为标的的债权进行公证等;通过对船舶开航前的签证、安全检查或港口国管理以确认船舶的开航权、船舶的适航性;通过对船舶状况的审核以及货物的审核确定船舶能否承载特定的货物;通过对船舶的法定检验给船舶签发相应的技术证书等、船舶的人员配备状况以及在船舶上所进行的特殊作业及活动等所发生的各种关系。

(2)与船员及引航员有关的特定社会关系。其主要是指海事行政主体通过接受申请,通过审查,对合格的申请人进行考试、评估,发放相应技术证书所发生的关系,以及对取得相应等级技术证书的船员的跟踪管理等。

(3)与船舶通航秩序有关的特定社会关系。其主要是指海事行政主体在保持水上良好通航秩序方面,与船舶、设施及其所有人或经营人、船舶与设施上的人员及在通航水域内设置物体及进行某些作业的相关人员或法人、组织之间所形成的特定社会关系。

(4)与危险货物安全运输相关的特定社会关系。海事行政机关在保证危险货物运输、储存、保管等安全的过程中,与相关船舶和设施的所有人、经营人及其雇用人等之间所发生的各种特定社会关系。

(5)与防止船舶污染相关的特定社会关系。海事行政主体在行使防止船舶污染方面与船舶所有人、经营人或其雇用人员之间所发生的各种关系。

(6)与船舶交通事故调查相关的特定社会关系。海事行政主体由于履行"查明原因、判明责任"的职责,当发生船舶交通事故后与相关各方所发生的各种社会关系。

(7)其他社会关系。海事行政法除了调整上述相关的特定社会关系外,还涉及其他方面的社会关系,主要涉及由于保证水上交通安全及防止水域污染方面与相关的当事方所形成的社会关系。

四、海事行政法的特点

海事行政法作为一个独立的部门法律,与其他法律部门相比较,有明显的特点,这些特点归纳起来可概括为:涉外性、技术性、目的性。

1. 涉外性

海事行政法具有较强的涉外性,这主要体现在以下几方面:第一,在海事行政法所调整的社会关系中,有相当一部分是涉外因素的关系,也就是说,海事行政管理相对一方是外国人或者是悬挂外国籍船旗的船舶或外国航运公司。第二,海事行政法的法律效力范围,不仅适用于本国管辖水域的本国船舶,也适用于本国管辖水域的外国船舶,甚至是外国管辖水域的本国船舶。第三,从海事行政法的渊源上看,除了国内法外,还有相当多的国际公约或条约构成了海事行政法的形式。

2. 技术性

海事行政法具有较强的技术性,这主要取决于构成海事行政法的法律规范。在我国制定或加入的有关海事法律、法规及相关的海事公约或条约中,涉及很多技术规范,例如,在船舶方面,涉及船舶的结构、性能、分舱、稳性、救生设备的配备、号灯及号型的技术细节以及对船舶所进行的安全检查与船舶开航的安全性等很多方面;在货物方面,涉及货物的性能、危险货物的性质、货物的包装、分隔以及货舱能否适宜于装载、运输和保管危险货物等;在船员方面,涉及船员资格的审查、船员培训、考试、评估及发证等很多方面,特别是在发生交通事故后,对船员的行为等进行全面的专业判断,以分析造成事故的原因等。总之,海事行政法的技术性体现在很多方面,它全面地将航海科学与技术融入其体系与内容之内。

3. 目的性

海事行政法具有非常明显的目的,其所制定的所有社会规范与技术规范均以保证水上交通安全、保障水上人命及财产安全、保障水域不受污染为出发点。海事行政法律规范包括很多方面,它系统而全面地规范相关活动主体的行为,以达到安全的目的。它所涉及的方面主要包括:第一,水运主体及船舶的市场准入。其包括对航运公司成立的审批、船舶进入市场的审批等。第二,航运公司安全管理体系的审核及对体系运行的监督与检查等。第三,对船舶技术状况的监督与检查,以及对船上作业、应急反应体系的监督与检查,对船舶适航条件的监控,对船舶油污水、生活垃圾及气体排放的控制等。第四,保障通航水域适宜于船舶的安全、快速通行。对通航水域发生的妨碍或危及船舶安全运行的行为、碍航物等进行监控或采取必要的行为。为防止船舶交通事故,对水域进行合理规划,建立分道通航制、船舶报告制等。第五,建立或完善相应的航标系统并保证其正确运行。总之,海事行政法的主要目的是保证水上安全及防止海洋环境污染。

第二节 海事行政执法的原则

海事行政执法的原则是指我国海事行政执法机构及其工作人员在海事行政执法活动中应当遵守的基本准则。海事行政执法的基本原则在海事行政执法中处于核心地位,发挥着普遍的指导作用,是一切海事行政执法活动都必须遵循的行为准则。

海事行政法是行政法的组成部分,因而行政法的基本原则,例如社会主义行政民主原则,依法行政原则,行政公正原则,国家利益和公民、组织利益兼顾协调原则以及保证国家行政职权正常行使原则,当然也是海事行政执法的基本原则。然而,任何一个部门法都是对特定社会关系的反映,对人类活动特定方面的规范,某一个部门法的基本原则,就是对其所调整的特定方面的人类活动准则的反映,海事行政执法也不例外。海事行政执法机构及其工作人员在海事行政管理活动中,应当遵守的基本原则是:依法行政原则、行政公正原则、海事行政统一、协调原则和海事行政效率原则。

一、依法行政原则

依法行政原则不但是行政法的基本原则,也是海事行政法的最基本原则,该原则贯彻海事行政活动的全过程。它要求海事行政权力的存在必须有法律的依据;海事行政权力的运用应依法进行,即要求按照法律、法规、规章或地方法规等行使海事行政管理的职能。这一原则要求:海事行政的主体必须合法,海事行政主体及其工作人员的行政行为必须合法,作出具体海事行政行为的程序必须合法。

在海事行政管理活动中,海事行政管理相对人都必须严格遵守海事行政法律规范,必须服从海事行政主体依法进行的行政管理。在海事行政法律关系中,海事行政主体及海事行政管理相对人都应遵守法律、法规的规定,双方当事人的不合法行为,均应受到法律、法规、规章规定的行政制裁或者其他性质的法律制裁。海事行政法治原则的实质在于确保海事行政主体及其工作人员行为的合法性,切实做到依法行使职权,执法必严,违法必究,使海事行政管理走在法制化、规范化的轨道上。具体而言,其主要内容包括以下几方面:

1. 依法设立海事行政主体

海事行政主体的设置和人员配备,都必须以法律、法规、规章或地方法规为依据,并按照相应行政编制法的规定,履行必要的手续。否则,不论其抽象行政行为或者是具体行政行为,都应该作为无效行为而被撤销。这就是说,在具体行政行为中,行政主体必须是合法的,这是具体行政行为合法的前提条件。

2. 依法行使海事行政管理的职权

(1)海事行政行为的内容必须符合法律、法规、规章或地方法律的规定，并不得与《中华人民共和国宪法》(以下简称《宪法》)、法律相抵触。例如，海事行政立法应以我国《宪法》、法律为依据，严格地按照法定权限和程序从事立法活动。海事行政主体作出的各种行政处理决定、命令、强制性措施或处罚决定等，都应当在法定的职权范围内，并按规定的程序进行，自由裁量权的行使也不得超越法定的幅度。在海事行政管理活动中，凡有法律、法规、规章规定的，必须适应其规定的标准和要求，不能用专断、恣意、任性和所谓的“长官意志”取代，必须正确、及时地适用海事行政法律规范。

(2)海事行政机关及其工作人员依法行使职权，并应得到切实的保护。海事行政管理相对人应无条件地接受海事行政主体及其工作人员的合法监督管理，以确保国家海事法律、法规及规章目的实现，确保海事行政主体管理活动的权威性和强制力。

(3)海事行政主体及其工作人员在行使行政职权的过程中，不得任意放弃或转让。因为海事行政主体的职权是法律赋予的，是以国家的名义进行的海事行政管理的权力，这也是行政法律对行政机构的授权，既是权力，又是义务，即对国家而言，海事行政主体的权力就是行政机构及其工作人员的义务，是国家完成管理职能行政机构必须要行使的，否则，国家管理的职能就不能实现。但对海事行政管理相对人而言，就是海事行政主体的权力。因此，放弃或转让了自己所具有的法定职权，就是放弃了自己的法定义务，就是失职、渎职，属于违法行为。因此，海事行政主体及其工作人员不能任意处理其职权，该作为时必须作为，该不作为时也不能作为，否则就会承担相应的法律或纪律上的后果。

3. 依法追究行政责任

海事行政管理相对人必须严格遵守海事行政法律规范的规定，任何违反海事行政法律规范的行为，都应承担相应的行政责任或受到法律的制裁或追究。

海事行政主体及其工作人员行使法律、法规、规章或地方法规赋予的权力必须受到相应的司法监督和行政监督，任何渎职、失职行为者和其他违法行为者应承担相应的行政责任，甚至受到法律的追究。

海事行政主体有义务接受其行政相对人的复议申请和监督，当行政相对人有违法行为时，应该接受行政管理相对人的申诉，依照法定程序给予处罚或采取强制性处置措施。海事行政主体的违法行为造成海事行政管理相对人损害的，要依法给予行政赔偿。

行政法行政原则是对海事行政主体及其工作人员最基本的要求之一，海事行政主体及其工作人员的违法行为，是《中华人民共和国行政诉讼法》(以下简称《行政诉讼法》)主要受理的对象，当对行政管理相对人造成损害时，也是行政赔偿的主要内容之一。在这里还应该指出的是，依法行政中的“法”是广义上的法律规范，包括了《宪法》、法规、规章及地方法规中的法律规范，也包括了实体法、程序法及我国承认的航运习惯等。

二、海事行政公正原则

海事行政公正原则是指海事行政主体作出行政决定的内容要客观、适度、符合理性。众所周知，海事行政执法涉及的范围较广，而且具有很强的专业性和技术性，立法机关没有足够的时间和必要的专业知识来拟定切实可行的、详尽的、周密的法律规范，因此，在海事法律中,赋予了海事行政主体较多的自由裁量权,也就是说海事行政主体在一定的条件下,可以对具体行政行为、方式等自由地作出决定。

(1)从自由裁量权本身的属性上看,存在着职权滥用的可能性。因为自由裁量权同样是一种行政权力,权力本身存在着自然腐化的倾向。自由裁量权同其他行政职权一样,具有对海事行政管理相对人强制支配的功能,这种功能有可能成为获取利益的工具、满足私欲的手段,从而构成自由裁量的滥用。

(2)海事自由裁量权是在一定范围、程度、幅度之内的运用,如果没有一定的制约,就可能变成为任意裁量权。因此,在一定范围、幅度和程度之内仍然应当有一定的标准或准则,这就是合理性原则。

(3)在当前的海事行政法律、法规中,对海事行政自由裁量权的限制较少,而自由裁量权在海事执法中又是相当广泛的,如果没有一定的标准或准则,便无法实现行政法治。

例如,根据《中华人民共和国海上海事行政处罚规定》(以下简称《海上海事行政处罚规定》)第五十四条规定:"违反《海上交通安全法》第二十二条规定,未经海事管理机构批准,在港区、锚地、航道、通航密集区以及海事管理机构公布的航路内设置、构筑设施或进行其他有碍航行安全的活动,除责令其所有人限期搬迁或拆除外,依照《海上交通安全法》第四十四条的规定,处以下列数额的罚款:(一)属于非经营活动中的违法行为的,处以 200 元以上 1 000元以下罚款。(二)属于经营活动中的违法行为,有违法所得的,处以违法所得的 3 倍以下、最多不超过 3 万元的罚款。(三)属于经营活动中的违法行为,无违法所得的,处以 300 元以上 1 万元以下罚款。"根据该条的规定,海事行政主体对于违反《海上交通安全法》第二十二条规定的所有人,属于非经营活动时及属于经营活动时到底对其所有人应该处于多少罚款,就需要考虑如何使处罚合理、适度的问题。不管是对经营活动还是非经营活动,不能总是处罚规定的最高数额,也不能总是处罚规定的最低数额。

通常情况下,行政职权的滥用和自由裁量权的存在有关,海事行政主体及其工作人员,在作出具体行政行为时,若具有不适当的动机、考虑不相关的因素或不合理的内容,是违背海事行政合理性原则的最突出的表现。在海事行政处罚方面,有人已经提出了建立处罚案例的建议,即在确定海事行政处罚的数额时,海事行政主体及其工作人员可比照以前相应违法行为的处罚数额作出行政处罚。

对于在行政处罚中显失公正的问题,有专家学者指出了其表现形式[1]:主要包括以下几种:

(1)动机和目的的不当。根据法律规定,行政机构虽然有自由裁量作出某种行为的权力,但行政机构如果因不正当的目的而行使这种权力,就是滥用自由裁量权,在法律幅度内处罚不合理即为显示失公正。这类行政处罚显示失公正,行政主体具有主观上的故意(即故意滥用执罚自由裁量权),为"显失公正"中较恶劣的一种,如出于个人好恶、谋取个人或小集团的私利等。对此,人民法院可以酌情判决撤销,也可以直接予以变更。

(2)武断和反复无常。行政处罚自由裁量应符合立法的原则和宗旨,禁止主观武断。所以,"执罚自由裁量权"不应是专断、含糊不清、捉摸不定的权力,而应是法定的,有一定之规

[1] 丁廉.试析行政处罚显失公正的内涵及其表现.法制与经济,2012,(10):57－58.

的权力。如果把自由裁量权看作是含糊不清、捉摸不定的权力，就会导致在法律范围内任意执罚，造成明显不适当、不合理，从而损害公民、法人或其他组织的合法权益。反复无常是行政主体对两个在主要方面相同的问题看作截然不同的处理，或对两个主要方面相同的案件作出截然不同的裁决，即在处理相同的事情的时候，不应当"星期一用一种原则，而星期二又用另一种原则"。

(3)不合理的考虑致使责罚悬殊。这种表现须具备两个条件：①考虑失实。一种是没有考虑法律规定应考虑的因素，如法定情节和态度；另一种是考虑了法律不要求考虑的因素，如考虑了被处罚人的出身等。②行政处罚结果失去了准确性，如行政处罚畸轻畸重。

(4)行政处罚时强人所难，不符合行政相对人的实际情况，如行政主体对相对人处以巨额罚款远远超出相对人的实际履行能力。

(5)行政处罚时忽略了其他有关因素。这种显失公正出于行政的过失所致，并非出于不正当的动机和目的，它是情节较轻的一种"显失公正"。对此，人民法院应予变更。

海事行政合理性原则是以行政合法性原则为前提的，如果海事行政主体作出的具体行政行为是违法的，则根本不存在行政合理性的问题。只有在符合行政合法性原则的前提下，谈论行政合理性才有意义。

但是行政合法性原则和行政合理性原则是两个不同的原则，它们主要有以下几个主要区别：

(1)合法性原则主要是从成文法上演化而来的原则，而行政合理性原则主要是从适用法律上演化来的原则，两者的起源不同。

(2)合法性原则是全方位的原则，而合理性原则主要适用于自由裁量领域。合理性原则实际上是合法性原则的引申，是合法性原则在自由裁量问题上的进一步要求。

(3)随着海事法律体系的不断完善，原先属于合理性的内容可能被提升到合法的层次上。

三、海事行政统一、协调原则

海事行政统一、协调原则就是海事行政管理权的实施必须统一、协调，不能各行其是，以防止海事行政权的行使发生这样或那样的矛盾或冲突。其目的在于保障整个海事行政管理体系运转协调、灵活、高效，以保障水上交通运输的安全，防止海洋环境被污染。其基本内容是：

(1)海事行政立法必须协调统一，以确保社会主义法制的统一。海事行政法规和规章，不得与《宪法》、法律或上一层次的规范性文件发生冲突。

(2)各级海事机构按照"统一领导、分级管理"的原则，统一行使海事行政管理权，任何组织或个人未经法定授权或委托，都不得行使这一职权。在我国各级海事机构中，虽然都是执行海事法律、法规或规章的执行者，但各自的管理权限是不同的，这就要求相应的海事行政主体，一定要根据自己的权限范围行事。例如，对于船员的考试发证，就是如此。另外，不同地区的海事机构执行的是相同的法律。因此，对相同的规定其做法也应该相同，而不应该仅根据自己的理解处理问题。

(3)海事行政主体上下级之间实行下级服从上级的原则，在海事行政主体内部，执法人员在对外实施行政处理决定时，必须服从海事行政主体的决定，其职务行为必须与海事行政主体的行政行为保持一致。同样，下级海事行政部门必须严格执行上级海事行政机关的决定，这在海事行政执法、海事行政复议工作中是非常重要的。

(4)海事机构内部各部门之间应保持密切的合作，特别是对外部作出具体行政行为，并需要内部若干个部门之间相互合作时，这种协调与统一是十分必要的。

四、海事行政效率原则

海事行政效率原则是海事行政管理的基本要求之一，这一原则的基本内容是：第一，海事行政法律、法规、规章或地方法规规定了海事行政主体在一定时间内的作为，海事行政主体及其工作人员必须在该规定的期限内，依法完成作为。例如，根据《中华人民共和国船舶登记条例》(以下简称《船舶登记条例》)的规定，船籍港船舶登记机关接到船舶所有人的申请及提供的资料和文件的正、副本之后，进行审核，对符合条例规定的，自收到申请之日起7日内向船舶所有人颁发船舶所有权登记证书，授予船舶登记号码。即海事行政主体及其工作人员对符合登记条件的，必须在接到申请7日内完成船舶所有权登记的工作，并将登记证书发放给船舶所有人。第二，在海事行政法律、法规、规章或地方法规没有规定海事行政主体或其工作人员在何时完成情况下，也并不意味着工作人员在任何时间内完成都是可以的。根据不同情况可能有以下几种情形：

(1)通常情况下，是以谨慎、合格的工作人员在合理工作时间内完成该工作的时间为限来衡量的。

(2)法律、法规等并没有规定海事行政主体及其工作人员何时作出具体行政行为，但根据当时的情况，应该在一定的事实发生之前作出，否则也是行政机关及其工作人员的一种违法行为。例如，根据《海上交通安全法》第十九条规定："船舶、设施有下列情况之一的，主管机关有权禁止其离港，或令其停航、改航、停止作业：①违反中华人民共和国有关的法律、行政法规或规章；②处于不适航或不适拖状态；③发生交通事故，手续未清；④未向主管机关或有关部门交付应承担的费用，也未提供适当的担保；⑤主管机关认为有其他妨害或者可能妨害海上交通安全的情况"。当船舶开航前处于不适航或不适拖状态时，禁止离港或令其停航、改航等处理决定，从合理性的角度上讲，最好应该在船舶开航前作出。当然，根据海上交通安全管理的实际，这种情况是较多的。

(3)需采取即时强制措施的情况，一旦满足了法律规范规定的条件，就应该立即或尽快采取。比如根据《海上交通安全法》第三十一条规定："船舶、设施发生事故，对交通安全造成或者可能造成危害时，主管机关有权采取必要的强制性处置措施。"如果船舶发生了事故，对交通安全造成或可能造成危害时，主管机关就应该立刻采取强制措施预防危害发生或制止正在发生的危害，否则危害可能就会发生或扩大。

除了上述所讲的三种情况外，当然可能还有其他情况，这就要求海事行政主体及其工作人员，根据海事行政效率原则，结合具体的情况进行处理。

需要强调的是，法律原则并不局限于上述几个，相互之间也不是完全没有交叉甚至冲突，因为它来自不同视角的提炼或引申，来自对法律实践中正义需求的不断总结。列举这些原则更不排斥其他法律原则。在行政行为法领域，综合行政法学界的各项阐述并结合我国法律实践需要，我国正在形成的法律原则主要有：诚意原则，平等原则，正当程序原则，信赖保护原则,应急性原则等。

诚意原则是要求行政机关和行政人员主观上秉持公心、诚意去行政,不得滥用职权,假公济私。

平等原则是通过比照同样处境的相对人,考察行政行为的合理性。虽然平等在不同国家和不同时代呈现出迥然不同的面孔,但它的要义始终如一:同类情况同样处理,没有正当理由不得区别对待。

正当程序原则要求行政机关实施行政行为遵循合理的程序。根据我国学者的阐述,正当程序原则包含如下子原则:公开、听取意见、回避、禁止单方接触、说明理由等。

信赖保护原则通常指行政行为的相对人基于对公权力的信任而作出一定的行为,此种行为所产生的正当利益应当予以保护。

行政应急性作为一项法律原则,是作为形式合法性的例外而出现的。在某些特殊紧急情况下,出于保护公共秩序或者公民权利的需要,它允许或要求行政机关采取没有法律依据甚至与法律相抵触的措施[1]。

第三节　海事行政法的形式

海事行政法是国家制定或认可的,并以国家的强制力保障其实施的行为规则。为了便于海事行政管理相对人的遵守以及海事行政主体及其工作人员执行,海事行政法总要借助一定的形式表现出来,有人称之为海事行政法的渊源。“法律渊源”语出罗马法 Fontesjuris[2],原意为法律的源泉,即法源,指法律的内容导源于何处。这是“法律渊源”的实质内涵。但我国法学界几乎都是在形式意义上使用“法律渊源”这一概念,认为法律渊源是根据法律效力的来源不同而形成的[3]、由不同国家机关制定和认可的、具有不同法律效力和法律地位的各种类别的规范性法律文件的总称,包括正式渊源和非正式渊源两类。

总之,在我国行政法的完善过程中,关于行政法的渊源或形式的问题存在很多争论,在此我们无意对海事行政法的渊源或形式进行更为深入的探讨或研究,只是在吸收较为普遍观点的基础上,总结出我国海事行政法的形式或渊源。

根据我国当前海事行政法的状况,我们认为,我国的海事行政法律渊源包括各级国家机关制定的各种规范性文件,也包括形式各异的不成文法渊源。成文法渊源指由国家机关制定或者批准、以成文方式表达的海事法律规范性文件。在这种宽泛的意义上理解,它将包括:《宪法》、法律、行政法规、地方性法规,自治条例和单行条例等特别法规、行政规章、法律解释文件、其他规范性文件、国际条约和公约。不成文法渊源,包括行政法一般法律原则,民间习惯、行政惯例和司法先例,法律学说,公共道德,行政政策以及比较法。

一、海事行政法的成文形式

海事行政法的成文形式,有的专家学者又称其为正式的形式。

---

[1] 罗豪才.行政法学.北京:北京大学出版社,1996.

[2] 卢云.法学基础理论.北京:中国政法大学出版社,1994.

[3] 周农,唐若雷.法理学.北京:中国人民公安大学出版社,1998.

1. 国内立法

国内立法是海事行政法的主要表现形式或渊源。国家机关制定的关于海事方面的法律、法令、法规、规定、办法、决议和指示等,以及地方性法规,都是海事行政法的形式或渊源。在这些规范性文件中,《宪法》与法律具有最重要的地位。

(1)宪法

它是国家的根本大法,是管理国家的总章程。《宪法》是经国家最高权力机关——全国人民代表大会通过的,在我国法律体系中具有最高法律地位和法律效力。在我国,它是制定一切法律的依据,任何法律不得与《宪法》相抵触。最重要的行政法律规范都是由《宪法》予以确认。因此,《宪法》是行政法的基本表现形式,当然也是海事行政法的基本表现形式。

(2)法律

这里所指的法律是指人民代表大会及其常务委员会依法定程序制定或批准的规范性法律文件。除《宪法》外,在海事行政管理中,法律具有最高的法律效力。例如,《海上交通安全法》在我国海事行政管理中具有最高的法律效力。因此,法律是海事行政法的最重要的表现形式。但在海事行政法律体系中,法律仍存在很大缺陷,海事行政法律体系还不完整,仍需要相应的部门加快制定海事行政法的步伐。

(3)行政法规

这里所指的行政法规是指国务院依法定程序制定、批准和发布的有关海事行政管理的规范性法律文件的总称。从理论上讲,行政法规在数量上远多于法律的数量,它们是海事行政法的最主要的表现形式。例如,《防止船舶污染海域管理条例》、《中华人民共和国海上交通事故调查处理条例》(以下简称《海事调查处理条例》)、《船舶登记条例》等。但是由于海事行政法在我国的形成相对较晚,因此,海事行政法规的数量远远没有达到其应有的数量。

(4)部门规章

它是由国务院所属的交通运输部依据《宪法》规定,根据法律、法规以及国务院的命令、决定,在本部门的权限内按照规定程序所制定和发布的规范性法律文件的总称。部门规章的制定主要有两种权力来源渠道,一种是依据部门职权;另一种是基于法律或法规的授权。部门规章所包含的规范,绝大部分是行政法律规范,在全国范围内具有法律效力。但要求部门规章不得与《宪法》、法律、法规的规定相抵触,否则就是无效的法律规范。交通运输部所发布的规范性法律文件是海事行政法的表现形式之一。

(5)地方法规或规章

它是由省、自治区、直辖市等人民政府或地方人民代表大会,根据法律和行政法规,按照法定程序所制定的,适用于本行政区域行政管理的规范性法律文件的总称。地方法规或规章所包含的法律规范,绝大部分是行政法律规范。因此,它也是海事行政法的形式之一。

(6)法律解释文件

在我国,法律解释具有特定含义,即特定国家机关以法律解释名义、针对特定法律文本制定的、具有释疑或者补充性质的法律规范性文件。学理上称“有权解释”、“抽象解释”。法律解释的概念源于立法权不可转让和分享的特定观念。但在法律议论的视角,法律解释与“立法”没有本质的区别。一个解释性的条文，虽然被说成是法律文本本身所包含的意义，但只要它确实能够消灭或者减少争论，它就是实际上创制和宣告法律规范。由于我国立法的不足和司法机关通过判例创制和统一法律功能的极度匮乏，司法机关大量从事立法性质的抽象解释；在相当长的时间内，它将继续起到补充立法的作用。但从最高法院的职能看，它今后更应通过个案判决对地方法院起指导作用，而不是从事大规模的“立法”。

(7)其他规范性文件

“其他规范性文件”是指除了法律、法规、规章以外，地方权力机关或各级行政机关制定的种类庞杂、数量浩瀚的法律规范性文件。在我国实践中，“其他规范性文件”从制定主体上可分为两类：一是具有行政法规和规章制定权的行政机关制定的行政法规和规章以外的规范性文件；二是没有行政法规和规章制定权的行政机关制定的规范性文件。从内容上，“其他规范性文件”包括两种：一种是仅仅规定行政机关内部分工、程序、责任等内部文件，与行政相对人没有利害关系的；另一种则为行政相对人设定权利义务。其他规范性文件的效力在《行政诉讼法》、《中华人民共和国行政复议法》(以下简称《行政复议法》)和《中华人民共和国立法法》(以下简称)《立法法》都没有明确规定，主流观点也一直把它们排斥在法律渊源之外，但它们在实际生活中的作用是毋庸置疑的。法治并不一概排除这些规范性文件的效力。但需要强调的是，法治原则要求立法和行政机关尽可能采取有程序保障的、内容公开、效力相对稳定的正式立法来规制社会，任何法律规范性文件，尤其是层次较低的行政规定，其本身的合法性有待检验。

(8)与制定法有关的背景材料

当制定法(尤其是法律)的含义不清楚时，与相应条文有关的背景材料可以被用来解释制定法的含义。我国法律解释中经常使用的辅助资料有：关于法律草案的说明，审议结果的报告和审议意见的汇报，人大代表、常委会委员、有关专门委员会的审议意见，起草和审议过程中各方面的意见。立法背景材料用于证明“立法原意”可能是非常有效的。但即使原意能够令人信服地证明，它只陈述一种“历史原意”，不能绝对排除人家用“语义原意”或者“理性原意”等观点进行争辩；出于其他重大价值的考虑，立法时的“原意”也可能被压倒。如今如果使用《行政诉讼法》立法背景材料，来证明最高法院“98条”司法解释关于受案范围的规定违反“法律原意”，又有多大说服力呢？

2.国际公约或条约

我国正式参加或承认的有关海事行政管理方面的公约或条约是我国海事行政法的重要表现形式之一。与海事行政管理方面相关或与海事行政管理内容有关的国际公约很多，这里要强调的是：必须经过我国加入、承认或认可，才能够成为我国海事行政法的表现形式。在相关公约方面，主要包括：《1974年国际海上人命安全公约》(以下简称《1974年SOLAS公约》)、《1972年国际海上避碰规则》、《关于1973年国际防止船舶造成污染公约的1978年议定书》、《1966年国际船舶载重线公约》等。

二、海事行政法的不成文表现形式

与国内多数学者的论述相比，对不成文法源的列举，增加了法律学说、行政政策、公共道德和比较法[1]。当然,在法律论据的视角中,不成文法源是开放的,本书的列举不能穷尽其种类,也不排除从其他角度的概括。但有学者主张的"正义标准"、"行政过程中的推理"、"行政客体的本质"[2],因为过于抽象或无所依附,无法被实证,不能独立作为一种法律论据,本文不把它们理解为法律渊源。

1. 法律原则

我国学者已普遍注意到法律原则在各国法律渊源中的重要地位,把法律原则奉为我国行政法渊源呼声日高。但行政法学者对法律原则的讨论,从不同的观点出发,对法律原则具体含义的论述也不完全相关。为避免法律原则的概念过于泛化,有必要区分政治原则、行政管理原则与行政法原则,辨别价值理念、行政政策与法律原则。本书将在"一般法律原则"的意义上使用这个概念,即直接规范行政行为(尤其是具体行政行为),内容相对确定的法律要求。

法律原则可能由《宪法》和制定法加以确立,形诸法条。这种情况下,它实际上是高度概括性和伸缩性的制定法条款,它的有效性来自立法机关的权威。法律原则也可能没有《宪法》和制定法依据,只存在于一些著述、判决,乃至社会公众的意识之中,常常由法学家根据社会生活情势和感受到的需要予以阐发,并获得法律共同体相当程度的认可。典型的如英国的自然正义原则,它是普通法在长期发展过程中逐渐形成并积淀于法律共同体的集体意识。德沃金曾以"任何人不得从错误中获利"等原则为例说明,"这些原则并不源于某些立法机关或者法院的特定决定,而是源于在相当长的时间里形成的一种职业和公共正当意识。这些原则的持续力量,来源于这种意识的保持"[3]。

2. 先例、惯例和习惯

一些论著提到习惯法、惯例法或先例法时,并没有做进一步区分。先例、惯例以及习惯,这三者作为法律议论根据的分量是不完全相同的。本书一般在司法先例、行政惯例和民间习惯上使用这一组术语。

司法先例能够成为法律议论的根据,是出于法治的一个内在要求:同类情况同样处理。由于司法强调规则的统一性,先例在司法过程中具有强烈的可争辩性。主张判例为一种法律渊源,并不意味着赞成在我国引进普通法国家的判例法制度[4]。作为一种法律论据,不但最高法院或者其授权机关发布的案例具有供参照使用的效果,所有的案件在法庭上都具有作为争辩论据的潜在价值。

与司法活动相比,行政管理由于情势复杂,政策性考虑较多,无法严格遵守先例,个别先例通常不具有强烈的论辩效果,更不能作为以后处理的依据[5]。但是,出于行政行为连贯性、可预测性和当事人获得公平对待的普遍价值,先例在行政管理中具有可争辩的意义。尤其当同类事例多次重复,屡试不爽,形成行政惯例,行政机关没有正当理由,就不能与之悖逆。

[1] 应松年,何海波. 我国行政法的渊源:反思与重述(下). 公法研究,2004.

[2] 关保英. 市场经济条件下行政法的非正式渊源. 西北政法学院学报,1995,(2):30-34.

[3] 罗豪才. 行政法学. 北京:北京大学出版社出版,1996.

[4] 吴伟,陈启. 判例在我国不宜具有拘束力. 法律科学,1990,(1).

[5] W. G. Cosby Transfer Corp. v. Froehlke, 480F. 2d 498(4th Cir. 1973); Page v. Jackson, 398 F. Supp. 263(M. D. Ga. 1975).

在民间活动中，不但个别先例不具有说服力，惯例也只有特定情况下才被尊重。但当一种惯例积年累月，行之久远，化于内心，积淀成为民间习惯，政府就需要尊重和考虑。习惯的地位有时还为一些制定法所特别强调。例如，《中华人民共和国人民警察法》要求警察"尊重人民群众的风俗习惯"，《中华人民共和国戒严法》也要求戒严执勤人员"尊重当地民族风俗习惯"，《中华人民共和国监狱法》规定"对少数民族罪犯的特殊生活习惯，应当予以照顾"。又如，不同民族结婚后所生子女应属何族，有关当局认为"应根据群众一般习惯决定"，在子女长大后，则听其自行选择所属民族。

3. 法律学说

法律学说广泛地存在于教科书、学术刊物、法律条文释义、法律百科全书乃至法律辞典中。从古代罗马的"引证法"、戏剧《威尼斯商人》中法律家断案，到清代的私家注释[1]，中外历史上都有把某些学者著述奉为法律，或者参照学说判案的故事。近代德国学者萨维尼和法国学者惹尼，都主张借助法律学说来阐述法律、解决疑难问题，在法律渊源中为法学学说争得一席之地。在我国的法制进程中，法律学者起到了巨大的推进作用。即使没有任何制定法赋予学说以规范效力，学说的影响仍是显而易见的。例如，当事人在法庭上拿出一本权威的教科书作为争辩的依据，法官在庭上或者庭后查阅教科书，甚至把教科书的观点写进《审结报告》。在诉讼过程中，当事人邀请法学专家为其专门提供法律论证，并将该"法律意见"提交法庭，向法官施加影响；甚至，法官就一些疑难案件主动征询专家的意见。这些情景，即使不常出现，也暗示了学说的力量。当然，学说的说服力视情况而别。占主导地位的观点相对于少数派观点往往具有更大的说服力，该领域的权威学者、曾经参与立法的人，比一般人可能更具有说服力。

4. 公共道德

如果说将学说作为法律渊源是把法律委身于专家（萨维尼语），将政策作为法律渊源是把法律委身于政府当局，把法律原则作为法律渊源更多的是把法律委身于法律职业共同体，那么把公共道德作为法律渊源则是诉诸公众的情感和信念。在一个多元社会里，道德本身是分化的，尤其是处于社会转型时期的中国，往往是旧伦理与新道德并存。只有被公众普遍持有的道德才能作为法律议论的有力论据。在一些著作中，公共道德化身为"理性人"的形象出现。"任何一个理性人都不会如此行事"，则可能暗示道德上的否定。道德可以评价法律条文确立的规则，证明其正当性，争辩法律条文应有的含义，甚至可以以道德的理由拒绝制定法的适用。

5. 行政政策

政策是政府当局宣布实现的有关经济、政治或者社会问题的目标和纲领。例如，控制人口增长、减轻环境污染、发展汽车产业、实行城市改造等。又如，早在20世纪80年代，我国就确立"严格控制大城市规模、合理发展中等城市和小城市"的城市化政策，1998年国务院一个文件对户口政策作了相应调整。政策在我国曾被极其广泛地运用。随着我国逐渐从"依政策治理"向"依法治理"过渡，政策一度被主流法律理论开除出法律渊源。但政策在法律实践中具有较高的实际效力，今后也不会消亡。执政党决议、政府工作报告和各种文件仍

---

[1] 何敏. 从清代私家注律看传统注释律学的实用价值. 法学，1997，(5).

是经常公布重大政策的场合。许多法律第一条即开宗明义地宣布该法所欲实现的政策。当然,由于政策往往只表达一个目标和基本纲领,欠缺可以具体操作的明晰规则,因此,政策的贯彻仍应尽量通过立法来实施。

6. 比较法

一般而言,比较法对他国的影响是通过立法而实现的,与司法似乎没有任何关系。在人们眼中,互不相属的各国,自然不能直接引用其他国家和地区的法律作为法律。但这种状况既不完全符合一些国家的历史和现实[1],也不再符合当今法律发展的趋势。在现代化和全球化的背景下,不同国家可能面临相同的问题,或者先后遇到相同的问题。他国的先例或者立法对本国而言就具有前瞻性。为此,法律工作者不仅应考虑本国的法律渊源,而且还应考虑其他国家使用法律的解决办法。这种情况在私法(尤其是商法)领域特别明显,在行政法实践中,用比较法来作为争辩依据也不鲜见。尽管用比较法来争辩需要辨析国情差异,通常也不具压倒性的效果[2],但只要我们承认这种论说方式有一定说服力量,而不是无稽之谈,就无法一概否认比较法作为法律议论根据的有效性。为此,我们应当在法律渊源中为它留下一席之地。

---

[1] H. Patrick Glenn. Persuasive Authority. Mcgill Law Journal,1987,(32).

[2] 赵晓力. 比较法的力量与弱点何在. 比较法研究,1996,(1).

第二章　海事行政法律关系主体

第一节　海事行政法律关系概述

一、海事行政法律关系的概念及特征

法以特定的社会关系为调整对象，每一个部门法都有其特定的调整对象，海事行政法的调整对象是国家海事行政主体在行政活动过程中所形成的社会关系，主要包括：海事行政管理机构在行使职权过程中形成的海事行政管理（包括内部行政管理和外部行政管理）、海事行政法律监督、海事行政救济等关系。根据本书研究的主要内容我们将海事行政法律关系定义为：海事行政主体依据相关法律、法规在实施国家依法规定的海事行政管理职能时所形成的社会关系，主要体现为海事行政主体与其他各方之间的权利义务关系。

海事行政法律关系作为行政法律关系的一类，基于其特定的管理职能及范围，具有以下几个特征：

1. 海事行政主体在海事行政法律关系中具有恒定性和多样性

这是因为海事行政法律关系本就是海事行政主体在实施海事行政管理职能时发生的一定社会关系的法律化。没有海事行政主体就不可能发生这种社会关系。但是，海事行政主体在不同海事行政法律关系中的法律身份却可以是多样化的，并非具有恒定的管理主体的法律身份。例如：《中华人民共和国海船船员适任考试、评估和发证规则》（以下简称《海船船员适任考试、评估和发证规则》）中对于公司责任的条款，海事部门就是以指导主体的身份出现；而海事部门在执法过程中出现失误，造成相对人不必要的损失或伤害时，海事部门就将以一个赔偿主体的身份出现在海事行政法律关系中。

2. 海事行政法律关系主体双方互有权利义务但具有不对等性

海事行政法律关系主体双方互有权利义务，是指主体双方相互行使权力并履行义务，不存在一方只行使权力或只履行义务的情况。但这种权利和义务的对应并不是权利和义务的对等。当海事行政主体与海事行政相对人形成海事行政法律关系时，海事行政主体行使的是国家的海事行政管理职能，而其行政相对人行使和履行的却是普通公民、法人的权利和义务，两者权利和义务具有的不同性质使得双方的权利和义务具有非对等性。罗豪才教授认为，非对等性是行政领域的法律关系区别于其他部门法律关系的重要特征。我国当前《行政复议法》及《行政诉讼法》中规定的“复议、起诉不停止执行”的原则也是主体地位不平等的体现。

3. 海事行政法律关系主体权利义务的法定性

行政法律关系区别于民事法律关系的一个显著特征就是其主体不能相互约定权利、

义务，不能自由选择权利、义务，而必须依据法律规范取得，即所谓行政职权的法定性。在海事行政法律关系中，海事行政主体多为国家行政机关；法律、法规授权的组织，所拥有并行使的权利都是源于海事行政管理的相关法律规范，如《海上交通安全法》、《内河交通安全管理条例》等。

4. 海事行政主体实体上的权利和义务是重合的

行政法中的权利和义务大多具有双重性，既不能转让也不能放弃，否则就意味着失职。因此海事行政主体在实体上的权利和义务是重叠交叉、很难截然分开的，有人称之为权利、义务的相对性。如《海上交通安全法》第十八条"主管机关认为船舶对港口安全具有威胁时有权禁止其进港或令其离港"，对于海事部门来说这既是法律授予它的权力，又是它对国家应尽的职责，海事部门不能放弃这种权力，放弃了就是对国家的失职，就会使法律无法实施。

5. 海事行政法律关系争议的解决具有多向性

法律是解决争议的最基本方法，而海事行政法律关系争议由于其内容的多样性，解决方法也具有多向性。海事行政法律关系争议有多种情况：有由事故引起的民事纠纷，有由当事人身份造成的涉外纠纷，还有海事行政主体执法不当引起的行政纠纷。对此我国现有相关法律规范有明确规定。例如《海上交通安全法》第四十五条，第四十六条规定"因海上交通事故引起的民事纠纷，可以由主管机关调解处理""涉外案件的当事人，还可以根据书面协议提交仲裁机构仲裁""当事人对主管机关给予的罚款、吊销职务证书处罚不服的，可以在接到通知之日起十五天内，向人民法院起诉"，而《海上海事行政处罚规定》第一百零七条"海事管理机构应当制作海事违法行为通知书送达当事人，告知拟处以的行政处罚的事实、理由和证据，并告知当事人有权在收到该通知书之日起3日内进行陈述和申辩，对依法应当听证的告知当事人有权在收到该通知书之日起3日内提出听证要求"，第一百二十九条"自然人、法人或其他组织对海事管理机构作出的行政处罚有权申诉或检举"。

二、海事行政法律关系的构成

海事行政法律关系由海事行政法律关系主体，海事行政法律关系内容和海事行政法律关系客体三部分构成。

1. 海事行政法律关系的主体

海事行政法律关系的主体，又可以称为海事行政法律关系当事人，是指海事行政法的实际参与者，即在各种具体的海事行政法律关系中享有权利和承担义务的当事人。当代行政法学普遍认为，行政法律关系的主体由行政主体和个人、组织构成，即行政法律关系主体的两方面。也即，海事行政法律关系主体包括海事行政主体和海事行政相对人两大类。海事行政主体可以是依国家机构组织法成立行使国家权力并对其行为承担责任的国家行政机关，也可以是经法律、法规授权依法行使国家行政管理职能的组织。与其对应的海事行政相对人是指海事行政法律关系中与海事行政主体发生权利、义务关系的一方组织、企事业单位及个人。

2. 海事行政法律关系的内容

海事行政法律关系的内容是指海事行政法律关系主体相互之间的权利、义务关系。依据海事行政法律关系主体的地位，它主要包括以下三种情况：

(1)海事行政主体之间的权利、义务关系。海事行政主体之间的权利、义务关系有纵向和横向两种。纵向法律关系主要体现在海事行政系统内部的上下级关系,大部分海事行政主体既处于领导者地位,又处于被领导者地位。例如辽宁省海事局既与大连、营口等地方海事局发生领导、管理、监督关系,又要服从交通运输部海事局的决议、命令,发生被领导关系。横向法律关系主要体现为各平级海事行政主体之间的协助合作关系。

(2)海事行政主体与其公务员之间的权利、义务关系。公务员既是公民又是代表海事行政主体并以海事行政主体的名义行使行政管理职能的国家工作人员,因此其具有双重身份,而这里指的权利、义务关系主要是指其作为国家工作人员时与海事行政主体所发生的权利、义务关系。海事行政主体的管理职能是通过该系统的公务员实现的,而海事系统公务员的行政行为是海事行政管理主体管理社会事物的具体体现,其个人作为具有双重效力,公务员合法的行政行为代表海事行政主体,海事行政主体对其公务员的行为进行监督和指导并对其后果承担责任。

(3)海事行政主体与海事行政相对人之间的权利、义务关系。当海事行政主体以代表国家行政管理的身份同相对人发生权利、义务关系时,海事行政主体处于管理者的地位,相对人必须执行行政行为主体的决定、命令。而在不同的法律关系中海事行政主体也会以服务主体、指导主体、赔偿主体等身份出现。

3.海事行政法律关系的客体

海事行政法律关系客体是海事行政法律关系参加者的权利、义务所指向的对象或标的。海事行政法律关系客体范围较广泛,我们认为主要体现为以下三种形式:

(1)物,即指一定的物质财富。物是客观存在的,它本身没有意识。但正是由于物的存在,就会在主体之间引起各种权利、义务关系。例如《海上交通安全法》第二十三条"禁止损坏助航标志和导航设施。损坏助航标志和导航设施的,应当立即向主管机关报告,并承担赔偿责任。"在这里,海事行政法律关系客体的"物"的指向就是"助航标志和导航设施"。

(2)精神财富,精神财富是指一定形式的智力成果。它是行政法律关系主体从事智力活动所取得的成果。精神财富虽然经常转化为一定形式的物质财富,但在法律上仍不失为一种独立的法律关系客体。在海事行政法律关系中有利于提高安全程度的各种法规、政策、避碰规则均不失为一种精神财富。

(3)行为,即海事行政法律关系主体为实现一定行政管理职能的有意识的活动,包括作为和不作为。这也是海事行政法律关系主体产生、存在和变更的主要因素。

三、海事行政法律关系的变更

海事行政法律关系形成以后并非不可改变,前面我们曾提到,法律关系构成要素的变化是海事行政法律关系变更的主要原因。

1.海事行政法律关系的变更与消灭

行政法学界一般认为,行政法律关系的变更是指行政法律关系要素的变更,即行政法律关系主体、客体或内容发生变更。[1] 也有学者强调这种变更主要是指主体的变更和

[1] 罗豪才.行政法学.北京:北京大学出版社,1996.

内容的变更。[1] 但上述认识很容易将海事行政法律关系的变更与消灭相混同。

(1)如果某一海事行政法律关系主体、内容及客体都有改变，它表明该海事行政法律关系已不复存在而形成了另一种新的行政法律关系。换言之，这是该海事行政法律关系的消灭和另一种行政法律关系的产生，而不是海事行政法律关系在原有基础上的变更。

(2)如果海事行政法律关系主体、客体没有变化，但内容(权利、义务)有改变，那么表明主体间的原权利、义务已被废弃，所具有的应是新的权利、义务。这同样意味这一海事行政法律关系实质上已消灭而另一行政法律关系已产生，而不是海事行政法律关系的变更。

要准确把握两者的界限，对海事行政法律关系的变更不能简单地认为只是海事行政法律关系要素的变化，它们的关键差别还在于这两种法律关系运行状态的作用：海事行政法律关系的消灭是完全终止原已形成的权利、义务关系，海事行政法律关系的变更则是在原权利、义务关系不消灭的前提下而具有的一些变动。前者是使已形成的权利、义务归于消亡，而后者却是在维系已形成的权利、义务。换言之，正是为了维系已建立的权利、义务关系，才作一定限度的变更，而这种变更是不能改变权利、义务的。权利、义务是法律关系的核心，一旦已形成的权利、义务发生改变，则原法律关系就不再存在。海事行政法律关系的变更，只能是在原权利、义务不变的情况下主体或客体发生的变化。

2. 海事行政法律关系变更的形式

在海事行政法律关系中，权利、义务并不能发生变更的问题，权利、义务一旦变更，就是消灭了原法律关系而形成另一种法律关系。海事行政法律关系的变更只能是指在原海事行政法律关系内容(即权利、义务)不变的情况下，主体与客体所出现的变化。

主体发生不影响原权利、义务的变化主要有以下两种情况：

(1)主体在数量上的变化。主体在数量上的变化是主体人数的增减。增减均不改变原权利、义务的质和量，只是由原一个主体享有和行使原有权利，改变为由多个主体共同享有和行使原有权利，或者由原一个主体履行原有义务改变为由多个主体共同履行原有义务。这种主体数量的变化，如原行政法律关系中的行政主体与另一个行政主体发生了合并或自己发生分离，合并后的一个行政主体或分离后的多个行政主体继续行使或履行原行政法律关系中的权利和义务。这种主体变化对行政相对人一方而言，也同样如此。

(2)主体在接替上的变化。主体在接替上的变化是指原行政法律关系中的主体被更替，更替后的主体继续承受原主体的权利和义务，权利、义务本身均无质量、数量的变化。主体接替上的变化，如行政法律关系中一行政主体被撤销，而由另一行政主体来接替其权利、义务，最明显莫过于诸多海事行政法规中“港务监督机构”与“海事管理机构”的接替。

行政法律关系客体的变化，是客体发生了不影响原权利、义务的某种变化，但通常只能是客体具有可替代性的变化，即以一种客体取代另一种客体。如果客体不具有可替代性，则不能发生变化。客体的变化也只限于不影响原有权利、义务的范围之内。如果它们发生的变化会带来权利、义务即内容的改变，又属于消灭原行政法律关系而建立新的行政法律关系。能发生变更的客体是具有可替代性的客体，即能以一种客体取代另一种客体。这类客

[1] 熊文钊. 行政法通论. 北京：中国人事出版社，1995.

体主要有以下两种：

(1)与特定人的人身没有联系的财物；

(2)与特定人的人身没有联系的作为、行为。

3. 海事行政法律关系变更的意义

海事行政法律关系的变更有主观上的与客观上的两种。

主观上的变更，是人们在主观上为了有利于原海事行政法律关系的实现而加以的变更。如《海上海事行政处罚规定》中对于违反"安全营运管理秩序"、"船舶、海上设施检验管理秩序"和"海上船舶登记管理秩序"等多项内容依据"有违法所得"和"无违法所得"进行分类处罚，合理地将处罚幅度进行了调整，以便及时、顺利地实现海事行政处罚关系的权利义务。在此，将海事行政法律关系的客体作以变更、调整，能使海事行政法律关系的实现更为顺利。

客观上的变更，是因原海事行政法律关系形成之后客观形势发生了一定改变，为了防止这种客观变化破坏原已产生的海事行政法律关系的稳定性，而对原海事行政法律关系加以的适当调整。如海事行政法律关系的原主体已死亡或撤销，为了不使原海事行政法律关系已确定的秩序发生混乱，并保证原权利义务得以落实，就以新的主体承接已死亡或被撤销主体的原权利义务，这就形成了海事行政法律关系主体的变更。

由此，海事行政法律关系主、客体变更的意义在于，在原海事行政法律关系形成之后，为了适应客观情况的某些变化，以灵活、合理、可行的方式，维持或稳定已存在的权利义务，并使之能顺利地得以最终实现。

第二节　海事行政主体

一、海事行政主体的公法资格构成和私法视角审视

行政活动是由行政组织所实施的，作为规范行政活动的行政法，首先是要对行政活动实施者的行政组织加以规范。许多重要的法律关系的性质难以确定，法律适用发生困难，都源于主体问题。早在1991年第七届全国人民代表大会第四次会议上所作的《关于国民经济和社会发展十年规划和第八个五年计划纲要的报告》中，就曾指出要在今后十年加强政权建设、改革行政管理体制的工作中，理顺各级政府职能部门之间的关系，使政府的法律行为同政府行政组织的法律地位相适应，并以法律资格、法律权限为基础。可以这样说，确定海事行政法律关系主体是解决海事行政行为的法律问题的基础，是实现海事行政机构工作法制化的前提。

1. 海事行政主体的公法资格构成

行政法主要由行政组织法、行政行为法、行政监督法三部分组成，对行政主体资格构成应从行政组织法的角度进行考虑。从行政组织法的角度，我们认为，"行政主体是指能够独立以自己的名义实施行政行为并承担行政行为法律后果和责任的组织"❶。我们认为这个

❶ 于安. 政府行政法律行为. 北京：法律出版社，1997.

定义体现了行政主体资格构成的几个方面:(1)行政行为主体是依法享有国家行政管理职权的组织。依照《宪法》和法律由人民代表机关和行政机关设立的各级各类国家行政机关以及非国家机关的社会组织,依照法律也可以成为某些国家行政管理职权的享有者。(2)行政主体实施行政行为必须以自己的名义进行。某些组织和个人根据行政机关的委托,国家行政机关工作人员根据行政机关的命令指示行使行政权力,但他们不能以自己的名义进行,所以它们不能称为行政主体。行政机关的内部职能机构,例如海事局的危管防污处在进行危险品检查或污染处罚时,必须以××海事局的名义进行,方能有法律上的效力。(3)行政主体是能够以自己的名义承担行政行为责任的组织。《行政诉讼法》第二十五条规定:"由行政机关委托的组织所作的具体行政行为,委托的行政机关是被告。"行政诉讼法的这一规定,排除了行政机关委托的组织以自己的名义承担行政行为的责任,受委托的组织也就不能成为行政主体。同样对于行政机关的工作人员,例如海事局的公务员尽管与所实施的行政行为密不可分,但仍不能成为海事行政主体。

2. 海事行政主体的私法视角审视

在古罗马的市民社会时期,就倡导"私权神圣不可侵犯"、"自由"、"平等"、"安全"的原则。然而,由于"看不见的手"的固有缺陷难以克服其带来的无序、混乱等社会现状,这时,"就需要这样一个组织,其目标被设定集中在公共善上,即旨在维持每个人有利的条件并达到对每个人有利目标,在这一前提有效的范围内,某些人能够被鉴定为是拥有优越智慧和判断力的,其他人都愿意信赖他们,并承认他们的意见有更重要的意义,就像一条船上的乘客愿意让船长来掌舵。"[1]市民就当然地将一部分有关公共利益管理的权力授权给这一组织来统一行使,以达到整个社会稳定、秩序、安全,这样,政府便产生了。

可见,市民和政府之间的关系便是一种代理关系,行政主体的权力来自于人民全体的授权,它代理人民全体行使社会管理权。在代理关系中,代理人即行政主体的权利是:

(1)在代理权限内,实施代理行为,即实行海事领域的社会管理;

(2)在代理权限内,有独立意思表示的权利,即海事执法自由裁量权;

(3)代理人有取得被代理人提供的必要的各种代理费用的权利,包括办公设施费用、管理费用及工作人员工资等。

其义务是:

(1)代理权必须在代理权限范围内行使,不得越权和滥用代理权,侵犯海事行政相对人的自由和权利;

(2)代理人行为必须维护被代理人的利益,不得为达到其他违背代理人意志的不法目的而为之;

(3)代理人必须认真承担代理事项,不得玩忽职守等,发生代理严重失误。

二、海事行政主体

从《行政组织法》的角度,我国行政主体主要分为行政机关和法律、法规授权的组织两人类,海事行政主体囊括了上述两种类型。

---

[1] 汉斯·J·沃尔夫,奥托·巴霍夫,罗尔夫·施托贝尔.行政法.高家伟,译.北京:商务印书馆,2002.

1. 海事行政机关

海事行政机关是国家依法设立,代表国家行使海事行政管理职能,负责海事管理事务的国家权力机关。海事行政机关作为海事行政法律关系主体的一方面具有以下特征:

(1)海事行政机关是国家的行政机关,其建立必须依据一定的法律和程序,须经我国《行政组织法》而确立。

(2)海事行政机关代表国家行使海事行政管理职能。

(3)海事行政机关开展执法工作必须按照法律、法规或者规章规定的职能和程序进行。

我国从事海事管理的国家行政机关可谓几经变迁,经历了无专门海事管理机构阶段、产生阶段(国民党政府阶段)、新中国刚诞生阶段和发展完善阶段。我国海事管理在清朝及北洋政府时代,都是由当时海关代管的,既无完备的海事管理法规,也未设专门机构。1931 年国民党政府建立了旧中国海事管理机构,并公布了《交通部航政局组织法》。抗日战争期间各航政局的管辖范围也几经变迁。国民党政府《交通部航政局组织法》(该法于 1936 年进行了修改,该组织法共 14 条)的公布实施实现了我国海事管理机关从无到有的转变。

新中国成立以后,我国政府依照前苏联的管理体制设立了港务监督,中央政府于 1963 年颁布的《中央人民政府交通部海运管理总局海务、港务监督工作章程》明确规定:港务监督是国家政权机关,在内进行行政监督,监督进入港口内之船只在港域内遵守国家法令、政策及各项规章制度。这种管理体制到 1983 年《海上交通安全法》的颁布实施以后才发生了根本性的变化,《海上交通安全法》第三条明确规定"中华人民共和国港务监督机构,是对沿海水域的交通安全实施统一监督管理的主管机关",通过法律的形式直接授权给了当时交通部直属的 17 个海上安全监督局(港航监督局)。在这种情况下,海事行政法律关系主体中行政机关的确定就变得模糊起来,这些直属海事管理机构统一对中华人民共和国交通部海事局负责,而对于交通部海事局的成立是由国务院批准的,其批文中明确指出"海事局为交通部直属机构,实行垂直管理体制。根据法律、法规的授权,海事局负责行使国家水上安全监督和防止船舶污染,船舶及海上设施检验、航海保障管理和行政执法,并履行交通部安全生产等管理职能"。对于直属机构的法律地位,行政法学界有两种观点,一是种"肯定说",其理由是:第一,按照《宪法》规定,国务院可以根据工作需要,设立若干直属机构主管各项专门事务,直属机构因而属于法定机构的一种;第二,直属机构虽然是在国务院的领导与指挥之下开展工作,但直属机构有自己管辖的领域。宪法、组织法虽然没有规定其职权,但有关的法律、法规却明确规定了直属机构的职权,直属机构在自己所主管的专门事务范围内有权依法以自己的名义采取措施,并承担责任。另一种是"否定说",其理由是:第一,直属机构是国务院组成部门,在国务院的领导与指挥之下开展工作,只是国务院这一最高行政机关的内部机构;第二,直属机构不像各部委一样具有法定职权。而且就目前我国行政法学界对于行政法律关系主体中的行政机关这一概念的普遍共识是:行政机关必须经过《行政组织法》的确立而成立。而对于交通部海事局及其直属的各地方海事局,从《行政组织法》的角度只是交通部这个行政机关的内设机构,无论是 1982 年公布的《中华人民共和国国务院组织法》还是 1979 年公布的《中华人民共和国地方各级人民代表大会和地方各级人民政府组织法》都没有相关内容对于海事局的行政机关地位给予确认。因此,我们认为在海事行政法律关系主体中的海事行政机关只能是经《中华人民共和国国务院组织法》确立的中华人民共和国交通运输部和经《中华人民共和国地方各级人民代表大会和地方各级人民政府组织法》确立的各地方人民政府交通管理机构，而中华人民共和国海事局及其直属的各地方海事局不能认为是海事行政机关。

中华人民共和国海事局是原交通部根据工作职责，提请国务院同意设立的组织机构。《关于中华人民共和国海事局（交通部海事局）主要职责和人员编制的批复》（中编办字〔1998〕40 号）中明确提出"中华人民共和国海事局（交通部海事局）事业编制为 90 名。局长由交通部主管副部长兼任。局级领导职数 6 名"。

2. 法律、法规授权的海事行政法律关系主体

其属于行政机关还是事业单位并不是行政主体成立与否的条件，事业单位的性质并不对海事机构的行政主体资格构成影响，因为在我国具有行政主体资格的组织还有一类重要类型——授权性行政主体。授权行政主体，是指行政职权并不因组织的成立而从《宪法》和《组织法》获得，而来自于有关法律、法规、规章形式授权的行政主体，被授权者以自己的名义实施行政管理活动和行使行政职权，并由自己对外承担行政活动的法律责任。

根据《行政诉讼法》第二十五条第 4 款规定"由法律、法规授权的组织所作的具体行政行为，该组织是被告"，由此可见，授权应当以"法律、法规"的形式进行。《中华人民共和国行政处罚法》（以下简称《行政处罚法》）第十七条也给予同样规定。在我国，1983 年全国人大颁布的《海上交通安全法》第三条"中华人民共和国港务监督机构，是对沿海水域的交通安全实施统一监督管理的主管机关。"2002 年国务院颁布的《内河交通安全管理条例》第四条第 2 款规定"国务院交通主管部门在中央管理水域设立的海事管理机构和省、自治区、直辖市人民政府在中央管理水域以外的其他水域设立的海事管理机构（以下统称海事管理机构）依据各自的职责权限，对所辖内河通航水域实施水上交通安全监督管理"。同时在第五条也对"县级以上人民政府"和"乡（镇）人民政府"赋予了不同的管理职责。通过上述两个法律法规的授权，中华人民共和国海事局成为实施海事行政管理职能的行政法律关系主体。

海事局作为我国海事行政法律关系主体虽然在 20 世纪 80 年代就取得了法律法规的授权，但是随着改革开放的深入，海上安全管理的体制越来越与管理的要求不相适应。到了 20 世纪 90 年代初，我国海事行政管理形成了两支并列的行使海事行政管理职能的港务监督队伍，除了直属于原交通部的 17 个海上安全监督局之外，全国有 28 个省、自治区和直辖市有地方的港务监督机构，以至在一些地方同时有两个甚至更多的水上安全监督部门，管理水域和范围相同，在多头管理和重复管理的同时，由于港监机构的隶属关系不同，对法规规章的解释也不尽相同，再加上管理方式上的差异，使得海事行政管理政出多门，政令不一，海事行政法律关系的局面十分混乱。面对这种情况原交通部于 1994 年 1 月首先在海南省进行试点改革，并于 1996 年向国务院提交了水上安全监督管理体制改革方案，1998 年 6 月国务院在批准交通部内设机构时明确了水上安全管理体制"一水一监，一港一监"、"在统一领导体制下，界定有关水域的中央与地方的管理分工"的体制改革原则。在《关于中华人民共和国海事局（交通部海事局）主要职责和人员编制的批复》（中编办字［1998］40 号）中，中华人民共和国海事局职责定位包括：

（1）拟定和组织实施国家水上安全监督管理和防止船舶污染、船舶及海上设施检验、

航海保障以及交通行业安全生产的方针、政策、法规和技术规范、标准。

(2)统一管理水上安全和防止船舶污染。监督管理船舶所有人安全生产条件和水运企业安全管理体系;调查、处理水上交通事故、船舶污染事故及水上交通违法案件;归口管理交通行业安全生产工作。

(3)负责船舶、海上设施检验行业管理以及船舶适航和船舶技术管理;管理船舶及海上设施法定检验、发证工作;审定船舶检验机构和验船师资质、审批外国验船组织在华设立代表机构并进行监督管理;负责中国籍船舶登记、发证、检查和进出港(境)签证;负责外国籍船舶入出境及在我国港口、水域的监督管理;负责船舶载运危险货物及其他货物的安全监督。

(4)负责船员、引航员适任资格培训、考试、发证管理。审核和监督管理船员、引航员培训机构资质及其质量体系;海员证件管理工作。

(5)管理通航秩序、通航环境。负责禁航区、航道(路)、交通管制区、港外锚地和安全作业区等水域的划定;负责禁航区、航道(路)、交通管制区、锚地和安全作业区等水域的监督管理,维护水上交通秩序;核定船舶靠泊安全条件;核准与通航安全有关的岸线使用和水上水下施工、作业;管理沉船沉物打捞和碍航物清除;管理和发布全国航行警(通)告,办理国际航行警告系统中国国家协调人的工作;审批外国籍船舶临时进入我国非开放水域;港口对外开放有关审批工作以及中国便利运输委员会日常工作。

(6)航海保障工作。管理沿海航标、无线电导航和水上安全通信;管理海区港口航道测绘并组织编印相关航海图书资料;归口管理交通行业测绘工作;组织、协调和指导水上搜寻救助并负责中国海上搜救中心日常工作。

(7)组织实施国际海事条约;履行"船旗国"及"港口国"监督管理义务,依法维护国家主权;负责有关海事业务国际组织事务和有关国际合作、交流事宜。

(8)组织编制全国海事系统中长期发展规划和有关计划;管理所属单位基本建设、财务、教育、科技、人事、劳动工资、精神文明建设工作;负责船舶港务费、船舶吨税有关管理工作;负责全国海事系统统计和行风建设工作。

(9)承办交通部交办的其他事项。

根据《国务院办公厅关于印发交通部直属海事机构设置方案的通知》(国办发[1999]90号文件),交通部在沿海的省、自治区、直辖市和主要跨省内河(长江、珠江、黑龙江)干线及重要港口设立直属海事机构,共设20个交通部直属海事机构,其中正厅(局)级12个,副厅(局)级8个。直属海事机构的名称统一为"中华人民共和国××(地名或河流名)海事局"。

交通部直属海事局机构序列:

- 中华人民共和国上海海事局(正厅级)
- 中华人民共和国天津海事局(正厅级)
- 中华人民共和国辽宁海事局(正厅级)
- 中华人民共和国河北海事局(副厅级)(2006年升为正厅级)
- 中华人民共和国山东海事局(正厅级)
- 中华人民共和国江苏海事局(正厅级)
- 中华人民共和国浙江海事局(正厅级)
- 中华人民共和国福建海事局(正厅级)

- 中华人民共和国广东海事局(正厅级)
- 中华人民共和国广西海事局(正厅级)
- 中华人民共和国海南海事局(正厅级)
- 中华人民共和国长江海事局(正厅级)
- 中华人民共和国黑龙江海事局(副厅级)
- 中华人民共和国深圳海事局(正厅级)
- 中华人民共和国营口海事局(副厅级)
- 中华人民共和国烟台海事局(副厅级)
- 中华人民共和国连云港海事局(副厅级)
- 中华人民共和国厦门海事局(副厅级)
- 中华人民共和国汕头海事局(副厅级)
- 中华人民共和国湛江海事局(副厅级)

此外,全国共设有31个地方海事局。

三、海事行政主体依法委托的组织

由于社会的发展和社会关系的日益复杂化,国家干预社会生活的深度在加强,海事行政管理的范围也随着国家行政管理范围的变化而逐步扩大。海事行政管理职能逐步扩大,海事行政机关及其行政人员也相应地增加,但仍然满足不了海事行政管理工作的需要,而且国家行政机关改革的方向就是精简机构和人员,为了更好地解决这一矛盾,根据《行政处罚法》第十七、十八条的相关规定,一是通过法律、法规授权的具有管理公共事务职能的组织从事海事行政执法工作,二是通过海事行政机关依法委托事业组织从事海事行政管理工作。

对于行政委托,学者们的认识相对来说比较一致。一般都认为,行政委托是指行政主体根据行政管理的需要,依法将自身享有的行政职权委托给符合一定条件的组织和个人行使,并直接承担相应的法律责任的法律制度。行政委托从性质上来讲,更如有的学者提出的"将行政委托界定为行政合同行为"[1]的说法。众所周知,行政委托制度渊源于民法上的"民事代理制度",而代理制度的最大特征就是代理人与被代理人基于双方自愿达成协议,由代理人代替被代理人实施代理权限内的行为,其法律后果归属于被代理人。显然,行政委托实质上是行政管理领域中的代理行为,是一种双方在自愿基础上意思表示一致的合同行为。

有的学者提出,行政委托从行政机关行使的方式可以划分为意定行政委托和法定行政委托。意定行政委托是指行政机关非以立法的形式而行使的委托行政,既包括行政机关以口头命令的形式,也包括行政机关与受托方签订协议即以行政合同的方式而成立的委托行政。法定行政委托有广义和狭义之分。广义的法定行政委托是指法定机关和具有法定权利的行政机关以法定的形式而设定的委托行政,狭义的行政委托指行政机关用行政立法的方式而设定的行政委托。具体来说就是行政机关通过法规、规章或其他规范性文件而行使的

---

[1] 鄢超. 浅析行政授权与行政委托之界分. 行政与法,2002,(5).

行政委托。

海事行政执法权是海事行政机关的法定职权,应该由海事行政机关自己行使。但是如果海事行政机关直接从事海事行政执法工作确有困难,如受编制和经费的限制、执法区域过大、执法工作专业性和技术性较强等因素的影响,造成难以及时、有效地行使执法权利时,则可以依法通过委托合法的事业组织从事海事行政执法工作。海事执法机关的委托必须有法律、法规或者规章的规定,这是《行政处罚法》予以明确规定的。海事行政机关委托其他组织从事海事行政执法工作的依据是交通部 1996 年第 7 号令《交通行政处罚程序规定》,该规定第四条:县级以上人民政府的交通主管部门可以委托依法设置的符合《行政处罚法》第十九条规定的运输、航道、港口、公路、规费、通讯等交通管理机构实施行政处罚。因此,海事行政委托实际主要是法定委托的情况较多,而且绝大部分都是狭义法定委托的法律关系体现。例如,在《船舶登记条例》第四十八条"船舶所有人在境外发现船舶国籍证书遗失或者污损时,应当向中华人民共和国驻外大使馆、领事馆申请办理临时船舶国籍证书"。

第三节 海事行政相对人

一、海事行政相对人的概念

海事行政主体对水上交通安全管理和防止船舶海洋污染管理等职能是法律授予的,它所进行的行政管理活动与行政相对人关系密切,行政立法、行政许可、行政监督、行政裁决、行政处罚等无不涉及行政相对人的权益。所以海事行政执法主体要维护正常的管理秩序,发挥管理职能,必然涉及海事行政相对人的参与和配合。

行政相对人一词并非法律概念,但却是行政法学界用来研究行政法律关系的一个重要学术用语,与行政相对人相对应的称谓在我国现行的行政法中常用的是"公民、法人或其他组织";而在一些专门性的法律、法规中多使用特定称谓:"当事人"(《中华人民共和国海上交通监督管理处罚规定》),"被处罚人"(《中华人民共和国治安管理处罚条例》)等。也就是说,在我国行政法中还没有正式使用行政相对人这个称谓。

在我国行政法学界对于行政相对人这一概念的理解还存在一些差别,有的学者将其定义为"在行政法律关系中与行政主体相对应的公民、法人和其他组织"[1];有的学者认为"行政相对人是行政法律关系中的'被管理人'或'被管理的相对人'"[2];有的学者认为"行政相对人是在行政法律关系中与行政主体一方互有权利义务关系的相对一方公民、法人和其他组织"[3]。我们认为最后一种说法能够更为全面、准确地概括出行政相对人的实质,因此我们将海事行政相对人定义为"在海事行政法律关系中与海事行政主体互有权利义务关系的一方公民、法人和其他组织"。

---

[1] 王连昌. 行政法学. 北京:中国政法大学出版社,1997.

[2] 熊文钊. 行政法通论. 北京:中国人事出版社,1995.

[3] 方世荣. 行政法与行政诉讼法. 北京:中国政法大学出版社,2001.

二、海事行政相对人的特征及组成

海事行政相对人作为与海事行政主体相对应的一方主体，其基本特征主要有：

(1)海事行政相对人是与海事行政主体发生权利义务关系的公民、法人或其他组织，它只存在于海事行政法律关系这个特定的关系之中，而非一般意义上的公民、法人或其他组织。海事行政相对人正是基于一定的法律事件或行为才依法受到海事行政主体的规范和约束，从而形成海事行政法律关系。例如，海事行政处罚是对海事行政相对人的违法行为进行的制裁；海事行政许可是对海事行政相对人已具备某种资格和能力的确认。

(2)海事行政相对人必须是具备法定行为能力和一定资格的公民、法人或其他组织。海事行政相对人的存在是基于基本法律和相关海事行政法律规范规定的，例如，《海上交通安全法》第二条规定："本法适用于在中华人民共和国沿海水域航行、停泊和作业的一切船舶、设施和人员以及船舶、设施的所有人和经营人。"

(3)海事行政相对人与行政主体之间的权利、义务关系是具有多种形式的，它并不是一般意义上所理解的管理与被管理的关系。

基于以上特征，我们认为海事行政相对人是指海事行政主体在行使水上交通安全管理、船舶登记与法定检验、船员培训与船员证件发放、船舶污染事故处理、海事调查处理等国家行政权力时与之相对应的一方船员、船舶所有人、经营人、航运公司等与海事行政管理活动相关的公民、法人及相关组织。

三、海事行政相对人的权利和义务

在行政法学领域，我国学者侧重于从两个方向对其进行研究，一是国家管理，二是权力的需求与公共利益的保护。在这样以国家管理和公权力为主导理念的背景下，经过长期的实践，行政相对方的地位和权利没有得到应有的重视。从人类发展史来看，行政权早于行政相对方权利出现，这就给公权本位提供了天然的条件。权利的配置不合理，导致"私权"难以体现，进而又一步限制了行政相对方对权力的实现。从制度层面看，主导理论现在已经不适应时代发展，以行政相对方权利为核心才是现实的需要。

1.海事行政相对人的权利

海事行政相对人的权利是海事行政相对人所具有的相对于海事行政主体主张的权利，在海事行政法律关系中这种权利主要体现在实体上和程序上两方面。在实体上的权利主要有：

(1)平等权。行政相对方的平等对待权利是基于行政主体与行政相对方的关系而产生的应有的权利，它基于公民之间的平等权利要求，是指行政相对方个体在行政活动中应当得到行政主体的平等对待。其最基本的内容是：行政相对方在同等条件下，在立法上、行政执法上和行政司法上应当受到行政主体的同等对待，这也是申请权、参与权以及知情权等权利相串联的基础。如当事人在同等条件下提出海事行政许可申请，符合法定条件、标准的，有获得准予许可的权利。

(2)参与权。海事行政相对方有权依法参与海事行政管理，参与行政管理的权利并不是广义的公民参政权，它包括三个方面，一是海事行政相对方可以通过各种形式的渠道参与海事行政法规及规章、行政政策的制定的权利，这些途径一般包括信函、电子邮件、座谈会、听证会以及海事政务微博的网络讨论等形式，其中网络讨论大部分被广义地认为是网络舆论监督工具，在当今网络发达、言论禁限逐渐开放的背景下，网络讨论是主流的趋势；二是参与海事发展规划的计划编制制定和执行的权利；三是参与与自身有利害关系的海事行政行为的决定和实施的权利，这被认为是海事行政相对方权利的狭义概念。由上可知，海事行政相对方参政权利不仅包括参加海事行政管理的权利，还包括参与与自身利益相关的海事行政管理的权利，具有广泛性。例如：船员对海事管理机构的行政行为提出批评和建议的权利，船务公司对海上安全管理的协助权与建议权等。

(3)受益权。受益权包括积极受益权和消极受益权。积极受益权是指通过其积极主动行为而获得的利益或者权益保障，包括通过海事行政主体的行政活动获得现实利益或可得利益的权利。具体如获得海事机关行政指导、行政许可和行政奖励的权利，在遭遇自然灾害或海难情况下得到海事部门搜寻救助的权利，保护自身合法权益不受海事行政主体非法侵害的权利等。消极受益权又称救济权，是海事行政相对方认为受到损害或对海事行政主体实行的行政法规、规章和具体措施等不服而产生的权利，包括请求国家赔偿、补偿权，申请复议权和提起行政诉讼权。

海事行政相对人在程序上的权利主要有：

(1)对海事行政主体作出不利于自己的处理决定时的申辩权。根据《行政处罚法》第三十二条的规定，公民、法人或者其他组织对行政机关所给予的行政处罚，享有陈述权、申辩权，行政机关必须充分听取当事人的意见，对当事人提出的事实、理由和证据，应当进行复核，行政机关拒绝听取当事人的陈述、申辩的，行政处罚决定不能成立。行政机关不得因当事人申辩而加重处罚。

(2)对海事行政主体有关行政活动的了解权。根据《行政处罚法》第三十一条的规定，行政机关在作出行政处罚决定之前，应当告知当事人作出行政处罚决定的事实、理由及依据，并告知当事人依法享有的权利。因此，被处罚人在接到“海事行政处罚告知书”后，应当仔细分析研究，重点审查处罚程序是否合法，事实认定是否清楚，适用法律是否准确，处罚是否适当。

(3)听证权。根据《行政处罚法》第四十二条的规定，行政机关作出责令停产停业、吊销许可证或者执照、较大数额罚款等行政处罚决定之前，应当告知当事人有要求举行听证的权利。

(4)对海事行政主体的处理不服而提起行政复议、行政诉讼的权利等。根据《行政复议法》和《行政诉讼法》的规定，被处罚人认为海事管理机构在给予自己处罚的过程中，有违反法律、法规或者超越法律、法规范围行为的，有权申请行政复议，请求变更或撤销违法处罚决定，也可以直接向人民法院提起行政诉讼。

2. 海事行政相对人的义务

海事行政相对人在享受行政权力的同时，也身负一些相对应的义务，在海事行政法律关系中主要体现在：

(1)维护海事行政主体各种行政权力正常行使的义务，即不得妨碍、阻挠各种海事行政权利依法正常行使。

(2)配合海事行政主体正常行使有关权利的义务,如对海事调查,海事行政相对人就须积极配合海事部门调查工作的开展。

(3)服从行政权力行使结果的义务。海事行政相对人对行政主体的上述义务并不需要同时具有,而是分别针对海事行政主体不同的权利行使而履行不同的义务。例如对于海事行政处罚,海事行政相对人既要履行不得妨碍、阻挠其正常行使的义务,又要履行服从、执行的义务;而对于海事行政指导、海事行政许可,海事行政相对人则没有必须服从的命令。

第三章　海事行政法律体系

第一节　概　　述

一、海事行政法律体系的概念

任何一部部门法都有其相关法律体系的存在，海事行政法也有其单独的海事行政法律体系。依据该体系中的相关法律法规的授权，海事机构才有权开展海事行政执法活动。下面介绍我国的海事行政法律体系。

海事行政法律体系应该是由各种层次的海事行政法律规范所组成的完整的、科学的、可持续发展的国家海事法规体系。它包括国家《宪法》，行政法，调整各种海事行政法律关系的法律、法规、规章、条例、规定、规程、办法等具有法律效力的规范性文件。

在本书前面的章节中曾经提到过海事行政法律的形式包括《宪法》、法律、行政法规、部门规章、地方性法规和规章、国际公约和条约、国际惯例等。因此，广义的海事行政法律体系是指包括国际公约、条约、国际惯例在内的更广泛的海事行政法律体系。本书中所指的海事行政法律体系也是指包括国际公约和条约、国际惯例和由我国制定的各种法律规范性文件组成的体系。

二、海事行政法律体系的特点

根据我国目前海事行政法律体系的现状，可以总结出我国的海事行政法律体系具有如下几个特点：

1. 结构的相对完整性

正式纳入2004年《公路、水路交通法规体系框架和实施意见》的新的《海事法规体系框架》，将我国的海事行政法律体系分为4个方面的法规子系统，即水路交通安全法规子系统、船舶法规子系统、船员法规子系统、其他交通法规子系统。该框架将所有有关海事行政的法律法规和规章都收入了这4个法规系统中，并可根据海事行政管理工作的现状和形势发展要求，按照规定的程序对该框架进行必要和适当的调整，这充分体现了其完整性。

2. 内容的相对统一性

中华人民共和国海事局是国家设立的、交通运输部领导的负责国家水上安全监督管理、防治船舶污染、船舶及水上设施检验、航海保障的海事行政执法机构。他们进行海事行政执法所依据的法律法规等规范性文件构成了我国的海事行政法律体系，其内容都与海事行政工作有着密切的联系，这就注定了海事行政法律体系内容的相对统一性。

3. 制定依据的广泛性

我国海事行政法律体系中相关法律法规的制定除了依据我国具有特色的宪法、行政法和其他相关法律法规外，还有依据我国缔结和加入的有关国际公约、条约、决定书、大会决议等。

4. 法律、法规的专业性

海事行政法律体系中的法律、法规是中华人民共和国海事局及其各级海事管理机构实施海事行政管理和进行海事行政执法工作的法律依据，这就体现了海事行政法律体系较强的专业性，只要是与水上交通安全和防止船舶污染等与海事行政管理相关的行政事务均受海事行政法律体系中相关法律法规的调整和规范。

三、我国宪法与其他法律中有关海事管理的规定

1.《宪法》中的有关规定

《宪法》是国家的根本大法，我国所制定的各种规范性文件都必须以宪法为基础，不得与宪法相抵触。《宪法》涉及海事管理的规定主要有三个方面。

(1)关于环境保护的规定

《宪法》关于环境保护的规定，是制定环境保护法的基础，是各种环境保护法律、法规和规章的立法依据。把环境保护作为一项国家职责和基本国策在《宪法》中予以确认，把环境保护的指导原则和主要任务在《宪法》中作出规定，就为国家和社会的环境活动奠定了《宪法》基础，赋予了最高的法律效力和立法依据。《宪法》第二十六条规定：国家保护和改善生活环境和生态环境，防治污染和其他公害。这一规定是国家对于环境保护的总政策，说明了环境保护是国家的一项基本职责。

(2)关于监督与服务的规定

《宪法》关于监督与服务的规定，是制定监督与服务相关立法的基础，其基本原则在《宪法》中的确定为监督与服务立法赋予了最高的法律效力和依据。《宪法》第二十七条规定：一切国家机关实行精简的原则，实行工作责任制，实行工作人员的培训和考核制度，不断提高工作质量和工作效率，反对官僚主义。一切国家机关和国家工作人员必须依靠人民的支持，经常保持同人民的密切联系，倾听人民的意见和建议，接受人民的监督，努力为人民服务。这一规定确定了行政执法机关必须以人为本，以民为本，提高工作效率，在加强监督的同时，接受人民的监督，并努力为人民服务。

(3)关于依法治国的规定

《宪法》1999年修正案将第五条增加了一款，其第一款规定：中华人民共和国实行依法治国，建设社会主义法治国家。这一规定确定了中国必须加强法治建设，完善法律体系，提高公民法治意识。海事行政法律体系作为一个新的法律部门，在其机构设置还未最后确定的情况下，其法律体系与其他部门法相比也存在着较多不完善的地方，例如缺少船舶基本法和船员基本法，而且中华人民共和国海事局是交通部的下设机构，其制定的规范性文件要达到部委规章以上效力必须通过交通运输部，这就给海事立法及其体系的完善增加了难度。

2.《中华人民共和国民法通则》(以下简称《民法通则》)中的有关规定

第一百二十三条规定：从事高空、高压、易燃、易爆、剧毒、放射性、高速运输工具等对周围环境有高度危险的作业造成他人损害的，应当承担民事责任。

第一百二十四条规定：违反国家保护环境防止污染的规定，污染环境造成他人损害的，

应当依法承担民事责任。

3.《中华人民共和国刑法》(以下简称《刑法》)中的有关规定

2011 年经过修订的新《刑法》第六章妨碍社会管理秩序罪中专门设立一节“破坏环境资源保护罪”,其中第三百三十八条规定:违反国家规定,排放倾倒或者处置有放射性的废物、含传染病病原体的废物、有物质或者其他有害物质,严重污染环境的,处三年以下有期徒刑或者拘役,并处或者单处罚金后果特别严重的,处三年以上七年以下有期徒刑,并处罚金。

4.《中华人民共和国国旗法》中的有关规定

第四条 2 款规定:外交部、国务院交通主管部门、中国人民解放军总政治部对各自管辖范围内国旗的升挂和使用,实施监督管理。

第十一条 1 款规定:民用船舶和进入中国领水的外国船舶升挂国旗的办法,由国务院交通主管部门规定。

5.《中华人民共和国公民出境入境管理法》中的有关规定

第七条规定:海员因执行任务出境,由港务监督局或者港务监督局授权的港务监督办理出境证件。

6.《中华人民共和国治安管理处罚条例》中的有关规定

《中华人民共和国治安管理处罚条例》是对扰乱社会秩序、妨碍公共安全尚不构成犯罪的违法行为给予行政处罚的行政法规。第二十条第 2 项规定:违反爆炸、剧毒、易燃、放射性等危险物品管理规定,生产、销售、储存、运输、携带或者使用危险物品,尚未造成严重后果的,处 15 日以下拘留、200 元以下罚款或者警告。这是对当事人应当承担行政责任的具体规定。

此外,《中华人民共和国海商法》、《中华人民共和国领海及毗连区法》、《中华人民共和国专属经济区和大陆架法》、《中华人民共和国测绘法》、《中华人民共和国消防法》等也有与海事管理相关的规定,在这里不再详细介绍。

第二节　我国现行海事行政法律体系及存在的问题

以下介绍我国要建设的海事行政法律体系的层次结构,为了简化,在带有“中华人民共和国”的相应法律、规律、规章等法律规范中,省略“中华人民共和国”字样。另外,为了与我国将要建设的海事行政法律体系对应,也将现行的海事行政法律体系划分为五个子系统。

一、水路交通安全法规系统

1. 相关法律

相关法律主要有《海上交通安全法》、《海事诉讼特别程序法》。

2. 配套行政法规

配套行政法规有《内河交通安全管理条例》、《河道管理条例》、《航道管理条例》、《国境河流外国籍船舶管理办法》、《无线电管理条例》、《海事调查处理条例》、《特别重大事故调查程序暂行规定》、《中华人民共和国航标条例》(以下简称《航标条例》)、《测量标志保护条例》等。

3. 配套部门规章

配套部门规章有《船舶交通管理系统安全监督管理规则》、《水上水下活动施工作业通航安全管理规定》、《船闸管理办法》、《航道管理条例实施细则》、《外国籍船舶航行长江水域管理规定》、《内河避碰规则》、《中俄国境河流航行规则》、《海上航行警告和航行通告管理规定》、《中华人民共和国打捞沉船管理办法》（以下简称《打捞沉船管理办法》）、《沉船沉物打捞单位资质管理规定》、《水上移动卫星通信管理规则》、《海上移动通信业务标识管理办法》、《外国籍船舶在中国领海、内水和港口使用国际海事卫星船舶地球站规定》、《交通通信管理规则》、《船舶遇险紧急通信处置细则》、《交通部沿海港口信号规定》、《船舶交通事故统计规则》、《中华人民共和国内河交通事故调查处理规则》（以下简称《内河交通事故调查处理规则》）、《海区航标设置管理办法》、《海区航标动态通报管理办法》、《海区雷达应答器管理办法（试行）》、《内河航标管理办法》等。

4. 地方性法规和规章

地方性法规和规章有《武汉长江大桥安全管理办法》、《贵州省河道管理条例》、《上海市内河航道管理条例》、《广西壮族自治区航道管理条例》、《浙江省航道管理条例》、《河北省航道管理实施办法》、《广东、广西两省区内河避碰若干规定》、《琼州海峡轮渡运输安全管理规定》、《长江机动船舶安全通信管理规定》、《四川省水上交通事故处理条例》、《四川省水上交通事故人身伤亡赔偿办法》、《江苏省内河交通事故处理办法》、《浙江省水上交通事故处理办法》、《广东省水上交通事故处理规定》、《宁夏回族自治区水上交通事故调查处理暂行办法》、《营口港水上交通管理规则》、《烟台港水上交通安全和防止船舶污染水域管理规定》、《上海水上安全监督规则》、《秦皇岛海上安全监督管理规则》、《宁波水上安全监督管理规定》、《青岛水上安全监督管理规定》、《海南水上交通安全监督管理规则》、《连云港海上安全监督管理规则》、《河北省港口岸线管理规定》、《天津市海河下游航政管理规定》、《湖北省水上交通安全管理办法》、《宁夏回族自治区水上交通安全管理办法》、《云南省澜沧江航务管理规定》、《江苏省内河交通管理条例》、《湖北省水路交通管理条例》、《重庆市水上交通安全管理条例》、《四川省水路交通管理条例》、《甘肃省水路运输安全管理实施办法》、《甘肃省水路交通管理条例》、《辽宁省水上旅游运输管理规定》等。

5. 国家、部门标准

国家、部门标准有《关于批准、发布〈内河交通安全标志〉国家标准的函》、《关于发布国家标准 <内河通航标准> 的通知》、《关于批准发布 <内河通航水域桥梁警示标志> 等七项交通行业标准的通知》、《内河避碰规则》的三个附录、关于发布《沉船沉物打捞单位资质管理规定》的通知的第二个附件《打捞单位资质等级标准》、《国家标准船舶安全开航技术要求通信与导航》等。

二、船舶法规系统

当前船舶法规系统还未制定法律，主要是由较低法律效力的规范性文件组成。

1. 相关行政法规

相关行政法规有《船舶登记条例》、《国际航行船舶进出口岸检查办法》、《中华人民共和国船舶和海上设施检验条例》（以下简称《船舶和海上设施检验条例》）、《对外国籍船舶管理规则》等。

2. 相关部门规章

相关部门规章有《内河船舶航海日志记载规则》、《内河船舶轮机日志记载规则》、《船舶签证管理规则》、《中华人民共和国船舶安全检查规则》(以下简称《船舶安全检查规则》)、《中华人民共和国船舶最低安全配员规则》(以下简称《船舶最低安全配员规则》)、《高速客船安全管理规则》、《老旧运输船舶管理规定》、《客渡轮专用信号标志管理规定》、《台湾海峡两岸间航运管理办法》、《船舶升挂国旗管理办法》、《港口消防监督实施办法》、《运输船舶消防管理规定》、《船舶修理防火防爆管理规定》、《公路渡口管理规定》等。

3. 地方性法规和规章

地方性法规和规章有《浙江省乡镇船舶安全管理暂行办法》、《广西壮族自治区乡镇运输船舶安全监督管理暂行办法》、《广东省乡(镇)运输船舶安全管理规定》、《安徽省乡镇运输船舶安全管理暂行办法》、《云南省乡镇船舶安全管理办法》、《辽宁省乡镇船舶安全管理办法》、《吉林省乡镇运输船舶安全管理办法》、《四川省乡镇船舶和渡口安全管理办法》、《河北省乡镇船舶安全管理办法》、《湖北省乡镇船舶安全管理办法》、《黑龙江省乡镇船舶和渡口安全管理办法》、《海南省渡口渡船管理规定》、《湖南省水上交通安全管理办法》、《江苏省渡口管理办法》、《上海市渡口管理办法》、《天津市渡口安全管理办法》、《江西省渡口管理条例》、《广东省乡镇渡口管理办法》、《湖南省民间渡口管理办法》、《河南省渡口管理办法》、《云南省民间渡口管理试行办法》、《浙江省渡口安全管理办法》等。

4. 国家、部门标准

国家、部门标准有《船舶建造检验规程》、《海上营运船舶检验规程》、《内河营运船舶检验规程》、《内河小型船舶建造检验规程》、《船用电工电子产品型式试验规程》、《船舶清除可燃气体检验规程》、《船舶与海上设施法定检验规则国际航行海船法定检验技术规则》、《船舶与海上设施法定检验规则非国际航行海船法定检验技术规则》、《船舶与海上设施法定检验规则起重设备法定检验技术规则》、《船舶与海上设施法定检验规则海上拖航法定检验技术规则》、《船舶与海上设施法定检验规则集装箱法定检验技术规则》、《纤维增强塑料船建造规范(海河通用)》、《沿海小型钢丝网水泥船建造规范》、《船舶与海上设施法定检验规则内河船舶法定检验技术规则》、《内河钢质工程船建造规范》、《内河高速船建造与检验规定》、《内河集装箱船建造与检验暂行规定》、《内河散装运输危险化学品船舶构造与设备规范》、《内河聚乙烯船建造和检验暂行规定》、《海上固定平台安全规则》、《海上移动平台安全规则》、《海上浮式装置安全规则》、《潜水系统和潜水器安全规则》、《海上单点系泊装置安全规则》、《海上固定设施安全技术规则》、《海船载重线规范》、《钢质海船入级与建造规范》、《海船稳性规范》、《海船分舱和破舱稳性规范》、《海船防火结构与消防设备规范》、《船舶与海上设施起重设备规范》、《海船救生设备规范》、《海船信号设备规范》、《海船航行设备规范》、《海船无线电设备规范》、《内河船舶乘客定额及舱室设备规范》、《内河散装运输液化气体船舶构造与设备规范》、《内河船舶吨位丈量规范》、《内河航区分级规范》等。

三、船员法规系统

当前船员法规系统无现行的法律,除一部《中华人民共和国船员条例》(以下简称《船员条例》)法规外,主要以部门规章为主。

1. 相关部门规章

相关部门规章主要有《海船船员适任考试、评估和发证规则》、《内河船舶船员适任考试和发证规则》、《船员培训管理规则》、《海员证管理办法》、《中华人民共和国海船船员值班规则》(以下简称《海船船员值班规则》)、《潜水员管理办法》等。

2. 国家、部门标准

国家、部门标准有《散装液体货船船员特殊培训、考试和发证办法》附件一“油轮船员特殊培训机构的师资、设备和设施配置的最低标准”,附件五“化学品船船员特殊培训机构的师资、设备和设施配置的最低标准”,附件八“液化气船船员特殊培训机构的师资、设备和设施配置的最低标准”;《高速船船员特殊培训、考试和发证办法》附录一高速船船员特殊培训机构师资、设备、设施配备最低标准;《客船、滚装客船船员特殊培训、考试和发证办法》附件一培训机构师资、设施和设备配备最低标准;《船员雷达操作与模拟器专业培训、考试和发证办法》附件一船员雷达操作和模拟器专业培训机构师资、设施和设备配备最低标准;《船员高级消防专业培训、考试和发证办法》附件一船员高级消防专业培训机构师资、设施和设备配置最低标准;《船员大型船舶操纵特殊培训、考试和发证办法》附件一船员大型船舶操纵特殊培训机构师资、设施和设备配置的最低标准、《船舶装载散装固体和包装危险及有害物质作业船员特殊培训、考试和发证办法》附件一培训机构师资、设施和设备配置的最低标准;《船员基本安全专业培训、考试和发证办法》附件一船员熟悉培训的师资、设施和设备配置的最低标准;附件三船员基本安全专业培训的师资、设施和设备配置最低标准;《船员精通救生艇筏和救助艇专业培训、考试和发证办法》附件一船员精通救生艇筏、救助艇专业培训机构师资、设备和设施配备最低标准,附件三船员精通快速救助艇专业培训机构的师资、设备和设施配备最低标准;《船员精通急救和船上医护专业培训、考试和发证办法》附件一船员精通急救专业培训机构的师资、设施和设备配置的最低标准、附件三船员船上医护专业培训机构的师资、设施和设备配置的最低标准等。

四、防治船舶污染环境法规系统

1. 相关法律

相关法律主要有《环境保护法》、《海洋环境保护法》、《水污染防治法》、《大气污染防治法》、《固体废物污染环境防治法》、《环境噪声污染防治法》、《放射性污染防治法》。

2. 相关行政法规

相关行政法规有《防治船舶污染海域管理条例》、《海洋石油勘探开发环境保护管理条例》、《防止拆船污染环境管理条例》、《海洋倾废管理条例》、《防治海岸工程建设项目污染损害海洋环境管理条例》、《水污染防治法实施细则》、《化学危险物品安全管理条例》。

3. 相关部门规章

相关部门规章主要有《拆解船舶监督管理规则》、《交通行业环境保护管理规定》、《油船安全生产管理规则》、《船舶载运危险货物安全监督管理规定》、《水路危险货物运输规则》、《船舶载运外贸危险货物申报规定》、《集装箱装运包装危险货物监督管理规定》、《外贸危险货物标志标记监督管理规定》、《液货船水上过驳作业安全监督管理规定》、《关于加强承运进口废物管理的规定》。

4. 地方性法规和规章

地方性法规和规章有《上海市黄浦江上游水源保护条例》、《上海港防止船舶污染水域管理办法》、《天津市环境保护条例》、《天津市防止拆船污染环境管理实施办法》、《天津市防止水污染管理办法》、《天津市环境噪声污染防治管理办法》、《天津市海域环境保护管理办法》、《深圳经济特区海域污染防治条例》、《河北省海域使用管理条例》、《广东省水路危险货物运输监督管理办法》等。

5. 国家、部门标准

国家、部门标准有《挂桨机船噪声限值及测量方法》、《关于明确外贸出口危险货物包装型号和标记的通知》附件"外贸出口危险货物包装型号和标记"等。

五、海事综合法规系统

1. 相关法律

相关法律主要有《立法法》、《中华人民共和国行政许可法》(以下简称《行政许可法》)、《中华人民共和国行政强制法》(以下简称《行政强制法》)、《行政处罚法》、《行政复议法》、《行政诉讼法》、《中华人民共和国国家赔偿法》(以下简称《国家赔偿法》)。

2. 相关行政法规

相关行政法规主要有《国家赔偿费用管理办法》、《国防交通条例》、《罚款决定与罚款收缴分离实施办法》。

3. 相关部门规章

相关部门规章主要有《交通行政处罚程序规定》、《交通行政复议管理规定》、《交通法规制定程序规定》、《交通行政执法监督规定》、《交通运输行政执法证件管理规定》、《海上海事行政处罚规定》。

4. 国际公约、条约、国际惯例

国际公约、条约、国际惯例主要有《1974 年 SOLAS 公约》、《经 1978 年议定书修订的 1973 年国际防止船舶造成污染公约 MARPOL73/78 公约(MARPOL 73/78)》、《海员培训、发证和值班标准国际公约 78/95(STCW78/95)》、《1966 年国际载重线公约(LL 1966)》、《1972 年国际海上避碰规则(COLREG 1972)》、《1969 年国际吨位丈量公约(TONNAGE 1969)》、《国际海运危险货物规则(IMDG Code)》、《1979 年国际海上搜寻救助公约(SAR 1979)》、《1990 年国际油污防备、反应和合作公约(OPRC 1990)》等。

六、当前海事行政法律体系存在的问题

海事行政法律体系中的法律、法规和规章是海事行政机构进行海事行政执法工作的依据,体系的不断完善对海事行政执法工作起着至关重要的作用,也可以保证依法治国方略在海事系统的有效实施。目前我国海事行政法律体系现状,主要存在如下相关问题。

1. 海事行政法律体系有待进一步充实和完善

根据前面的讲述,我们可以发现在海事法规体系框架的五个法规系统中,有的有基本法律,但没有配套的行政法规和规章,而有的法规系统连基本法律都还没有制定,这就使我国的海事行政执法工作因缺少法律支持而无法开展。例如:海事行政机关具有船舶加油作业的审批权,但如果供受油双方没有经过海事行政机关许可就进行了船舶供受油作业,并造成了海域污染,海事行政机关可以依照相关规定对污染事故的责任人进行处罚;但如果没有造成污染,海事行政机关对供受油双方的这种违法按照油类行为进行海事行政处罚便没有法

律依据,致使这一方面的海事行政管理工作存在空白。因此我们应当尽快制定相关的法律、行政法规和规章,不断充实和完善我国海事行政法律体系。

2. 海事法规的效力较差

首先,由于中华人民共和国海事局是交通运输部的一个下设部门,其制定的规范性文件需要通过交通运输部才能成为部委规章,而海关总署与交通运输部是同级,其制定的规范性文件就具有部委规章的效力,因此海事法规的效力与其他部门法相比存在差距。

其次,海事行政机关所开展的海事行政执法工作有很多都是以中华人民共和国海事局下发的规范性文件为执法依据,但各个海事局所管辖的区域不同,区域内的自然情况、港口泊位情况等都不一样,因此都有制定地方性特别规定的必要,但根据《立法法》规定,有些城市可以制定地方性规章(例如厦门、大连),但有些城市没有权力制定地方性规章,只能通过交通运输部海事局出台相关规定,以保证其效力,但交通运输部海事局不能保证全国无权制定地方性规章的海事行政机关所制定的地方性特别规定都可以以部委规章的形式出台,因此就影响了某些地方的海事行政管理工作,影响了海事法规的效力,也体现了海事行政法规效力的不均衡。

3. 海事法规不协调

海事法规不协调主要表现在各个海事局根据法律、行政泆规和规章制定的具体实施细则存在很大出人,一个地方一个做法,没有形成全国范围内海事行政执法工作一盘棋的思想。以海事行政处罚幅度为例,假设一艘船舶缺少三名水手,根据相关规定不同海事局的处罚幅度就会有所不同。如何做到海事行政处罚工作的公开、公平、公正,使海事行政机关的自由裁量行为适当,就需要交通运输部海事局、各个海事局之间进行必要的协调,才能使海事泆规系统协调、规范、有效。

第三节　我国拟建设的海事法律体系框架

为保证海事法律、法规、规章正确体现党和国家的方针政策和基本法律制度,履行国家缔结和加入的国际公约、条约、决定书的义务,中华人民共和国海事局根据国家现行法律、行政法规以及国务院、中央编制委员会办公室确定的海事管理机构的职责,根据2004年修订的《公路、水路交通法规体系框架和实施意见》的基本原则和有关分类方法,考虑水上安全监督机构改革、航运及港口形势和水上安全形势的变化及发展、国际公约及国际社会的要求和发展趋势、我国海事行政管理和海事行政执法工作及其相关法律法规的现状和发展需要以及我国海事行政立法的需要等因素,编制了《海事法规体系框架》,其基本内容如下:海事行政法律体系分为5个方面的法规子系统,以相对比较理想的结构和分类设定了海事法规体系,即:水路交通安全法规系统,船舶法规系统,船员法规系统,防治船舶污染环境法规系统、海事综合法规系统。该法规体系中,每个子系统都对应一部或若干部基本法律;在法律之下,按照主要管理事项或者相对比较独立的事项,提出了相应或相对比较独立的事项,提出了相应的配套部门规章。有关法律法规和规章以及相关规范性文件将在下面予以详细介绍。

一、交通安全法规系统

1. 法律

我国现行的《海上交通安全法》是1983年9月2日第六届全国人大常委会第二次会

议通过的，于 1984 年 1 月 1 日起施行。该法案对船舶检验和登记、船舶设施及其人员、航行停泊和作业、危险货物运输、海难救助、交通事故调查、法律责任等进行了详细的规定，但随着我国经济的不断发展和国际形势的不断变化，现行的《海上交通安全法》已不能适应时代发展的要求，在日常行政管理和行政执法过程中，没有执法依据，致使某些行政执法工作很难开展，因此海事局以现行《海上交通安全法》为蓝本，根据有关国际公约修改现行的《海上交通安全法》，其内容将得到进一步充实，规范的行为范围也将有较大的扩充。

2. 配套的海事行政法规

(1)《内河交通安全管理条例》

《内河交通安全管理条例》已经于 2002 年 6 月 19 日国务院第 60 次常务会议通过，自 2002 年 8 月 1 日起施行。这是对 1987 年 1 月 1 日生效的《内河交通安全管理条例》的修订，其内容和条款增加了近一半，法律责任的规定也较原条例详细，易于操作和掌握。

(2)《船舶引航条例》

该条例主要规定：引航区的设立、引航组织的性质和资质、引航员的资格、强制引航和引航服务的要求、申请引航的程序和引航的实施、引航安全、引航机构和引航员的权利义务、船舶和船长在引航活动中的权利与义务等。

(3)《航标条例》

该条例是在现有《航标条例》(国务院令[1995]187 号公布)的基础上进行修订的，主要明确了航标的总体规划和审批，航标设计，施工单位资质认可，航标设置的审批程序，新建、扩建、改建航标的移交管理，航标管理的责任，航标动态管理与通报要求，专业航标的设置、审批、维护、保养要求，航标保护等内容。

(4)其他海事行政法规

为了完善水路交通安全法规系统，除了上述三部现行行政法规之外，还将修订和制定以下几部海事行政法规：

对《打捞沉船管理办法》进行修订，建议制定《沉船沉物打捞条例》；

对《海事调查处理条例》和《内河交通事故调查处理规则》进行修订，建议制定《水上交通事故调查处理条例》；

根据《海上交通安全法》，建议制定《海上交通安全管理条例》；

根据国际国内搜救工作要求，建议制定《海上搜救条例》；

根据通航水域测绘要求，建议制定《通航水域测绘条例》。

3. 配套部门规章

根据海事行政法律和行政法规，已经制定了《通航水域水上水下施工与作业安全监督管理规定》、《中华人民共和国海上航行警告和航行通告管理规定》、《水上交通事故统计办法》等部门规章，为了更好地规范海事行政执法工作，使每项海事行政执法工作都有具体的法律依据，我们将制定与法律和行政法规配套的部门规章，例如《海上通航水域安全监督管理规定》、《内河通航水域安全监督管理规定》等。

4. 地方性法规和规章

由于我国海岸线长达 18 000 多公里，内陆河流湖泊等分布较广，再加上地区经济发展差异较大,在法律规定了总体的指导原则和任务后,各个地方必须根据本地区的海事行政管理实际制定地方性法规和规章,来具体规范本地区的海事行政执法工作,例如营口、烟台、上海、宁波等地的海事局都制定本地区的水上交通安全监督管理规则;河北省、四川省、天津市等也制定了相关的水上交通安全管理办法。这些是对海事行政法律体系的补充,也是该体系的重要组成部分。

二、船舶法规系统

1. 法律

建议制定《船舶法》。《船舶法》作为船舶法规系统的基本法律,目前还未制定,但为了调整船舶纵向行政关系,完善船舶法规系统,对船舶管理方面作出总的规定。为制定更加详细的行政法规、部门规章提供法律依据,应制定船舶法,并对以下内容进行规定:船舶登记,船舶设备要求,船舶与水上设施检验,验船机构设置条件和验船人员资格,船舶设计和建造要求,船舶安全适航应该具备的静态条件,船舶配员,船舶检查,船舶升挂国旗管理,强制保险等。

2. 配套行政法规

根据《船舶法》所规定的内容,配套行政法规包括《船舶登记条例》、《船舶和海上设施检验条例》、《船舶签证和安全检查条例》、《小型船舶管理条例》。而现行生效的只有《船舶登记条例》、《船舶和海上设施检验条例》,它们是现行船舶登记管理、船舶和海上设施检验管理的法律依据,而对船舶签证和安全检查、小型船舶管理方面的法律规定源于《中华人民共和国船舶签证管理规则》(以下简称《船舶签证管理规则》)、《船舶安全检查规则》、《小型船舶管理规定》,这些都属于部门规章,为了完善船舶法规系统,保证船舶管理规范务实,根据《船舶法》的授权,建议制定《船舶签证和安全检查条例》、《小型船舶管理条例》。

3. 配套部门规章

除了上述提到的三个部门规章之外,现行生效的还有《船舶登记监督管理办法》、《船舶最低安全配员规则》等,为了便于海事行政机关开展行政执法活动,将根据《船舶法》及配套的行政法规制定配套部门规章,以逐步完善船舶法规系统。

4. 地方性法规和规章

与水路交通安全法规系统一样,在法律规定了总体的指导原则和任务后,各个地方也根据本地区的海事行政管理实际制定地方性法规和规章,来具体规范本地区的海事行政执法工作,例如广东、广西、上海、云南、吉林、辽宁等省、自治区、直辖市都制定了乡镇运输船舶安全管理办法。

三、船员法规系统

1. 法律

建议制定《船员法》。船员法规系统和船舶法规系统一样,是目前海事行政法律体系中最不完善的部分,都没有制定龙头法。为了更好地调整船员管理纵向行政关系和船员劳动合同等横向关系,应针对以下几个方面的内容进行规范,制定《船员法》。其基本内容应包括:船长、船员资格的取得和注册,船员的职务划分和职责,船员培训、考试和发证,船员劳动保护和福利、待遇、人身保险,法律责任等。

2. 配套行政法规

目前没有一部调整船员管理方面的行政法规,为了完善船员法规系统,使船员管理所涉及的各个方面都纳入法制管理轨道,将对船员法进行细化。当前《船员条例》已于2007年颁布实施。

3. 配套部门规章

现行部门规章有《海员出入境证件管理办法》、《中华人民共和国海船船员值班规则》、《内河船舶船员值班规则》、《中华人民共和国船员培训管理规则》等相关规定,今后将对《船员法》所调整的各种关系进行细化,制定出更加详细的部门规章来规范船员管理的各个方面,以逐步完善船员法规系统。

四、防治船舶污染环境法规系统

1. 法律

防治船舶污染环境的法律规范是海事行政法律体系的重要组成部分,包括《中华人民共和国海洋环境保护法》(以下简称《海洋环境保护法》)、《中华人民共和国水污染防治法》(以下简称《水污染防治法》)、《中华人民共和国大气污染防治法》(以下简称《大气污染防治法》)、《中华人民共和国固体废物污染环境防治法》(以下简称《固体废物污染环境防治法》)、《中华人民共和国环境噪声污染防治法》(以下简称《环境噪声污染防治法》)。下面分别介绍一下相关的法律规定:

(1)《海洋环境保护法》

①适用范围:适用于中华人民共和国内水、领海、毗连区、专属经济区、大陆架以及中华人民共和国管辖的其他海域。

②监督管理体制:第五条3款规定国家海事行政主管部门负责所辖港区水域内非军事船舶和港区水域外非渔业、非军事船舶污染海洋环境的监督管理,并负责污染事故的调查处理;对在中华人民共和国管辖海域航行、停泊和作业的外国籍船舶造成的污染事故登轮检查处理。船舶污染事故给渔业造成损害的,应当吸收渔业行政主管部门参与调查处理。

③主要法律规定:该法从防治陆源污染物对海洋环境的污染损害、防治海岸工程建设项目对海洋环境的污染损害、防治海洋工程建设项目对海洋环境的污染损害、防治倾倒废弃物对海洋环境的污染损害、防治船舶及有关作业活动对海洋环境的污染损害等几个方面进行了详细的规定。其中防治船舶及有关作业活动对海洋环境的污染损害是有关海事行政管理的主要规定,包括:防污设备和器材、防污文书、油类作业及油污水排放、装运危险货物、船舶垃圾和其他污水、污染事故处理等内容。

④法律责任:包括民事责任、刑事责任和行政责任。责任人根据自己的过错承担相应的责任,但下列规定除外,即第九十二条规定:完全属于下列情形之一,经过及时采取合理措施,仍然不能避免对海洋环境造成污染损害的,造成污染损害的有关责任者免予承担责任:

战争,不可抗拒的自然灾害,负责灯塔或者其他助航设备的主管部门,在执行职责时的疏忽,或者其他过失行为。

(2)《水污染防治法》

规定:各级交通运输部门的航政机关是对船舶污染实施监督管理的机关。

(3)《大气污染防治法》

规定:各级有关公安、交通、铁道、渔业管理部门根据各自的职责,对机动车船污染大气实施监督管理。

(4)《固体废物污染环境防治法》

规定:国务院各有关部门(包括海事行政机关)在各自的职责范围内负责本行业的固体废物污染环境防治的监督管理工作。

(5)《环境噪声污染防治法》

规定:各级港务监督机构根据各自的职责,对交通运输噪声污染实施监督管理。

2. 配套行政法规

现行生效的行政法规只有《防止船舶污染海域管理条例》,是依据《海洋环境保护法》制定的。此外为了完善防治船舶污染环境法规系统,填补海事行政执法工作的空白,还将制定《中华人民共和国防治船舶污染内河水域环境管理条例》和《船舶油污损害赔偿条例》。

3. 配套部门规章

为了使每项执法工作都有具体的法律条款做依据,将根据国际公约、《海洋环境保护法》等法律法规制定相应的部门规章,具体指导我们的海事行政执法工作。包括:《防治船舶废水污染水域管理规定》、《防治船舶废气与噪声污染环境管理规定》、《防治船舶防污底系统污染水域管理规定》等配套部门规章。

4. 地方性法规和规章

由于各港口的地理条件、水域环境、气象条件等不同,在不违背法律法规的前提下,很多地区都制定了自己的地方性法规或规章,例如上海市于 1996 年 5 月 28 日以政府令第 28 号发布了《上海港防止船舶污染水域管理办法》、深圳于 1999 年 11 月 22 日深圳市第二届人大常委会第三十六次会议通过公布了《深圳经济特区海域污染防治条例》,这是对相关法律法规的补充,也是海事行政法律体系的组成部分。

五、海事综合法规系统

1. 法律

《立法法》、《行政许可法》、《行政强制法》、《行政处罚法》、《行政复议法》、《行政诉讼法》、《国家赔偿法》、《中华人民共和国劳动法》等将在其他章节中涉及,在此不赘述。

2. 配套部门规章

交通运输部根据《行政处罚法》、《行政复议法》等法律法规制定了《交通行政处罚程序规定》、《交通行政复议管理规定》、《交通法规制定程序规定》等部门规章,海事行政机关又根据自己的实际情况制定了《海上海事行政处罚规定》等部门规章,对涉及海事行政处罚的各种情形都做了较详细的规定,可以更好地规范海事行政处罚行为,保护当事人的合法权益,保障和监督海上海事行政管理,维护海上交通秩序,防止船舶污染海洋环境。

第四节　我国主要海事法规的主要内容

一、《海上交通安全法》

《海上交通安全法》于 1983 年 9 月 2 日在我国六届人大常委会第二次会议上通过,自

1984 年 1 月 1 日起施行。它是我国至目前为止制定的关于海上交通安全管理的第一部也是唯一的一部法律。

1. 立法背景

由于我国实行改革开放政策,航运业出现了一些新的变化。首先,在船舶经营方面出现了个体或非国有企业从事航运活动,原来大部分依靠行政命令的管理模式已与此不相适应;其次,海洋资源的调查和开发、海洋捕捞和海洋养殖等活动大规模开展,因此在沿岸水域各种活动的冲突日益激烈;再次,改革开放政策使得我国沿海港口与水域航行、停泊作业的各类中外大小船舶与设施数量剧增,海上交通事故及因此造成的人命、财产损失不断增加,迫切需要进行管理;第四,国际社会对于因海上交通事故造成的人命、财产损失和海洋环境问题也越来越重视,因而制定和通过了关于海洋法律、水上交通安全、船舶与船员管理等的若干公约、规则和标准等,如何使这些规范性文件与我国实际相结合,使我国与国际社会接轨等一系列问题也都需要有一专门机构从事研究和执行;第五,我国 1954 年公布的《中华人民共和国海港管理暂行条例》(以下简称《海港管理暂行条例》)过于原则,且已不适应目前船舶与船员、水上交通安全管理的需要,而且我国过去制定的法规在各部门的职责、权限等方面相互交叉较大,各部门权限之争日趋激烈。在这样情况下,为尽快统一管理,结束海上活动的混乱局面,《海上交通安全法》便应运而生了。

根据人大常委会法制委员会和国务院的指示,1979 年 11 月由原交通部牵头,会同总参、海军、原石油部和原国家水产总局共同组成《海上交通安全法》起草组,开始了立法工作。经过两年多的起草修改工作,于 1981 年 10 月将修改稿上报国务院审议。国务院和经济法规研究中心用了一年多时间,召开四次会议对其讨论和修改,交国务院常委会审核。1983 年 2 月国务院常委会通过了《海上交通安全法(草案)》,提交人大常委会审议。人大法制工作委员会经过广泛征求意见,同年 9 月 2 日该草案在六届人大常委会第二次会议上通过,决定自 1984 年 1 月 1 日起施行。

2. 主要内容

该法共十二章五十三条,包括总则,船舶检验和登记,船舶、设施上的人员,航行、停泊和作业,安全保障,危险货物运输,海难救助,打捞清除,交通事故的调查处理,法律责任,特别规定,附则。

该法适用于在我国沿海水域航行、停泊和作业的一切船舶、设施和人员以及船舶、设施的所有人和经营人。

《海上交通安全法》规定了船舶、设施和人员必须具备的技术条件,应当遵守的法律规章,所享受的权利和应尽的义务及违法者应承担的法律责任。该法要求船舶必须进行登记和检验,持有各种证明文书;船员必须经过相应专业培训并持有各类合格证书和职务证书;船舶进出港口必须接受检查或办理签证;禁止在港区、航道内进行有碍安全航行的活动;禁止损坏助航标志和导航设施;禁止擅自设置禁航区和打捞沉船沉物;禁止擅自占用岸线或进行水上水下施工;未经批准,船舶不得装卸和运载危险货物。

《海上交通安全法》规定了我国港务监督机构是对沿海水域的交通安全实施统一监督管理的主管机关。主管机关统一确定海上交通管制区和港口锚地,统一公布禁航区和安全作业区,统一发布航行警(通)告,统一组织海难救助,统一审批外国籍船舶进入我国内水和港口的申请，统一组织对外轮实施强制引航。为维护法律的实施和保障海上安全，主管机关有权禁止船舶和设施进出港口，或令其停航、改航、停止作业，或采取其他必要的强制性措施。船舶、设施在我国沿海水域发生交通事故，必须及时如实地向主管机关报告并接受调查处理；主管机关要查明原因、判明责任。对交通事故引起的民事纠纷，当事人可申请主管机关调解或直接向人民法院起诉；涉外交通事故的民事纠纷，还可根据书面协议提交仲裁。

《海上交通安全法》还规定，对违反该法者将视情节给予警告、罚款和吊销职务证书等行政处罚；不服者可向人民法院起诉。对违反本法构成犯罪的人员，则由司法机关依法追究刑事责任。

3. 特点

《海上交通安全法》与过去广泛零星的有关海上交通安全管理的法规相比，具有如下特点：

(1) 扩大了海上交通安全的管理范围

以 1954 年政务院《中华人民共和国海港管理暂行条例》为主的一系列关于港口与船舶管理的规定，着重强调的是对港口和港内设施、航道及船舶的管理，而基本上未涉及港口外海域交通安全管理。《海上交通安全法》将管辖范围自港口扩大到我国整个沿海水域，即沿海的港口、内水和领海及国家管辖的其他一切海域；该法将管理对象由原来的船舶与船员扩大至"一切船舶、设施和人员以及船舶、设施的所有人、经营人"。

(2) 克服了过去管理体制中政企不分的弊端

建国至 1986 年我国一直实行的是《海港管理暂行条例》，其确定的是政企合一的管理体制，港务局既是企业单位，同时又行使行政机关的职权，造成了一系列的混乱。设在港务局内的港务监督工作不顺，难于严格执法。《海上交通安全法》将海上交通安全监督管理的职权授予我国港务监督这一国家行政机关，为统一机构、统一法令和统一管理开辟了道路，克服了政企不分的弊端。

(3) 改革了海事的处理程序

过去的海事调查处理法规，将海损事故及海损事故引起的民事纠纷统一归入海事的范畴，并规定海事由港务管理机关审定处理，或由人民法院裁决或提请仲裁机构仲裁。1982 年全国人大常委会通过的《中华人民共和国民事诉讼法（试行）》规定了"民事案件的审判权由人民法院行使"，这一法制的基本原则排除了行政机关对民事纠纷案件的审理。《海上交通安全法》基于这一基本原则，规定港务监督仅负责对海事进行调查处理，"查明原因，判明责任"，而对海事引起的民事纠纷，只可以应当事人自愿申请进行调解，而且这一调解达成的协议无法律约束力。这一海事处理工作的改革，是国家法制逐步健全的具体体现之一。

(4) 改变了对行政处罚不服而不能起诉的规定

过去的水上交通安全管理法规中大都规定，当事人对主管机关的行政处罚不服，只能向上一级主管机关申请复议，而不能向人民法院起诉。这种规定不符合法制的基本原则，即涉及公民人身、财产权利的案件最终裁决权只能由人民法院行使，而不能由行政机关决定。《海上交通安全法》改变了过去三十多年的旧规定，明确指出：对港务监督作出的行政处罚决定不服者，可在接到处罚通知之日起 15 日内向人民法院起诉。

(5)适应于海上交通安全的实际情况和形势发展

目前,海上平台随着海洋资源逐步开发利用而陆续出现,这对海上交通安全有着重要的关系。《海上交通安全法》将海上移动式平台列入管理范畴,规定"大型设施和移动式平台的海上拖带,必须经船舶检验部门进行拖航检验,并报主管机关批准",要求"设施应当按照国家规定,配备掌握避碰、信号、通信、消防、救生等专业技能的人员",这是立法适应海上交通安全实际情况和形势发展的具体例子。此外,随着海上各种形式的水上水下施工越来越多,由于施工地点不当或施工前未进行公告,危及了海上交通安全;一些部门擅自设置禁航水域或选择锚地,自行发布航行警(通)告等,引起了冲突和混乱,影响了海上交通秩序。《海上交通安全法》为此规定:进行水上水下施工以及划定相应的安全作业区,必须报经主管机关核准;主管机关根据海上交通安全的需要,确定与调整交通管制区和港口锚地;主管机关按照国家规定,负责统一发布航行警告和航行通告等。这也是立法适应海上交通安全实际情况和形势发展的一个具体例子。

总而言之,《海上交通安全法》是我国海上交通安全管理的基本法律,是调整和制约有关海上交通安全各种行为和相互关系的准则与规范。它既保证人们合理利用和开发海洋的正当利益,同时又不允许在行使自己权利的时候损害他方的权利;它既保证正常航行的安全,又保障正常勘探、开发、演习和作业的安全。一切与海上交通安全有关的人员和单位都应认真学习并严格遵守这一法律。

二、《内河交通安全管理条例》

新的《内河交通安全管理条例》于 2002 年 8 月 1 日开始实施,同时废止了 1986 年 12 月 6 日由国务院发布的《内河交通安全管理条例》。

1. 修订的背景

21986 年国务院发布施行的《内河交通安全管理条例》(以下简称原条例),对于保障我国内河交通安全,减少水上交通事故,维护人民群众的生命、财产安全,促进经济建设的健康发展,发挥了积极的作用。近几年来,随着内河交通运输事业的快速发展,水上交通安全管理出现了一些新的情况和问题,尤其是水上交通安全事故频繁发生,损失严重。据统计,2001 年共发生水上交通安全事故 645 起,死亡 490 人,沉船 290 艘,直接经济损失 16 472.27 万元;其中,内河交通事故就达 525 起,死亡 336 人,沉船 155 艘,直接经济损失 4 072.21 万元。造成事故的主要原因:一是,管理职责不清,责任不明,导致内河交通安全管理脱节或者缺位。原条例只对港航监督机构即海事管理机构的职责做了规定,而对地方人民政府、船舶和浮动设施的所有人与经营人的安全管理责任以及船员的任职资格条件和要求等,没有规定或者规定得过于原则,实践中出现了谁都管、又谁都不管的情况,发生水上交通事故后难以找到应当承担责任的管理部门。二是,有些船舶和浮动设施的技术条件差、安全标准低。三是,船舶和浮动设施经营人的行为不规范,在经营活动中重效益、轻安全,违章指挥、违章操作或者违章作业的情况比较严重。四是,原条例对执法机关的职权规定得比较具体,但对其应当承担的责任则规定得过于原则,尤其是对滥用职权、玩忽职守的行为没有规定相应的法律责任。因此,迫切需要对原条例进行修改。

交通运输部在总结原条例实施经验的基础上,经过调查研究,起草了《中华人民共和国内河交通安全管理条例(修改稿)》,报请国务院审批。法制办收到此件后,多次征求了国家经贸委、安全监管局、公安部、农业部等有关部门的意见,召开了海事管理机构、船舶运输公司、船长、船员以及专家、学者参加的座谈会,并赴广西、四川、重庆进行了实地考察。在此基础上,法制办会同交通部于2002年对修改稿进行了认真研究并形成了《内河交通安全管理条例(修订草案)》(以下简称修订草案)。同年5月14日全国安全生产电视电话会议之后,国务院根据吴邦国副总理的讲话精神对修订草案又进一步作了修改。

2. 修订的主要内容

(1)明确了地方人民政府、船舶和浮动设施所有人、经营人的安全管理责任制,严格规定了船员的任职资格和要求

本次修订针对原条例对地方人民政府和船舶、浮动设施的所有人、经营人以及船员在安全管理方面未规定明确责任的缺陷,重点作了以下三方面的规定:

①地方人民政府在内河交通安全管理方面的责任,主要包括四个方面:一是,规定县级以上地方各级人民政府应当加强本行政区域内的内河交通安全管理工作,建立、健全内河交通安全管理责任制(第五条)。二是,赋予县级人民政府对设置渡口和撤销渡口的审批权(第三十五条)。三是,规定遇险地县级以上地方人民政府收到海事管理机构关于船舶、浮动设施遇险的报告后,应当对救助工作进行领导和协调,动员各方力量积极参与救助(第四十八条第2款)。四是,规定在旅游、交通运输繁忙的湖泊、水库,在气候恶劣的季节,在法定或者传统节日、重大集会、集市、农忙、学生放学放假等交通高峰期间,县级以上地方各级人民政府应当加强对维护内河交通安全的组织、协调工作(第五十七条)。

②船舶、浮动设施所有人、经营人的责任,主要包括两个方面:一是,规定船舶、浮动设施的所有人或者经营人应当加强对船舶、浮动设施的安全管理,建立、健全相应的交通安全管理制度,并要求其对船舶和浮动设施的交通安全负责(第十条);二是,规定船舶、浮动设施的所有人或者经营人不得聘用无适任证书或者其他适任证件的人员担任船员,不得指使、强令船员违章操作(第十条)。

③船员的任职资格和要求,规定:“船员经水上交通安全专业培训,其中客船和载运危险货物船舶的船员还应当经相应的特殊培训,并经海事管理机构考试合格,取得相应的适任证书或者其他适任证件,方可担任船员职务。严禁未取得适任证书或者其他适任证件的船员上岗。”“船员应当遵守职业道德,提高业务素质,严格依法履行职责。”(第九条)

(2)进一步明确了船舶、浮动设施的安全技术条件

针对现有船舶、浮动设施技术条件差、安全标准低的问题,修订草案从两个方面做了规定:一是,规定船舶、浮动设施必须经海事管理机构认可的船舶检验机构依法检验合格、履行登记手续,并配备必要的船员,方可航行或者作业(第六条、第七条)。二是,规定从事货物或者旅客运输的船舶,必须符合船舶强度、稳性、吃水、消防和救生等安全技术要求和国务院交通主管部门规定的载货或者载客条件(第二十一条第1款)。

(3)补充规定了船舶、浮动设施经营人的行为规范

针对船舶、浮动设施的经营人的经营行为不规范,重效益、轻安全的问题,修订草案从五个方面做了规定:一是,规定任何船舶不得超载运输货物或者旅客(第二十一条第2款);禁止在内河运输法律、行政法规以及国务院交通主管部门规定禁止运输的危险货物(第三十条

第2款)。二是,规定了船舶航行基本规则(第十五条~第十七条)。三是,规定了强制引航的范围(第十九条)。四是,规定了从事危险货物装卸、过驳、运输、停泊以及编制危险货物事故应急预案等安全要求(第三十条~第三十四条)。五是,规定了渡口船舶的载客条件、渡运规则和恶劣天气条件下禁止渡运的内容(第三十九条)。

(4)明确并加重了海事管理机构的责任

本次修订针对海事管理机构规定了两方面的责任:一是,在"监督检查"一章中规定,海事管理机构必须建立、健全内河交通安全监督检查制度,并组织落实(第五十八条);必须依法履行职责,加强对船舶、浮动设施、船员和通航安全环境的监督检查,发现内河交通安全隐患时,应当责令有关单位和个人立即消除或者限期消除(第五十九条);对内河交通密集区域、多发事故水域以及货物装卸、乘客上下比较集中的港口,对客渡船、滚装客船、高速客轮、旅游船和载运危险货物的船舶,海事管理机构必须加强安全巡查(第六十条)。二是,在"法律责任"一章中规定,海事管理机构不依据法定安全条件进行审批、许可,或者对审批、许可的安全事项不实施监督检查,或者发现船舶、浮动设施不再具备安全航行、停泊、作业条件而不及时撤销批准或者许可并予以处理,或者对未经审批、许可擅自从事旅客、危险货物运输的船舶不实施监督检查以及发现内河交通安全隐患不及时依法处理,或者对违法行为不依法予以处罚的,对负有责任的主管人员和其他直接责任人员根据不同情节,给予记大过直至撤职的行政处分;造成重大内河交通事故或者致使公共财产、国家和人民利益遭受重大损失的,依照《刑法》关于滥用职权罪、玩忽职守罪或者其他罪的规定,依法追究刑事责任(第八十五条、第八十六条、第八十七条、第八十八条)。

(5)完善了行政管理措施,加大了行政处罚力度

针对原条例中行政管理措施不完善的问题,进一步补充、完善了行政管理措施,规定:遇有特殊情况时,海事管理机构可以根据情况采取限时航行、单航、封航等临时性限制、疏导交通的措施,并予公告(第二十三条)。

针对原条例对违法行为的处罚力度不够的问题,修订从三个方面做了规定:一是,增加了行政强制措施,主要是:暂扣船舶、责令离岗、禁止船舶进出港口、强行拖离、强制拆除等。二是,增加了责令停航或者停止作业的处罚种类。三是,加重了对船员的处罚,规定对有严重违法行为的船员,给予暂扣、吊销适任证书或者其他适任证件的处罚;发生内河交通事故后逃逸的,在适任证书或者其他适任证件吊销后5年内不得重新从业。此外,修订草案还注意了行政处罚与刑罚的衔接。

《内河交通安全管理条例》共十一章95条。内容包括:总则,船舶、浮动设施和船员,航行、停泊和作业,危险货物监管,渡口管理,通航保障,救助,事故调查处理,监督检查,法律责任和附则。

《内河交通安全管理条例》所适用的"内河通航水域"是指由海事管理机构认定的可供船舶航行的江、河、湖泊、水库、运河等水域;适用的"船舶"是指各类排水或者非排水的船、艇、筏、水上飞行器、潜水器、移动式平台以及其他水上移动装置;所适用的"浮动设施"是指采用缆绳或者锚链等非刚性固定方式系固并漂浮或者潜于水中的建筑、装置;所指的"交通事故"是指船舶、浮动设施在内河通航水域发生的碰撞、触碰、触礁、浪损、搁浅、火灾、爆炸、沉没等引起人身伤亡和财产损失的事件。

《内河交通安全管理条例》围绕在我国内河通航水域从事航行、停泊和作业以及与内河交通安全有关的活动，规定了海事机构、地方政府、相关人员的行为准则及船舶、设施等必须满足的条件等。

第五节　主要国际海事公约的主要内容

一、《1974年国际海上人命安全公约》

1.《1974年SOLAS公约》产生的背景

《1974年SOLAS公约》被认为是关于船舶与船员管理最为重要的国际公约之一，在国际上受到高度重视。

在IMO制定所有与海上安全有关的国际公约中，《1974年SOLAS公约》是最重要，也是最早的一个公约。1912年4月14日，英国建造的46 000 GT豪华客轮“泰坦尼克”号，在其从英国至美国的处女航中与冰山相撞，在北大西洋沉没。由于船舶材料、舱室结构及救生设备方面的问题，这次海难事故造成1 500多人丧生。在这次历史上空前惨重海难发生后，在1913年年底，英国政府召集了第一次国际海上人命安全会议，讨论新的安全规则。出席这次会议的有13个海运国家的代表，并于1914年1月20日签订了第一个SOLAS公约。其后在此基础上，又产生了《1929年SOLAS公约》、《1948年SOLAS公约》及《1960年SOLAS公约》。每一次新的SOLAS公约的出台都较前一个版本的公约有所进步和完善。

第五次国际海上人命安全会议于1974年10月21日至11月1日在伦敦召开，会议有71个国家和地区的代表参加。我国政府首次派代表团出席了该次会议。国际劳工组织和国际电信联盟及国际航运公会、国际船级社协会等10个非政府间组织也派观察员列席了会议。会议最终签署了《1974年国际海上人命安全会议最终议定书》和《1974年SOLAS公约》两个文件。该公约于1980年5月25日生效。我国于1980年1月7日加入了该公约，并于公约生效之日起对我国生效。《1974年SOLAS公约》为现行公约，它是历史上第五个安全公约。

2.《1974年SOLAS公约》的主要内容

《1974年SOLAS公约》的主要目的是规定与安全相应的船舶构造、设备及其操作的最低标准，由船旗国负责确保悬挂其国旗的船舶达到这一要求，公约规定船舶须持有公约规定的证书作为该船舶已达到公约标准的证明。

公约正文对公约中的有关定义、适用范围、监督、缔约国的一般义务、公约的修正、签署和加入等方面的内容进行了规定，其实质性的规定在公约的附则中体现。

《1974年SOLAS公约》以各缔约国政府共同制订的原则和有关规则，以增进海上人命安全的目的而缔结。该公约由13个条款和1个附则组成。各缔约国承担义务实施该公约及其附则的各项规定，附则是公约的组成部分。凡引用该公约，同时也就是引用其附则。各缔约国政府承担义务、颁布一切必要的法律、法令、命令和规则，并采取一切必要的其他措施，使该公约充分和完全有效，以便从人命安全的观点出发，保证船舶适合其预定的用途。

3.当前《1974年SOLAS公约》技术条款的主要内容

《1974年SOLAS公约》虽然经过了多次修订，其名称并未改变，仍称其为《1974年SO-

LAS 公约》。当前其技术条款的主要内容如下。

第Ⅰ章 总则:对于公约的适用范围、有关名词的定义、适用公约的例外、免除以及规则的生效等内容作了详细的规定。规定了对不同用途船舶法定检验的种类和检验的内容。为表明不同种类的船舶达到了公约规定的标准,船舶检验后,应向船舶签发公约规定的不同种类的证书,同时对证书的签发、证书的格式、有效期、证书的监督和证书的承认等内容做了规定。它规定了各主管机关对船舶事故进行调查和向国际海事组织报告的义务,还包括了缔约国政府对船舶的港口国监控。

第Ⅱ章-甲—构造-分舱与稳性、机电设备:它规定客船水密舱的分舱必须满足在假定船壳破损之后,船舶应保持漂浮并具有一定的稳性,客船的水密完整性和舱底排水装置以及客、货船的稳性均需符合相应的要求。客船适用于最高分舱程度。对于船舶、旅客和船员的安全提供基本服务的有关机电设备,在不同紧急情况下均能保持其性能。有关操舵装置的要求在本章中尤为重要。

第Ⅱ章-乙—防火、探火和灭火:它包括了对所有船舶详细的安全用火规则,以及对客船、货船和油轮的特别措施。制定本章的目的是要求船舶的防火、探火和灭火,达到最充分可行的程度。考虑到船舶的类型和所涉及的潜在火灾危险性,该章的要求主要依据下列原则:①用耐热与结构性限界面,将船舶划分为若干主竖区;②用耐热与结构性限界面,将起居处所与船舶其他处所隔开;③限制使用可燃材料;④在火源区域内探知任何火灾;⑤在火源处所内抑制和扑灭任何火灾;⑥保护脱险通道或灭火出入口;⑦灭火设备的即刻可用性;⑧将易燃货物蒸发气体着火的可能性减至最低程度。

新修订的第Ⅱ章-乙在2000年12月通过,2002年7月1日生效。

第Ⅲ章 救生设备与装置:新的第Ⅲ章在1996年通过并在1998年7月1日生效。在1996修订案内,具体的技术要求放在了新的《国际救生设备规则》中,该规则根据SOLAS公约技术条款34条强制适用。第34条规定,所有救生设备及其布置应该遵守LSA规则的相关规定。

第Ⅲ章适用于1998年7月1日及以后建造的所有船舶,但是对第Ⅲ章的有些修改也适用于该日以前所建造的船舶。

1996年对第Ⅲ章的修改考虑了技术的进步,例如要求建立海上疏散系统:这些系统包括对滑梯的使用,与在飞机上使用的一样。该修改案还反映了由于20世纪80年代至90年代一系列灾难,大众对安全问题的关注。

第Ⅳ章 无线电通信设备:第Ⅳ章在1988年完全修改,并且引入了全球海上遇险与安全系统(GMDSS)。修正案于1992年2月1日生效,到1999年2月1日逐步实行。在该段时间内,客船和300总吨及以上的国际航行货船逐步淘汰莫斯码,要求安装提高遇险后救助率的设备,包括用于船舶或救生船定位的卫星应急无线电示位标(EPIRBs)和雷达搜救应答器(SARTs)。SOLAS的第Ⅳ章以前的标题是无线电报和无线电话,反映的是卫星通信出现前的无线电通信形式。

第Ⅳ章的规则包括缔约国政府提供无线电通信服务的业务和船舶安装无线电通信设备的要求。第Ⅳ章与国际电信联盟的无线电规则紧密联系。

第Ⅴ章 航行安全:第Ⅴ章指出了由缔约国政府所提供的特定的航行安全服务,这些服务广泛地适用于所有航区的所有船舶。这些规定与公约整体相比不同,公约只适用于特定等级并从事国际航行的船舶。

服务包括气象服务、冰况巡逻服务、船舶定线、搜救服务。

第Ⅴ章还包括船长驶往并协助遇险船舶的一般责任,从保证安全的观点,缔约国政府应保证船舶的配员足够并且有效。

第Ⅴ章的新修订案在2000年12月通过并于2002年7月1日生效。第Ⅴ章对特定船舶强制要求船舶安装船载航行数据记录仪(Voyage Data Recorders,VDRs)和船舶自动识别系统(Automatic ship Identification Systems,AIS)。

第Ⅵ章 货物运输:第Ⅵ章适用于所有货物(散装液体和气体除外)"由于它们严重威胁到船舶和船上人命安全,必须采取特别的预防措施"。

本规则还包括对货物和货物单元(例如集装箱)的积载和系固。

在1991年以前,第Ⅵ章只适用于谷物运输——因为如果不对谷物进行适当的装载、平整和固定,它的流动性将会对船舶的稳性造成灾难性的影响。现在第Ⅵ章要求谷物运输船舶遵守IMO的国际谷物规则。

第Ⅶ章 危险货物运输:其包括四个部分。

A部分　包装危险货物和散装或固体危险货物——包括危险货物分类、包装、标志、标签和张贴、文书和积载的相关规定。对于该类危险货物,要求缔约国政府在国家范围内应发布相关指南。该章参照了《国际海上危险货物运输规则(IMDG)》,并为了适应新的危险货物而不断地被更新、补充和完善。

B部分　包括装载散装液体化学危险品船舶的建造和设备,并要求在1986年7月1日后建造的化学品船遵守《国际散化规则(IBC Code)》。

C部分　包括转载散装液化气和气体船舶的建造和设备,并要求1986年7月1日后建造的液化气和气体船遵守《国际液化气运输规则(IGC Code)》。

D部分　包括对装载包装放射性核原料、钚和的高分子放射性废料船舶的特殊要求,要求装载以上货物的船舶遵守《国际船上安全运输包装放射性核原料、钚和高分子放射性废料规则(INF Code)》。

从2004年1月1日起,该章要求所有装载危险货物的船舶遵守《国际海上危险货物运输规则(IMDG Code)》的相关条款。这是由于该修正案2002年在IMO通过,并于2004年1月1日生效。

《国际海上危险货物运输规则》1965年在IMO第一次通过,并保持定期的修正更新。

第Ⅷ章 核动力船舶:对核动力船舶和有关于它的放射性危险给予基本要求。在《核动力商船安全规则》中,对核动力船舶作出了更为详细和综合的规定。该规则于1981年在IMO大会上通过。

第Ⅸ章 船舶安全营运管理:该章使《国际安全管理规则(ISM)》成为强制性规则,该规则要求船东或船舶责任人(公司)建立安全管理体系。在1994年5月通过并在1998年7月1日生效。

第Ⅹ章 高速船安全措施:该章使《国际高速船安全规则(HSC Code)》成为强制性规则,该规则适用于1996年1月1日及以后建造的高速船。该章在1994年5月通过并在1996年

1 月 1 日生效。新的国际高速船安全规则在 2000 年 12 月通过,并适用于 2002 年 1 月 1 日及以后建造的船舶。

第Ⅺ章 – 甲 加强海事安全的特别措施:该章在 1994 年 5 月通过并在 1996 年 1 月 1 日生效。该章阐明与授权组织有关的要求(该授权组织代表行政机关负责检验和检查),加强调查船舶识别号码识别系统以及对操作性要求的港口国监控。

第Ⅺ章 – 乙 加强海事保安的特别措施:该章在 2002 年 12 月通过并在 2004 年 1 月生效。规则Ⅺ – 2/3 包括了《国际船舶和港口设施保安规则(ISPS Code)》。A 部分是强制性的,B 部分是指导如何更好地遵守强制性要求。该规则要求海事管理部门建立保安等级体系,并保证悬挂该国国旗的船舶能够得到相应的保安等级信息。当船舶在一缔约国领土,在进入港口之前,或者在港口时,如果该缔约国所规定的保安等级高于该船主管机关所规定的保安等级时,那么该船应该遵守所在缔约国政府对保安等级的要求。

规则Ⅺ – 2/4 确立了船长的地位,船长可以运用其职业的判断力作出决定,以保障船舶安全。也就是说他可以不受船公司、租船人或者其他相关人的约束。

规则Ⅺ – 2/5 要求所有船舶拥有船舶保安警报系统,根据严格的时间表,要求大部分船舶在 2004 年前拥有该系统,其余的在 2006 年前安装。船舶保安警报系统一经启动,即应开始并发送船到岸的警报。警报传送到海事管理机构任命的有能力处理的授权机关,然后识别船舶和位置,并表明该船正处在威胁中。该系统将不会在船上引起任何警报。该系统应能够在驾驶台及至少一处其他地方被启动。

规则Ⅺ – 2/6 针对港口设施的要求,为缔约国政府提供其他信息,以保证根据 ISPS 规则进行港口设施保安的评估和制定、执行、完善港口设施保安计划。

本章其他的规则包括了向 IMO 提供信息的有关规定、船在港口中的控制(包括滞留、扣留、限制作业包括限制在港口的移动或者驱逐出港),船公司的特定责任。

第Ⅻ章 散货船安全附加措施:该章在 1997 年 11 月通过并在 1999 年 7 月 1 日生效。它包括了对 1999 年 7 月 1 日以后建造的、船长超过 150m、载货密度大于 1 000kg/m^3 及以上的新散货船的结构上的要求;也包括了对载货密度大于 1 780kg/m^3 及以上的现行散货船(例如装载铁矿石、生铁、钢、铁矾土和水泥)的结构要求。密度大于 1 000kg/m^3 小于 1 780kg/m^3 的货物有谷物(例如小麦、大米)和木材。

二、海员培训、发证和值班标准国际公约

《1978 年海员培训、发证和值班标准国际公约》(以简称《1978 年 STCW 公约》)是国际海事组织 50 个公约中最重要的公约之一。

1.《1978 年 STCW 公约》的内容

《1978 年 STCW 公约》由公约正文和附则组成。

公约正文对公约中的有关定义、适用范围、监督、缔约国的一般义务、公约的修正、签署和加入等方面的内容进行了规定,其实质性的规定体现在公约的附则中。

公约的附则共包括七章。

第Ⅰ章(总则),共 4 条,对附则中的定义、证书的内容和签证的格式、有关近岸航行的原则及监督程序作出了规定。

第Ⅱ章(船长—甲板部)共8条,规定了航行值班中应遵守的基本原则、在港值班应遵守的基本原则、对200GRT及以上船长、大副和负责船舶航行值班驾驶员发证的法定最低要求及组成航行值班部分的一般船员的法定最低要求、对200GRT以下船舶的船长和负责航行值班的驾驶员发证的法定最低要求及在港内载运危险品船舶上值班的法定最低要求。

第Ⅲ章(轮机部)共6条,规定了轮机值班中应遵守的基本原则,对主推进动力装置为3 000kW或以上船舶的轮机长和大管轮发证的法定最低要求,对主推进动力装置在750 ~ 3 000kW之间船舶的轮机长和大管轮发证的法定最低要求,对传统的有人看守机舱负责值班的轮机员或定期无人看守机舱指派的值班轮机员发证的法定最低要求,保证轮机员不断精通业务和掌握最新知识的法定最低要求和对组成机舱值班部分的一般船员的法定最低要求。

第Ⅳ章(无线电部)共3条,分别对无线电报务员的发证的培训作出了规定。

第Ⅴ章(对液货船的特别要求)共3条,分别规定了油船、化学品液货船及液化气体船船长、高级船员和一般船员的培训和资格的法定最低要求。

第Ⅵ章(精通救生艇业务)共1条,规定了关于颁发精通救生艇业务证书的法定最低要求。

《1978年STCW公约》于1984年4月28日生效后,对于统一世界各主要航运国家关于海员的培训、发证和值班起到了巨大作用,但由于各方面的原因,需要对其进行修改。到目前为止,该公约共进行了五次修正,其中1995年所进行的修正是最大的。

“1991修正案”是关于“全球海上遇险与安全系统(GMDSS)”和驾驶台单人值班试验,由国际海事组织的海上安全委员会第59次会议[决议MSC.21(59)]通过,该修正案于1992年12月1日生效。

“1994年修正案”是关于液货船船员的特殊培训,由国际海事组织海上安全委员会第63次会议[决议MSC.33(63)]通过,该修正案于1996年1月1日生效。

“1995年修正案”,从1993年国际海事组织着手对《1978年STCW公约》进行全面的修改,并于1995年6月26日至7月7日在国际海事组织总部召开的STCW公约大会上通过了《1995年STCW公约》,于1997年2月1日生效。

“1997年修正案”于1997年6月通过,1999年1月1日生效。该修正案主要涉及在客船上工作人员的培训。

“1998年修正案”,于1998年12月9日通过,2003年1月1日生效。该修正案主要是对STCW规则的修正,其目的是提供船员适任的最低标准,特别是针对货物的系固,以及散装船上对货物的装卸。由于这些操作具有对船舶结构产生不适当应力的潜在威胁。修改主要涉及A-Ⅱ/1及A-Ⅱ/2部分。

2.全面修改《1978年STCW公约》的背景

(1)由于近年来在导致海上人命财产和海洋环境污染的海事中,大部分可归因于人为因素的介人,特别是在1994年,欧洲对海事事故的统计表明,80%以上的海上事故与人为因素有关,因此有必要对现行的《1978年STCW公约》进行评估。

(2)从《1978年STCW公约》通过以来,MSC(海上安全委员会)及IMO等机构又通过了许多修正案、大会决议和海安会的通函。这些修正案、决议和通函都与船员相关,因此有必要对现行《1978 年 STCW 公约》进行修改,将有关的决议、通函等纳入 STCW 公约。

(3)在船舶配员问题上,一方面,由于高新技术在船舶上的应用,船员的劳动强度有了大幅度的下降,有些已取代了船员的工作,另一方面,由于在船舶上使用了通用人员(包括持证通用人员和无证通用人员)以及对船舶安全配员的研究和试验,船舶的配员数量出现相对大幅度的下降,特别是船舶上传统部门的划分方式已显得与现代船不相适应,需要对其进行改革。

(4)传统的《1978 年 STCW 公约》在评价船员的适任性时,主要通过对船员进行知识测试和计算海上资历的方法加以控制。这就产生了用知识替代能力的不适应的认识。同时,由于船员在特定的时间内所在的船舶不同、航区不同等问题,船员在相同的海上资历中,其所获得的也不同,因此将资历与其能力直接联系也是不科学的。特别是随着科学技术的发展,现代化的培训逐渐凸显,需要改变过去的做法,使船员获得更高的能力。

(5)过去的立法主要着重于船舶设备、船舶建造等硬件标准,这使得 SOLAS 公约的频繁修订遇到了船舶所有人及有关国家的强烈反对,因此水上安全管理方面立法思想也需要改变。

(6)发达国家船员的来源萎缩,过去重知识的做法,很难保证其所需的船员数量。

(7)全面审查 STCW 公约的动议是由国际海运联合会(ISF)向 IMO 培训和值班(STC)分委会于第 23 次会议(1992.9.24 ~ 1992.9.28)提出的。其意图是要求分委会对当前的培训、发证和值班安排做一次全面的审查,以便评价 STCW 公约对航运业的新机制和发展作出恰当规定的程度,并且详细地检验和评价目前状况及未来的趋势,以及在岸上和船上传授知识和技能的最新方法,以此全面提高海员的适任标准和安全、有效的船舶操作。分委会同意这一建议并向 IMO 海上安全委员会请示,海上安全委员会在其第 61 次会议上同意分委会的要求,在 IMO 会议和工作中设立了"全面审查 1978 年 STCW 公约和综合各建议案"的议程,并计划在 1996 年完成此项任务。

3. 1995 年对《1978 年 STCW 公约》修改的主要内容

《1995 年 STCW 公约》与《1978 年 STCW 公约》相比,除了结构方面的变化外,主要增加了以下方面的内容:①全面、严格和多方位的遵章核实机制,包括规则 I/7 对缔约国主管机关的监督、规则 I/4 对船舶和船员的港口国管理,规则 I/10 对方便旗船舶船员发证的监督等。②加强对海员的实际技能的培养和评估并规定海员必须接受系统的专业教育和培训。③对海员进行培训、考试、评估和发证,规定必须建立质量标准体系并受到连续的质量控制。④允许重组传统的船上岗位分式体系,引入适应先进自动化船舶的"功能发证"体系。⑤增加了包括模拟器训练、特殊类型船舶、基本安全和人员管理在内的多种强制性和非强制性的培训项目。⑥严格并扩大对证书再有效的规定和适用范围。⑦集中和系统地规定了海员在各种条件下保持正常和安全值班的原则和要求。

4. 1995 年修改《1978 年 STCW 公约》的原则和思路

(1)现行的公约中的发证结构是以传统的组织形式及船上的任务、义务和责任的等级为基础的,而航运界关于船上分派任务、义务和责任的替代办法已经研制出来,这就需要采取一个更加灵活的发证结构——功能方法。

(2)在船员适任性评价中进一步强调对技能的评估将会提高船上工作的整体水平。

(3)应更清楚地指明培训的深度和范围,要达到的技能及评估技能的方法。细节要求应以公约中提及基本课程的方式提出。

(4)在船员培训质量上将采用质量保证体系,确保公约中培训条款得以实施的计划,其内容应包括岸上培训机构和船上的培训课程的批准、培训质量的保证,并确保培训机构对其提供的培训负责任:

①在实施公约时,应适当考虑到国际标准化组织 ISO 9000 系列文件的规定;

②对培训人员及培训机构进行评估;

③对各国船员培训机构的课程设置进行评估。

(5)鼓励计算机辅助教学和模拟技术的应用,并为其和设备制定相应的标准。

(6)考虑当模拟器被用于培训时,在保留海上资历的最低要求的前提下,减免海上资历。

(7)公约现有结构的完整性应予以保留,考虑适用于现行船舶上的发证要求。

5. 发证的新概念——"功能方法"

所谓"功能"系指由 STCW 公约指明的,船舶操作、海上人命安全或保护海洋环境所需的一组任务、义务和职责。1995 年修正的 STCW 公约将船舶的操作划分为以下七种功能:①航行功能;②货物装卸和积载;③控制船舶操作和管理船上人员;④轮机工程;⑤电气电子和控制工程;⑥维护和修理;⑦无线电通信。根据船员适任及执行功能的情况将船员分成以下责任级别:管理级、操作级和支持级。

管理级系指与下列内容有关的责任级别:①作为船长、大副轮机长或大管轮在海上服务;②保证正规地履行指定责任范围内的所有功能。

操作级系指与下列内容有关的责任级别:①作为负责航行或轮机值班的高级船员或被指定为定期无人机舱的值班轮机员或无线电操作员在海船上服务;②在服务于责任范围管理级的人员指示下,按照正规的程序,对履行指定责任范围内的所有功能保持直接的控制。

支持级系指与在服务于操作级或管理级的人员指示下,在海船上履行指定的任务、职责和责任有关的责任等级。

功能发证方法打破了船舶传统的部门组织和船上任务、义务和职责的等级划分。它允许,但并不一定要求采取背离传统的模式,向船员颁发适任证书,即可以按照公约修正案规定的功能,对达到公约修正案特定功能的人,按照不同责任级别的适任标准,经过主管机关评估合格,可以颁发相应的职务证书。

据英国和澳大利亚的研究,这种发证方法的优点主要表现为:

(1)作为培训和发证的基础,它解决了确认未来船上组织形式的困难。对于船上的每一功能,可以指明其标准并据此测量个人的适任性,而对个人适任性的判断能做到主要不依赖于其个人背景或其获取知识和理解力的过程;

(2)允许在安排任务时有一定的灵活性,从而对可用的人力进行有效的利用;

(3)它有利于更新和修改适任标准的工作及相关的培训和教育;

(4)它有利于疏通了解各种知识和技能的渠道,让海员既能在水平方向上(技能的扩展),又能在垂直方向上(技能的提高)开拓自己的职业。通过改进操作实践,这种宽度和深度将增强安全性;

(5)它将提高海员个人职业的潜力,并使重复学习减到最小,扩大适用到所有船员。

功能发证与传统发证之间的关系:功能发证与传统发证只是两种不同的发证形式。它们都是在保证船舶正常运行及保护海洋不受污染的条件下,要求船员对其职责做到适任。只是功能发证方法将船上的工作按其性质进行了划分。但不管采取何种发证方法,均必须保证持证船员对其职责的适任。

6. 遵章和核实机制

遵章和核实机制,用顾问组的话来说,是"可用来保证及评估培训和发证符合国际认可的统一标准及这些标准得以保持的方法。"任何国际公约的生效,都会产生每一缔约国履约的义务,同时产生一缔约国监督另一缔约国履约的权利。强化遵章与核实机制的条款。归纳起来,主要有下列几点:

(1)对签发证书与登记、证书签证、认可证书、证书再有效的程序增添了具体明确的规定;

(2)强化了现有的港口国监控的作用;

(3)确立精确的适任标准和具体评估方法,减少了由主管机关自由决定的领域(基本删除了现公约中"使主管机关满意"的措辞);

(4)在培训、考试、评估和发证等工作中引进了质量保证体系,实行全方位、全过程的质量监督;

(5)严格规定了资料交流条款,使 IMO 实际上获得了从未有过的监督各缔约国履约的权力。

7. 2010 年对《1978 年 STCW 公约》修改的主要内容

2010 年修正案是对公约的第二次全面修订,2012 年 1 月 1 日生效。

主要变化如下:

1)第Ⅰ章总则的主要修正内容

(1)新增了"适任证书"、"培训合格证书"、"书面证明"、"电子员"、"电子技工"、"高级值班水手"、"高级值班机工"、"保安职责"等新定义。

(2)理顺了证书管理体系,将其分为适任证书、培训合格证书和书面证明三种。新修正案提高了证书的签发、签证、认可的审查要求,以防止与适任证书相关的非法行为。

(3)新增证书的签发和登记条款,对海上服务资历的认可,培训课程的确认,登记的电子查询,证书注册数据库的开发等作出规定。

(4)适任证书再有效的条件增加一种情形,即履行了所持证书上相应职能认可的海上服务资历至少在再有效之前 6 个月中累计 3 个月。

(5)在近岸航行原则中,新增缔约国应与相关缔约国就有关航区和其他相关条件的细节达成一致的条款。

(6)增加独立评价报告内容的明确要求,对最初资料交流、后续报告及有资格人员的小组等作出了明确规定。

(7)明确海员健康标准及健康证书的签发要求。要求海员健康检查均应由缔约国认可的完全合格的有经验的从业医生完成;缔约国应制定认可从业医生的规则,对其进行登记并根据请求向其他缔约国、公司及海员提供。

(8)增加公司的责任。公司应对其指派到任一船上的海员均接受了本公约要求的知识更新培训；任何时候都必须按 SOLAS 第 V 章第十四条第 3 款的规定确保其在船上能进行有效的口头沟通。

(9)明确过渡期的安排。

2)第Ⅱ章船长和甲板部的主要修正内容

(1)强调电子海图显示与信息系统(ECDIS)的应用。新增使用电子海图显示与信息系统(ECDIS)保持安全的航行值班(操作级)和使用有助于指挥决策的电子海图显示与信息系统(ECDIS)和附属系统，以保持安全的航行(管理级)要求；

(2)简化天文航海的知识、理解和熟练要求，提倡使用电子航海天文历和天文航海计算软件提高证书签发、签证与认可的审查要求，明确并细化独立评价报告的内容要求、人员资格要求及质量体系审核机制，明确海员健康标准及健康证书签发要求，增加电子员与电子技工及高级值班水手与高级值班机工的适任要求，强化保证海员充足休息的时间要求等；

(3)驾驶台资源管理成为强制性适任标准；

(4)新增领导和团队工作技巧的使用(操作级)以及领导力和管理技巧的使用(管理级)的法定适任能力；

(5)新增海洋环境保护意识方面的知识、理解和熟练要求；

(6)新增按照船舶报告系统和 VTS 报告程序的一般规定进行报告的内容；

(7)新增高级值班水手发证的法定最低要求。

3)第Ⅲ章轮机部分的主要修正内容

(1)删除“至少 30 个月的认可的教育与培训”的要求；

(2)提高普通船员晋升轮机员的要求，从 STCW78/95 修正案的“不少于 6 个月的轮机部海上服务资历”提高到“完成不少于 12 个月的金工实习和认可的海上服务资历”，其中包括不少于 6 个月的机舱值班(在轮机员的指导下)服务资历；

(3)明确了第Ⅲ章的适任证书发证要求与第Ⅵ章培训合格发证之间的联系；

(4)机舱资源管理成为法定适任标准；

(5)新增领导力和团队工作技巧的使用(操作级)和领导力和管理技巧的使用(管理级)的法定适任能力；

(6)新增电子员和电子技工发证和资格的法定最低要求；

(7)新增高级值班机工发证的法定最低要求。

4)第Ⅳ章无线电通信和无线电人员的主要修正内容

将第Ⅳ章标题“无线电通信和无线电人员”修改为“无线电通信和无线电操作员”，本章内出现的“无线电人员”全部被改为“无线电操作员”。此外，在第Ⅰ章的规则Ⅰ/1(定义和说明)中增加了 GMDSS 无线电操作员的概念。表 A－Ⅳ/2、第 B－Ⅳ/2 节中的《IMO 商船搜救手册》被修改为《国际海空搜救手册》。

5)第Ⅴ章特定类型船舶的船员特殊培训要求的主要修正内容

(1)对 STCW78/95 修正案的液货船船长、高级船员和普通船员培训和资格法定最低要求作了重大的调整，由 V/1 液货船(油轮、化学品船、液化气船)船长、高级船员和普通船员培训和资格法定最低要求分解为 V/1－1 油轮、化学品船船长、高级船员和普通船员培训和资格法定最低要求及 V/1 – 2 液化气船船长、高级船员和普通船员培训和资格法定最低要求两部分。新增加了 5 种证书：油轮和化学品船货物操作基础培训证书、油轮货物操作高级培训证书、化学品船货物操作高级培训证书、液化气船货物操作基础培训证书、液化气船货物操作高级培训证书。

(2)新增负有货物装卸、积载、洗舱、过驳或其他与货物有关操作直接责任的人员法定适任能力的要求。

(3)将原来的 V/2“滚装客船的船长、高级船员、普通船员和其他人员的培训和资格的法定最低要求”和 V/3“除滚装客船以外的客船的船长、高级船员、普通船员和其他人员的培训和资格的法定最低要求”修改为新的 V/2。第 V/2 条标题相应改为“客船船长、高级船员、普通船员和其他人员的培训和资格的法定最低要求”，不再突出滚装客船的特殊要求。

(4)在规则 B 部分，增加了：B – V/d“近海移动装置(MOUs)使用规则的指南”；B – V/e“对近海供给船上的船长、负责航行值班驾驶员培训和资格的指南”；B – V/f“对操作动力定位系统的人员的培训和资历的指南”；B – V/g“对航行极地水域船舶船长和高级船员培训的指南”。

6)第Ⅵ章应急、职业安全、医护和救生职能的主要修正内容

(1)明确所有船员对熟悉基本安全培训及训练的法定最低要求，增加海洋环境保护基本知识，船上有效沟通，团队工作，理解并采取措施控制疲劳等新内容。

(2)保安培训分为 4 类培训：船舶保安员培训，熟悉保安培训，保安意识培训，负有指定保安职责人员的培训。船舶保安员必须持有船舶保安员培训合格证书；当保安意识培训或者负有指定保安职责人员的培训没有包含在签发证书的条件中，所有船员必须持有“保安意识培训合格证书”，被指定负有保安职责的海员则还应持有“负有保安职责培训合格证书”。

(3)对保持包括基本安全、熟练救生艇操作、高级消防等适任能力的方式修改为每 5 年船员需要提供保持适任的证据；对于那些可以在船上实施的训练项目，主管机关可以接受船员在船上的训练和实践经历，但公约并没有明确“保持不能在船上实施的训练项目的适任能力”的方式与方法。

7)第Ⅶ章可供选择的发证的主要修正内容

增加了申请高级值班水手和高级值班机工应符合的适任标准、支持高级船员发证资历要求和甲板部、轮机部特殊综合培训项目的指导。

8)第Ⅷ章值班的主要修正内容

(1)规定主管机关为防止负有安全、防污染及保安职责的值班人员疲劳，应制订与实施足够休息时间的措施，规定主管机关为防止药物和酒精的滥用，应制订适当的措施。

(2)所有负责值班的高级船员或参与值班的普通船员以及涉及指定的安全、防污染和保安职责的人员提供的休息时间应不少于：任何 24 小时内最少 10 小时，任何 7 天内最少 77 小时。休息时间可以分为至多不超过 2 个时间段，其中一个时间段至少要求有 6 小时，连续休息时间段之间的间隔不应超过 14 小时。在紧急或在其他超常工作情况下不必要保持上述规定的关于休息时间的要求。紧急集合演习、消防和救生演习，以及国家法律与规则和国际文件规定的演习，应以对休息时间的干扰最小并不导致船员疲劳的形式进行。

(3)规定了正在履行安全、保安和海洋环境职责的船长、高级船员和其他海员的血液酒精浓度(BAC)不高于0.05%,或呼吸中酒精浓度不高于0.25mg/L。

(4)增加了负有保安职责的值班人员的规定、值班时间和休息时间的要求和防止药物和酒精滥用的指导。

第四章　海事行政行为

第一节　海事行政行为的概念

一、海事行政行为的概念及理解

海事行政行为是指海事行政主体或其他海事行政主体行使国家海事行政管理权利，针对公民、法人或其他组织就其权利和义务作出的，能发生行政法律效力的职权行为。为了说明这个概念，对以下几个问题进行说明。

(1)海事行政行为的意志性问题。通常而言，海事行政行为的根本特征在于其主观意志性。这是海事行政行为主体对自己的行为承担法律责任的前提，在其有意志能力的情况下，自主地确定自己的行为方式，当然应为其行为产生的法律后果承担责任。

(2)海事行政行为的形式问题。海事行政行为的概念并没有对行为的形式问题有所反映。但从《行政诉讼法》的角度上讲，形式对行政行为的构成并不重要，重要的是行政行为本身是否侵犯了行政相对人的权益，若侵犯了行政相对人的权益，行政相对人即可起诉，法院就可以对行政行为进行审查。

(3)依法行政与海事自由裁量权的关系问题。对于在海事法律、法规范围内所做出的行政行为，是行为适当与否的问题；而在法律、法律以外的行政行为则是合法与否的问题。通常情况下，前者主要依靠行政复议的方式加以解决，而后者则主要通过行政诉讼加以解决。但适当性的问题也可以通过行政诉讼加以解决，当前由行政诉讼加以解决的主要有两类，一类是滥用职权的问题；另一类是行政处罚显失公正的问题。

(4)海事具体行政行为与抽象行政行为问题。对该问题而言，海事具体行政行为占有中心的位置。因为只有海事具体行政行为才能直接使国家行政权实际作用于它的承受者，从而发生各种海事行政法律关系，使司法保护具有可操作性。而关于抽象海事行政行为的合法性，通常需要通过海事具体行政行为的争议加以解决。

(5)关于海事行政行为的分类问题。在本章的后面，就海事行政行为的分类进行了较为详细的介绍。

二、海事具体行政行为的概念

根据最高人民法院《关于贯彻〈中华人民共和国行政诉讼法〉若干问题的意见》第一条规定，海事具体行政行为是指海事机关和海事机关工作人员，法律、法规授权的组织，海事行政主体委托的组织和个人在海事行政管理活动中，依法行使行政权力，针对特定的公民、法人或其他组织，就特定的具体事件，作出的有关该公民、法人或其他组织权利义务的单方行

为。在对上述概念进行理解时,应从以下几个方面进行把握:

(1)海事具体行政行为的主体。采取海事具体行政行为的必须是国家海事行政主体。非国家海事行政主体采取海事具体行政行为,必须得到法律、法规的明确授权或海事行政主体的委托。

(2)海事具体行政行为的相对方。接受海事具体行政行为相对方是海事行政主体以外的公民、法人或其他组织。这一点决定了海事具体行政行为的外部性。

(3)海事具体行政行为的法律性质。它是海事行政管理机关以国家的名义,凭借国家优越于社会中其他任何组织的特殊地位和手段,行使海事行政权力的单方支配性行为。

(4)海事具体行政行为的内容和效果。其内容是海事行政管理相对人的权利和义务,其效果是使这些权利和义务发生直接法律意义上的变化。这种变化是指海事具体行政行为使相对人的权利和义务发生形成、变更、限制和终止的效果。

(5)海事具体行政行为范围。即指它仅限于对特定的相对人,特定的具体事件进行的海事行政管理行为。

三、海事具体行政行为的构成要件

海事行政主体在做出具体行政行为时,必须满足如下条件:

(1)符合法定的权限。这是程序意义上的法定权限,即法律规定的行使权力的范围。

(2)符合法定的程序。法定程序指法律明文规定的行政职权行使过程、各种方法和步骤的总和。

(3)事实清楚,证据确实充分。船舶与船员管理机构占有充分证据,是说明采取行政行为影响行政管理相对人权利义务必要性、真实性的客观基础。主管机构采取行政行为必须符合法律规范所设定的法律事实的发生条件。事实证据是说明该法律事实已经客观存在的根据。

(4)适用法律和具有普遍约束力的行政规则正确。这里说的法律包括法律、行政法规、地方性法规和规章。具有普遍约束力的行政规则包括除法律以外的一切行政规范性文件。

(5)符合法律宗旨和目的,不滥用权力。法律宗旨和目的往往表现为法律原则,或者没有成文形式,需要从整个法律文件或者若干条文结合起来进行抽象概括,不易确定。行政机构行政行为的真实动机和目的,也往往不是靠行政行为的外在形式直观表现就能得出正确结论的,同样需要综合分析进行抽象。

(6)符合公正准则和平等原则,不显失公正或明显不当。

前四项是形式合法要件,后两项是实质性合法要件。海事行政主体在执法中,对自己的行为必须用上述的要件进行衡量,否则,就有可能被法院、行政机关或其他法定机关撤销、变更,造成损害的还要有相应的海事行政主体承担相应的法律责任。

四、海事具体行政行为的效力

海事具体行政行为的效力在于其具有公定力、确定力、拘束力、执行力。

1. 公定力

在大陆法系国家,行政法是作为公法的一个重要部门法律而存在的。在我国,行政法也是作为区别于民商法而存在的一个独立部门法。这种区别是多方面的。就行政行为与民事法律行为而言,“行政行为最重要的特色在于,尽管是有瑕疵的行为,但这种行为也具有公定力,对方仍有服从的义务。”❶海事行政行为的公定力,是指行政行为一经作出,对任何人都具有被推定为合法、有效而予以尊重的法律效力。正如日本学者杉村敏正教授所指出的,“行政处分之公定力谓,即令行政处分本身应具备之法律要件是否齐全尚成疑问,在有权限之行政机关或法院于依法令所定之程序确定其为不生效力之前,要求任何人均应认其为具有拘束力之适法妥当之行政处分之力;行政处分因具有这样的公定力,任何人均不得以自己之判断而否认其拘束力。”❷海事行政行为的这一法律效力是民事法律行为所不具有的。在民事法律关系中,一方当事人所作的意思表示,即使是一种单方面的意思表示(如合同的解除、亲权人对儿子居所的指定),另一方当事人认为该意思表示缺乏相应要件的,在法院作出有效判决前,就没有予以承认的必要。

行政行为的公定力不仅是一个基本的行政法原理,而且也是一种由众多行政法规范所综合体现的行政法精神,支持着一系列法律规则。然而,对行政行为的公定力并没有一个特定的法律规范加以明确规定❸。

2. 确定力

海事行政行为一经依法做出,非依法定原因和非经法定程序,任何人不得随意撤销或变更,也称为不可变更力。海事行政行为是海事行政主体代表国家作出的,是国家意志的体现。由于国家意志对整个社会要产生指导作用,因而不能随便作出,当然作出之后也就不能随意变更或撤销。法定的可以变更或撤销海事行政行为的途径有:一是经上一级海事行政主体行政复议可以变更或撤销;二是经人民法院的行政诉讼可以变更或撤销;三是作出行政行为的海事行政主体根据情况变化可以变更或撤销等。

3. 拘束力

海事行政行为一经作出,就具有拘束力。海事行政行为的拘束力表现为:一是对海事行政相对人拘束力,海事行政相对人必须完全地、实际地履行海事行政主体设定的义务;二是对海事行政主体本身的拘束力,无论是作出行政的海事行政主体,还是其下级机关,或者其上级机关,在海事行政行为成立后和未被变更或撤销前,都必须受该行为的拘束。

4. 执行力

海事行政行为的执行力是指海事行政行为一经作出,海事行政主体可依法采取一定的强制手段,使其内容得以完全实现的效力。特别是当海事行政行为是使海事行政相对人履行一定的义务,而相对人不履行义务时。当然这种执行力在海事法律中存在两种情况,一种情况是海事行政主体依法强制执行;另外一种情况是海事行政主体申请人民法院强制执行。

五、海事具体行政行为效力的变化

海事具体行政行为因为其违法、不当或其他法定原因,经过法定程序,会发生变化。这

❶ 田中二郎. 新版行政法. 行政法研究资料(下). 杨文忠,译. 北京:中国政法大学,1985:552.

❷ 杉村敏正. 论行政处分的公定力. 行政法之基础理论. 台北:三民书局,1988:176.

❸ 叶必丰. 论行政行为的公定力. 法学研究,1997,(5).

种变化主要包括:撤销、变更和改变、废止和消灭。

1. 撤销

根据我国法律规定,撤销有几种情况:一种是经过司法审查撤销。主要原因是海事具体行政行为在构成上缺少合法要件,行为本身是违法的。根据我国《行政诉讼法》及相关的司法解释,被法院宣布撤销的海事具体行政行为自生效之日起丧失效力或不能取得效力。第二种是行政复议撤销。原因与效果和司法审查相同,但撤销的程序不同。应该根据《行政复议法》进行。第三种是人民代表机关的撤销和行政机关上级组织行使监察权的撤销。第四种是作出海事具体行政行为的海事行政主体撤销等。

2. 变更和改变

第一种是司法审查变更。根据我国的具体情况,法院对显失公正的海事行政处罚可以变更。这种变更使海事行政处罚失去法律效力。第二种是行政复议变更。第三种上级行政机关依据《宪法》和《组织法》改变下级行政机关不适当的决定或命令。第四种作出原海事具体行政行为的行政机关,改变其所作出的海事具体行政行为。

3. 废止和消灭

第一种情况是原海事具体行政行为是合法的,由于法定原因其效力也会停止。废止是由海事行政主体明确表示某合法的海事具体行政行为向后停止发生效力,主要原因可能是新法律的颁布和实施。

第二种情况是由于构成原来的海事行政法律关系的法律事实的变化和其他原因造成的,其效力的停止和消灭不需要海事行政主体的明确表示。这类原因主要有:海事行政管理相对人履行了海事行政主体作出的具体行政行为中所设定的义务;海事管理行政相对人死亡;海事行政法律关系的客体消灭等。

第二节　海事行政执法行为及其分类

一、海事行政执法行为的概念与特征

海事执法或称适法,是指国家海事行政主体在实际生活中实施海事法律的行为。海事行政执法是国家海事行政主体及海事行政主体工作人员执行海事法律、法规和规章的具体行政行为。它是指海事行政主体在海事行政管理活动中按照法定职权和程序对海事行政管理相对人所采取的直接影响其权利和义务,并对其权利和义务的行使与履行进行监督的具体行政行为。

海事行政执法行为具有以下特征:

(1)具有国家意志性。海事行政执法是由具体的海事行政主体实施,海事行政主体的海事执法的目的是国家行政权的运行,是国家意志的休现,可以说,海事行政执法是行政主体行为实施的国家意志行为。无论是海事行政主体还是海事行政管理相对人都必须服从国家意志。

(2)具有法律性。它是具有以下两层意思:①海事行政执法是一种依法律进行的行为,它依法成立后便产生海事行政法律效果,非依法不得变更或撤销,其具有所谓的确定力,也

称不可变更力;②海事行政执法是受法律约束的海事具体行政行为。它包括现两个方面。一是对海事行政管理相对人的拘束力,海事行政管理相对人必须完全地、实际地履行设定的义务;二是对海事行政主体本身的拘束力,对依法生效的海事行政执法行为,海事行政主体有义务维护。

(3)具有强制性。如上所述,海事行政执法行为是体现国家意志的法律行为,必然具有强制性,即以国家强制力为后盾。海事行政主体对已生效的海事行政执法行为要依法采取一定的措施,使海事行政执法行为的内容得以完全实现,如果海事行政管理相对人拒绝履行设定的义务,海事行政机关有依法强制执行或申请人民法院强制执行等权力。

(4)具有优益性。海事行政主体的海事行政执法行为依法享有优惠条件,海事行政管理相对人有协助的义务。

(5)具有单方性。海事行政执法行为是海事行政主体单方发生的行为,其效力的发生不以海事行政管理相对人的意志为转移。

(6)海事行政执法行为包括了海事行政行为,但不等同于海事行政行为。海事行政执法行为包括了产生法律效力的海事行政行为,也包括了不产生海事法律效力的海事事实性行为等。

二、海事行政主体行政执法行为的分类

海事行政主体的行政执法行为很多,从不同的角度可以进行多种分类,现介绍几种主要的分类。

1.按海事行政执法的行为方式划分

按海事行政执法的行为方式,可以将海事行政执法行为分为海事行政检查、海事行政许可、海上交通事故调查处理、海事行政处罚、海事行政强制行为、海事行政命令、即时强制性处置措施、登记行为、公证行为、审查与审批行为等。现对几种重要的海事行政行为进行简单介绍。

1)海事行政检查

海事行政检查是海事行政主体为了实现海事行政管理职能,依法对海事行政管理相对人的活动是否守法,作单方强制了解的具体行政行为。以其督促海事行政管理相对人自觉遵守海事法律、法规,正当行使行权利并恰当履行有关海事行政义务。海事行政执法方式是海事行政主体的主要执法方式之一,它虽然是一种执法行为,但不一定是一种海事行政行为。

海事行政处理,是海事行政主体在海事行政管理活动中,对海事行政相对人确定或者设置某种权利或义务的具体行政行为。它可分为赋予海事行政管理相对人一般权利或权利能力的行为和科以一般义务的行为。前者如通过船舶登记赋予船舶航行权,或者通过检验向船舶发放有关技术证书等;后者如对违章的船舶处以罚款等。

2)海事行政处罚

海事行政处罚是国家海事机关基于海事行政管辖权依法对违反海事行政管理法律规范但尚未构成犯罪的海事行政管理相对人给予人身财产的其他形式的海事行政法律制裁。例如对违反《内河交通安全管理条例》的,在内河通航水域内可能影响航行安全的沉没物、漂流

物、搁浅物，其所有人和经营人，必须按照国家有关规定设置标志，向海事管理机构报告，并在海事管理机构限定的时间内打捞清除。实践中，海事行政处罚这一海事行政执法的形式使用较多，因此引起的争议也最多。

3）海事行政强制执行

海事行政强制执行是有别于刑事强制和民事强制的一种国家强制，它是基于保障国家海事行政法律实施的需要，对海事行政管理相对人能够履行海事行政法律义务而逾期不履行海事行政义务的，海事行政主体依法对其采取海事行政强制措施，迫使其履行义务或达到与履行义务相同状态的一种法律制度。海事行政强制执行根据不同的划分标准可分为不同的种类。

（1）海事行政强制执行按主体标准进行划分

海事行政强制执行按主体标准进行划分，可分为海事行政主体的强制执行和人民法院的强制执行。海事行政主体的强制执行仅限于海事法律特别授权范围内行使；如果海事法律规定由海事行政主体申请人民法院强制执行的，海事行政主体只能申请司法机关执行；海事行政法律对此无任何规定的，应推定为海事行政主体无强制执行权。

（2）海事行政强制执行按执行方式进行划分

海事行政强制执行方式分为直接强制执行和间接强制执行。

直接强制执行是海事行政主体和海事行政主体授权或委托的组织在无法使用间接强制执行、为达到使负有海事行政法律义务的海事行政管理相对人履行义务或消除危险和危害社会行为状态时的严厉的海事行政行为。

直接强制执行可分为：对人的强制执行、对物的强制执行和对行为的强制执行。但在海事行政直接强制执行中，没有对人的强制执行权。

间接海事强制执行的手段有代履行和强制金。

代履行又称代执行，是指海事义务人逾期不履行海事行政法律义务，该义务由他人代为履行能达到同样的目的，海事行政主体可以委托他人代为履行或者自己代为履行，并向义务人征收代履行费用的海事行政强制执行行为。一般认为，代履行费用的款额，应以实际支出的人力、物力为限；代履行费用可在履行后征收，义务人拒不缴纳代履行费用的，根据当前海事法律的规定，海事行政主体可申请人民法院强制征收或强制划拨。

4）海事行政许可

根据《行政许可法》第二条规定："本法所称行政许可，是指行政机关根据公民、法人或者其他组织的申请，经依法审查，准予其从事特定活动的行为"的规定，海事行政许可是指海事行政主体根据公民、法人或者其他组织的申请，经依法审查，准予其从事特定海事活动的海事行政行为。在海事行政执法行为中，海事行政许可行为的种类也是较多的，这在我国《行政许可法》通过并生效前应该认真进行清理，以保证海事行政许可的合法性。

区分行政检查、行政处理、行政处罚、行政强制执行的海事行政执法行为方式的法律意义在于：使人明确同是海事行政执法行为，但其法律效果确有程度不同，它反映了海事行政执法行为的内涵具有不同层次之分。

2. 按海事行政执法行为受海事法律拘束程度划分

按照海事行政执法受海事法律拘束程度可划分为羁束性海事行政执法行为和自由裁量

性海事行政执法行为。

羁束性海事行政执法行为是指海事行政主体严格按照海事法律、法规的规定实施执法行为。自由裁量性海事行政执法行为是指海事行政主体严格依据海事法律、法规授予的自由裁量权而实施的行为，它是由海事行政主体在海事法律、法规的原则和范围内进行权衡、裁量，依照自己的判断作出一定处置的权力。

根据现行海事法律、法规规定，可将自由裁量权归纳为以下几种：

(1)在行政处罚幅度内的自由裁量权，即海事行政主体在海事行政管理相对人作出行政处罚时，可在法定的处罚幅度内自由选择。它包括在同一处罚种类幅度的自由选择。例如，根据《内河交通安全管理条例》第六十六条规定，对违反条例的规定，未经考试合格并取得适任证书或者其他适任证件的人员擅自从事船舶航行的，由海事管理机构责令其立即离岗，对直接责任人员处2 000元以上2万元以下的罚款，并对聘用单位处1万元以上10万元以下的罚款。其中对直接责任人员处以2 000元至2万元的罚款，在该幅度内，海事行政主体可根据情况确定具体的罚款数额。

(2)选择行为方式的自由裁量权，即海事行政主体在选择海事行政执法行为的方式上，有自由裁量的权力，它包括作为和不作为。例如，根据《内河交通安全管理条例》第七十六条规定：违反本条例的规定，船舶、浮动设施遇险后未履行报告义务或者不积极施救的，由海事管理机构给予警告，并可以对责任船员给予暂扣适任证书或者其他适任证件3个月至6个月直至吊销适任证书或者其他适任证件的处罚。在该条中规定，“……并可以对责任船舶员给予……”，其中的“可以”的语义体现了允许海事行政主体作为或不作为。

(3)作出海事行政执法行为时限的自由裁量权。对于海事行政主体的执法行为很多海事法律规范并没有对海事行政主体何时进行执法行为的时限作出规定，这说明海事行政主体在何时作出该行政执法行为上有自由选择的余地。例如，根据《内河交通安全管理条例》第七十四条规定：违反本条例的规定，在内河通航水域的航道内养殖、种植植物、水生物或者设置永久性固定设施的，由海事管理机构责令限期改正；逾期不改正的，予以强制清除，因清除发生的费用由其所有人或者经营人承担。在该条中“……逾期不改正的，予以强制清除……”，“逾期”体现了两方面的自由裁量，一是在给海事行政相对人设定履行义务的期限时，海事行政主体可以自由确定；另一方面是究竟海事行政管理相对人超过规定的时间多长时间后，海事行政主体采取强制执行的行为，也是由海事行政主体自由选择的。

(4)决定执行主体的自由裁量权。《行政诉讼法》第六十六条规定：“公民、法人或者其他组织对具体行政行为在法定期限内不提起诉讼又不履行的，行政机关可以申请人民法院强制执行或者依法强制执行”。这里的“可以”表明了行政机关就执行主体可以自由裁量。当然，仅限于对该方面行政机关具有强制执行权的时候，该条才适用。

我国海事法律赋予海事行政主体一定的自由裁量权，它的作用在于能够弥补海事立法的不足。同时，海事行政主体可根据具体情况灵活地解决实际执法中的问题。但海事行政执法自由裁量权范围越广、权限越大，越易于造成裁量权运用不当，其所产生的消极作用也是不可忽视的。

区别羁束性海事行政执法行为与自由裁量性海事行政执法行为的法律意义在于区分执

法行为的违法与不当。这对海事行政诉讼将产生重大影响。海事行政管理相对人对羁束性海事行政执法行为不服，是海事行政执法是否违法的问题，不发生适当与否的问题；海事行政管理相对人对自由裁量性海事行政执法行为不服，属于海事行政执法是否“不当”的问题；前者受司法监督，可以依法向法院起诉；后者原则上由海事行政部门自我调节。

3. 按海事行政执法行为是否必须具备一定形式划分

按海事行政执法行为是否必须具备一定形式来划分，可分为要式海事行政执法行为和非要式海事行政执法行为。

(1)要式海事行政执法行为

要式的海事行政执法行为是指必须依照法定的形式或遵守一定的程序才能正式生效的行为。例如，海事行政主体对违反海事行政法律的管理相对人给予罚款，就是一种要式海事行政执法行为。

(2)非要式海事行政执法行为

非要式的海事行政执法行为是指法律规定可以不要特定形式即可生效的海事行政执法行为，一般通过口头形式表示。

划分要式和非要式海事行政执法行为的法律意义在于：要式海事行政执法行为不符合法律的形式要求构成形式违法，直接影响该行为的法律效力；而非要式海事行政执法行为则不发生形式违法的问题。

4. 按海事行政主体是否自动采取行政执法行为划分

按海事行政主体是否自动采取行政执法行为可划分为主动的海事行政执法行为和被动的海事行政执法行为。

(1)主动的海事行政执法行为

主动的海事行政执法行为是海事行政主体根据法律赋予的职权，无须海事行政管理相对人请求而主动进行的海事执法行为。例如，海事行政机构所进行的港口国管理、对超载船舶的监督检查等。

(2)被动的海事行政执法行

被动的海事行政执法行为又称依申请的海事行政执法行为，是指海事行政主体在海事行政管理相对人提出申请之后才进行的海事行政执法行为，没有海事行政管理相对人的申请，海事行政主体不能主动作出行为。例如，海事行政机构的行政复议须以海事行政管理相对人的申请为前提，海事行政管理相对人没有申请，复议机关不能主动复议。还比如，船舶所有权登记、船舶国籍登记，也是依据船舶所有人的申请，海事行政主体才所为的行为。没有海事行政管理相对人的申请，海事行政主体不能主动对船舶所有权进行登记，更不能强制登记。

划分主动海事行政执法行为与被动海事行政执法行为的法律意义是：对海事行政主体而言，这关系到其行政行为的效力。在没有海事行政管理相对人申请的条件下，海事行政主体作出的应申请行为不发生法律效力。对海事行政相对人而言，这直接关系到他的权利的取得和义务的免除。

5. 按海事行政执法行为效力归属划分

按海事行政执法行为效力归属为标准，可将海事行政执法行为划分为独立的海事行政执法行为和附属的海事行政执法行为。

(1)独立的海事行政执法行为

独立的海事行政执法行为是海事行政主体依法直接进行,不需要其他行政执法行为作为前提的执法行为,这种行为属于独立行为。例如,依据《海上交通安全法》,对违法船员的适任证书的吊销;对违法行为给予的罚款等。

(2)附属的海事行政执法行为

附属的海事行政执法行为是海事行政主体必须以另一行政执法行为作为前提才能采取的行为,如海事行政强制执行行为就是附属的行政执法行为,这种行为的采取要以海事行政主体作出的行政处理或行政处罚为前提。没有处罚决定,当然也就没有强制执行的问题。

划分这两种海事行政执法行为的意义在于:独立海事行政执法行为效力影响附属行为的效力,但附属行为效力不影响独立行为的效力。因此,如果独立行为被撤销,附属行为也应随之撤销;但附属行为被撤销,不影响独立行为的效力。

6.按实施海事行政执法行为的权力来源划分

按实施海事行政执法行为的权力来源可划分为依职权的海事行政执法行为、依授权的海事行政执法行为和依委托的海事行政执法行为。

(1)依职权的海事行政执法行为

依职权的海事行政执法行为是指海事行政主体直接按自己职权而实施的海事行政执法行为。具体而言,是海事行政主体依相关成立其组织机构规定中所规定的职责,所为的海事行政执法行为。

(2)依授权的海事行政执法行为

依授权的海事行政行为是指海事行政主体依法律、法规等的授权,所为的海事行政执法行为。当前在海事行政执法中,海事行政主体所为的海事行政执法行为,大多是依据法律、法规(包括地方法规)等所为的海事行政执法行为。

(3)依委托的海事行政执法行为

依委托的海事行政执法行为是指某些非海事行政主体的组织等经海事行政主体的委托后,在委托范围内代海事行政主体实施的海事行政执法行为。例如,对于船舶的法定检验及发证,根据我国海事法律的授权,由海事行政主体负责,但海事行政主体将该项职能委托给中国船级社进行,而中国船级社就可依据该授权对船舶进行法定检验并发放相应的船舶技术证书。

区别依职权的海事行政执法行为、依授权的海事行政执法行为和依委托的海事行政执法行为对在海事行政诉讼中确定谁是被告是很重要的。依照我国《行政诉讼法》的规定,公民、法人或其他组织对依职权的行政执法行为不服而提起行政诉讼的,要以作出该行政执法行为的行政机关为被告;如对依授权的行政执法行为不服而提起行政诉讼的,要以作出该行政执法行为的组织为被告;如对依委托的行政执法行为不服而提起行政诉讼的,则要以委托的行政机关为被告,而不能以受委托的组织为被告。

7.按海事行政执法行为按是否产生法律效力、直接产生法律效力划分

海事行政执法行为按是否产生法律效力、直接产生法律效力划分,可分为海事行政行

为、准海事行政行为与海事事实行政行为。因为该部分的内容在涉及海事行政法相关文章中出现的较少，为此在本书中，以专门一节进行详细介绍。

三、海事行政执法行为与海事行政行为的区别和联系

海事行政执法行为与海事行政行为既有区别又有联系，海事行政执法行为包括了海事行政行为，但又不限于海事行政行为。

（1）两者的联系

①行为主体相同，两者都是海事行政机构及海事行政主体所委托的其他组织等依法所作出的行为。

②两者都是行政主体依法进行的活动。

③两者的目的都是为了保障或改善海上交通安全及防止船舶污染水域环境。

④海事行政执法行为包括了海事行政行为，即海事行政行为是海事行政主体海事执法行为的一种。

（2）两者的区别

①海事行政执法行为不一定都直接产生法律效力，有的海事行政执法行为或许不产生法律效力，而海事行政行为则一定会直接产生海事法律效力。

②海事行政行为一定会产生公定力、确定力、拘束力及执行力，而行政执法行为不一定同时具备上述四种能力。

③救济途径不同。

第三节　准海事行政行为及海事事实行为

将海事行政执法行为根据行为是否直接产生行政法律效力及是否产生法律效力，可划分为海事行政行为、准海事行政行为及海事事实行为三种。在此需要强调指出的是，在我国行政法学界，对这种划分的研究相对较少，但我们认为，鉴于在海事行政执法中的具体情况，进行这种划分对于提高行政执法的质量，区分海事行政执法行为不同情况，加深对海事行政行为的认识及理解等是十分重要的。

一、准海事行政行为的概念

1. 概念

准行政行为不是一个法律用语，我国现行法律、法规和司法解释并没有准行政行为的提法，准行政行为更多的是作为一个学术用语被学者们提起缘于对行政行为研究的需要。关于准海事行政行为的概念，在涉及海事行政法律相关的著作及文献中，论及的很少。在我们所阅读的文献中，有的文献指出：海事行政主体对海上交通事故的调查行为是一种准行政行为，并认为所谓“准”字是指海事调查行为具有海事行政行为的基本特征，但没有完全达到海事行政行为的构成要件[1]。

---

[1] 吴兆麟. 海上交通事故调查及分析. 大连：大连海事大学出版社，1990.

在行政法学界对准行政行为概念的定义不一[1]，有观点认为，“准行政行为是国家行政机关单方面作出的，自身不直接产生特定的法律效果，但对行政行为有直接影响，并间接地产生法律效果的行为”[2]；也有观点认为“准行政行为，是指符合行政行为的特征，包含行政行为的某些基本构成要素，但又因欠缺某些或某个要素，而不同于一般行政行为的一类行为。[3]”。我国台湾的学者将其定义为：“行政机关就某种具体事实所作的判断、认识，以观念表示的精神作为构成要素，依法发生法律效果的行政活动，又称观念行为、表明行为”[4]。日本有的学者将准行政行为定义为：“根据行政厅的意思表示以外的判断或认识的表示，由法律将一定的法律效果结合起来形成的行政行为”（见《日本行政法通论》，杨建顺编）。

在我国，关于准行政行为概念等相关的研究虽然不多，但也形成了较为统一的观点，结合这种概念，将准海事行政行为定义为：“准海事行政行为是海事行政主体运用行政权以观念表示的方式作出的间接产生海事行政法律效果的海事执法行为。[5]”在该定义中，以所谓的“观念表示”区别于“意思表示”，将“准行政行为”与“行政行为”区别开来，但从外部来看，行政相对人很难区分何为行政主体的“观念表示”和“意思表示”，从外部来看，都是行政主体所为的行为。因此，这种定义方法也是存在问题的。

我们认为，所谓准海事行政行为是海事行政主体依法对具体事实作出判断，并表明判断结果的行为，它是并不直接给行政相对人设定权利或义务，但一定会间接产生法律效果的海事执法行为。

2. 特征

根据其定义，准海事行政行为具有下列特征[2]：

（1）准海事行政行为的实施主体为海事行政机构和海事法律、法规、规章授权的组织。准海事行政行为首先是海事行政执法行为，必须具有海事行政执法行为的主体要素，即海事执法行为者为海事行政主体，不具有国家海事行政职权的机关和组织所实施的行为不是海事行政执法行为，亦不可能是准行政行为。掌握这个特征有助于我们区分准海事行政行为与准海事行政主体行为，两者的区别其后详述。

（2）准海事行政行为是海事行政主体对具体事实作出判断并表明判断结果的海事行政执法行为。这种表态并不为海事行政相对人设定任何权利、义务。在船舶登记中，船舶登记机关告知海事行政相对人对其申请船舶登记申请的受理，其意图仅是告诉海事行政相对人关于某种事实或状态的信息，并不涉及海事行政相对人权利、义务的取得、丧失或变更。

（3）准海事行政行为是不直接产生海事行政法律效果的行为。准海事行政行为一定要产生法律效果，否则无法区别于事实行为。但是准行政行为的法律效果并不具直接性。海事行政主体虽然作出准海事行政行为，但要对海事行政相对人的权利、义务发生法律效果，

[1] 皮宗泰，王彦．准行政行为研究．重庆市高级人民法院完成最高人民法院委托调研课题“准行政行为的受理调查报告”内容．

[2] 黎国智．行政法词典．济南：山东大学出版社，1989．

[3] 马怀德．行政诉讼范围研究．检察日报正义网，2001－7－21．

[4] 张家洋．行政法概要．台北：五南图书出版公司，1977．

[5] 孔繁华．准行政行为．陨阳师范专科学校学报，2000，（2）．

必须依赖有关法律的规定或新的事实。“准海事行政行为本身并不产生必然的、确定的、即刻的法律效果，只有当新的事实出现时，或者其他主体作出与该事实相关的行为时，处于休眠状态的效果意思才表现出其‘对外’的法律效果特性”[1]。例如，船舶登记机关受理海事行政相对人申请船舶国籍登记的行为，并不与最后一定会进行登记有必然联系，受理行为仅通过最后对海事行政相对人提供资料的依法审查合格、进行国籍登记才对海事行政相对人权利义务产生影响。此外，准海事行政行为产生法律效果还依赖法律的规定，海事行政主体的判断要产生法律效果，离不开实定法。“饮酒后驾驶机动车辆之所以是一个违章行为或事实，而饮水后驾驶机动车辆之所以不是一个违章行为或事实，正是由于法律的规定不同。”[2]。对海上交通事故的“查明原因，判明责任”中，海事行政主体如果仅是通过收集相关资料，查明事故发生的原因，并判明相关当事人的行政责任，是一种事实性认定。将海上交通事故与违章行为联系起来，分出是非责任，并对相对人产生法律效果，《海上交通安全法》等无疑起决定作用。

(4)准海事行政行为具有行政行为的预备性、中间性、阶段性特征。国内有学者注意到行政行为的过程性，认为“行政行为不是一个单一、孤立、静止的行为，而是一系列不断运动、相互关联具有承接性的过程；这些过程又构成一个个多层次的、极为复杂的系统”[3]。根据有关研究，海事行政行为与其他行政行为一样大致可分为三个阶段，即调查取证阶段、作出决定阶段和宣告送达阶段。在这三个阶段中，可能存在海事行政机关的事实行为、准海事行政行为以及程序性的海事行政行为等独立的行政行为。但是，从海事行政行为完成的整个过程看，这些行为又具有相对性，仅仅可能是构成海事行政行为若干环节中的一环。例如，海事受理行为和通知行为，可能存在于海事行政行为的调查取证阶段或者宣告送达阶段，成为海事行政行为的一个组成部分。由于该行为不是海事行政主体的最终行为，缺乏完整海事行政法律行为的效果要素，所以对海事行政相对人不产生确定的法律规制效果。再如，海事行政主体的某些咨询、请示、答复等行为，由于正处于海事行政行为运转过程中，海事行政主体的意思表示尚未外化，法律效果尚未形成，被称为不成熟的海事行政行为。这些行为都属于准行政行为范畴。可以认为，相当多的准海事行政行为都是海事行政行为过程性的体现。

3. 准海事行政行为与相关海事执法行为的区别及意义

(1)准海事行政行为与海事行政法律行为

海事行政法律行为又称法律性行政行为，指海事行政主体实施的行为是以改变海事行政相对人的权利及义务为目的，且实施该行为时有明确的目的性。从后果看海事行政法律行为对海事行政相对人能产生羁束力的行为。海事行政法律行为具有完整的法律效果，作出后即产生拘束力、执行力、确定力，表现形式如海事行政处罚、海事行政许可、海事行政命令等。准海事行政行为是以对某种具体事实进行判断为其构成要素，依赖海事法律规定或法律事实而对海事行政相对人发生法律效果。准海事行政行为只产生行政法律行为的某些

[1] 马怀德. 行政诉讼范围研究. 检察日报正义网，2001－7－21.

[2] 杨小君. 关于行政认定行为的法律思考. 行政法学研究. 1999，(1).

[3] 朱维究、胡卫列. 行政行为过程性论纲. 中国法学，1998，(4).

法律效果,如拘束力、确定力。例如,海事行政主体确认某种关系是否存在,某个主体是否具备某种资质。还有某些证明行为,只是证明某种事实状态。这些行为具有确定力,但并不像海事行政法律行为那样具有执行力。总之,准海事行政行为与海事行政法律行为的主要区别在于准海事行政行为在法律效果上欠缺海事行政法律行为完整要素。

(2)准海事行政行为与海事行政事实行为

“事实行为是行政机关所实施的本身不直接或间接引起相对人权利义务的取得丧变、更等法律后果的行为”❶。海事行政事实行为和准海事行政行为在主体和权力属性上一样,都是海事行政主体实施的与职权有关的行为。其主要区别在于是否具有海事法律效果。“这种法律效果既包括主观上是否以设定、变更或消灭相对人权利义务为目的,又包括客观上能否为相对人设定、变更或消灭一定的权利义务”❷。这种法律效果有别于不以人意志为转移而客观存在的法律后果,海事行政事实行为不产生法律效果但可以产生海事法律后果,该法律后果可能导致司法审查(如行政赔偿)。而准海事行政行为以追求一定海事行政法律效果为目的,尽管这种效果是间接的,但并不妨碍行为的客观效果与行为人的主观追求的一致性。例如,船舶登记机关受理海事行政相对人船舶国籍登记的申请,尽管并不必然导致船舶国籍证书的颁发,但受理行为已表明船舶登记机关将通过是否颁发船舶国籍证书的行为来影响海事行政相对人的权利义务。而海事行政主体的海事行政事实行为无论从主观上还是客观效果上都不可能构成对海事行政相对人权利义务的影响。因此,海事行政主体的例行检查、调查等行为(行政处罚程序中的检查、调查行为除外)以及行政指导行为都属于海事行政事实行为而非准海事行政行为。

(3)准海事行政行为与海事程序行政行为

海事程序行政行为是与实体海事行政行为相对应的一个概念。代表性观点认为:“程序行政行为指由法律设定的,规制行政主体行使行政职权的方式、形式与步骤的一系列补充性、辅助性措施的总称”❸;学术界对程序行政行为的法律属性看法不一,有的认为程序行政行为是事实行为,有的认为程序行政行为就是准行政行为。我们认为,事实行为属于不产生法律效果的行为范畴,程序行政行为只有在极少数情况下不产生法律效果(例如某些例行检查、调查行为)。一般而言,完整海事行政行为是一个程序和实体的统一体,因而程序行政行为与实体行政行为一样应当产生法律效果。“在一定情况下,程序行政行为实施所产生的物质后果(如调查所得到的资料)会对行政实体行为产生影响,并间接作用于行政相对一方的实体权利与义务,从而对行政实体法律关系产生间接的后果。❸”可见,程序海事行政行为并不直接产生法律效果,海事行政主体通过程序行政行为辅助,并保障实体行政行为作出,从而间接作用于海事行政相对人的实体权利与义务。从这个意义上讲,海事程序行政行为与准海事行政行为具有同一性,某些准海事行政行为如告知、通知,实际上是海事行政行为的一个程序步骤,但亦具有自身独立的价值。但是,虽然某些海事程序行政行为可以归属于准海事行政行为,却不可以说准海事行政行为就是海事程序行政行为。

---

❶ 张尚鷟. 走出低谷的中国行政法学. 北京:中国政法大学出版社,1991.

❷ 吴强. 行政事实行为浅论. 郧阳师范高等专科学校学报,2001,21(4).

❸ 朱维究,阎尔宝. 程序行政行为初论. 政法论坛,1997,(3).

由此，我们认为，海事程序行政行为与海事准行政行为之间存在交叉关系：海事程序行政行为的一部分属于准海事行政行为（尚有部分属于海事行政事实行为），准海事行政行为的一部分是海事程序行政行为。

（4）准海事行政行为与准海事行政主体的行为

海事行政主体指能以自己名义行使国家海事行政管理职权并独立承担法律责任的机关和组织，包括根据组织法授权行使海事行政职权的行政机关，也包括根据法律、法规、规章授权对某一具体事项行使海事管理权的社会组织。准海事行政主体不是严格的法律概念，泛指那些形式上具备海事行政主体的某些特征，或属于法律、法规、规章授权的潜在对象的机构和组织，准海事行政主体不是海事行政主体。只有海事行政主体实施的产生海事法律效力的行为才是海事行政行为，只有海事行政主体以就某一具体事实作出判断，并表明判断结果，从而间接对海事行政相对人的权利及义务产生法律效果的行为才是准海事行政行为。准海事行政主体的行为不是海事行政执法行为，亦不可能是准海事行政行为。实践中，有人把准海事行政行为的"准"理解为海事行政执法行为主体意义的"准"，这种理解是错误的。因此，从广义上讲，准海事行政行为与准海事行政主体的行为本质区别在于前者是海事行政执法行为，而后者不是海事行政执法行为。

4．准海事行政行为的表现形态

（1）受理。受理行为指"行政机关或法律法规授权的组织就行政相对人要求准许其享有某种权利或免除某种义务，或对提出的投诉、申请，在程序上作出接受、拒绝表示，或者接受后拖延、退回请求的具体执法行为。"[1]受理可以是书面的，也可以是口头的。海事行政主体针对海事行政相对人的申请，以接受申请或拒绝申请的行为，将产生这样的法律效果：接受海事行政相对人的申请，最后可能会产生两个结果：一种是实现海事行政相对人的某种实体利益；另一种是其实体利益仍无法实现。而拒绝其申请，则会彻底丧失实现其实体利益的可能。从实现海事行政相对人实体利益的角度考虑，受理行为无疑是起到间接影响作用。

（2）登记。登记指海事行政主体根据海事行政相对人的申请，就其权利享有状态进行审核并将该事实记载于相关簿册的一种执法行为。在此必须强调的是，这里所指的登记并不包括海事行政主体通过登记对海事行政相对人权利及义务产生直接影响的登记。例如，在船舶登记中，包括了船舶国籍登记，而船舶国籍登记并不是通常意义上的登记行为，通过船舶国籍登记，船舶获得了悬挂中华人民共和国国旗的权利，获得了在海上航行的权利。它直接对海事行政相对人的权利及义务产生了影响。诸如此类的登记，不包括在该项内容中。在此所指的登记是不直接给海事行政相对人设定任何行政法上的权利或义务，只代表海事行政主体对客观事实的认知与判断，同样，海事行政主体也可以作出不予登记的执法行为。"登记机关虽然也可作出不予登记的决定，但是该决定的作出只是在登记机关认为海事行政相对人的申请不符合法定条件的情况下所作出的。"[2]有关研究表明，在不动产物权登记中，产生物权法律关系变动的法律效果源于民事主体的民事交易，并非行政主体的登记导致物权变动。登记海事行政执法行为基于法律的规定而非海事行政主体的意思对相对人产生影

[1] 杨生．行政受理行为初论．行政法学研究，2000，(4)．

[2] 阎尔宝．不动产物权登记、行政许可与国家赔偿责任．行政法学研究，1999，(2)．

响,因为登记行为中的海事行政主体只是起到了一种核实、登记等作用,而民事权利的取得、变动等效果并未因登记而变化。例如,在船舶抵押登记中,船舶登记机关只起到了一种对登记双方情况依法进行核实的作用,对给予登记的双方,只起到了双方具有以船舶为抵押物的借贷合同关系,并不影响双方的权利和义务。

(3)证明。证明指海事行政主体对特定的海事法律关系或法律事实证明其存在与否的行为,是海事行政主体依职权或应申请,对法律上的事实、性质、权利、资格或者关系进行的甄别和认定。诸如海事行政主体所进行的公证、鉴定、鉴证、审核验证等都属于证明范畴。证明之所以属于准海事行政行为,是因为"并不直接创设对相对人发生法律效果的权利和义务,而是对已经形成的权利和义务加以某种形式的认可,增强该行为的确定性。"[1]

(4)确认(认定)。准海事行政行为意义上的确认指海事行政主体对特定海事法律关系和法律事实进行认定并宣告其存在与否或正确与否的宣告行为。根据定义,可以得出确认的主要特征:①海事行政主体确认的内容可以是事实,也可以是海事行政相对人,即公民、法人或其他组织的权利义务关系。②确认行为是对事实、关系、地位、权利等这些客观存在的肯定或否定,并不创设新的法律事实和法律关系。③确认行为对于海事行政执法行为产生的法律效果不具有直接的联系而只有间接的联系。"行政行为产生的法律效果不是认定行为的内容,而只是在认定行为的基础上、作用下产生的。所以认定行为往往被当作程序性的行为,或者被视为行政行为的一个过程环节。"[2]在现实生活中,确认行为广泛存在。例如,海事行政主体对船员教育机构所建立质量体系的认证、对递交海事声明当事所述情况的确认等。

(5)鉴定。鉴定指鉴定人在行政程序中运用自己的专业知识,对专门性问题进行分析、鉴别、判断并得出事实性结论的行为。鉴定是技术分析的形式,虽通过鉴定可能在原法律事实的基础上增加新的内容,但通常并不对当事人的权利义务作出增减得失安排。鉴定结论对当事人的影响表现为主要通过以鉴定结论为依据的行政处理或者在司法诉讼中被采信而发挥影响力。不借助其他事实的发生,鉴定结论无从对当事人的权利义务产生实际影响。因此,鉴定结论的观念性色彩浓重。

(6)通知(公告)。准海事行政行为意义上的通知,指海事行政主体将已经作出的海事行政决定告知相对人。通常,在通知行为中,为相对人设定权利义务的是行政决定,将海事行政决定传递给海事行政相对人的通知并不对相对人产生实际影响。通知的作用类似送达,目的是使海事行政相对人了解海事行政行为的内容。例如,在海上交通安全管理中,海事行政主体向海事行政相对人发出《违章通知》,该通知并不是对海事行政相对人的处罚,其意图是告诉海事行政相对人关于违章事实或状态的信息,让海事行政相对人主动接受海事行政主体的相关处理。公告与通知性质类似,只不过公告的受众一般比通知更为广泛,告知的内容可能更具普遍性。

(7)答复。准海事行政行为意义上的答复,指海事行政主体针对当事人请求事项以书面或口头形式所作出的对当事人权利义务不产生实际影响的回复。在答复行为中,海事行政

---

[1] 马怀德. 行政诉讼范围研究. 检察日报正义网,2001-7-21.

[2] 杨小君. 关于行政认定行为的思考. 行政法学研究,1999,(1).

主体针对当事人要求处理特定事项的申请，告知其按过去已实施的行政决定办，并没有给当事人增加新的权利义务。

(8)咨询(请示)。咨询指行政主体为准备作出海事行政行为而向有关行政机关、专家学者或上级部门征求可供选择的方案或意见的行为。通常这类行为属于行政主体作出行政行为的一个步骤，有关咨询或请示意见尚停留在海事行政主体工作人员的观念中，并未付诸实际，在海事行政行为未最终完成前并不构成对海事行政相对人的直接影响，若引起诉讼，通常因属于不成熟的海事行政行为而被裁定不予受理或驳回起诉。

需要指出的是，本文所列举的准海事行政行为的表现形态并不全面，海事行政行为的丰富多彩决定了准海事行政行为的表现形态也应多姿多样，只不过有些准海事行政行为还不为人们所认识，在司法个案中或可发现蛛丝马迹。此外，已列举的若干表现形态并不为准海事行政行为所独有，因为在一定条件下，海事行政行为也会有同样的表现形态，只不过该表现形态的意思要素和效果要素已发生变化。就以船舶登记而言，船舶所有权登记及船舶抵押登记均属于准海事行政行为，而船舶国籍登记则是一种海事行政行为。均属于船舶登记，其形态也相同，但一种直接对海事行政对人的权利义务产生影响，而另一种则不直接对海事行政相对人的权利义务产生影响，这要根据具体的情况而定，不能一概而论。

5. 准海事行政行为不可诉的理由及可诉的例外

在行政诉讼中，并非所有的行政争议都可以提交到人民法院进行裁判。也就是说，有相当一部分行政争议不属于人民法院司法审查的范围。有些行政行为是可诉的，而有些行政行为是不可诉的。各国法制背景不同，其范围也不一样。我国行政诉讼受案范围，随着时间的推移，也在不断地发展变化，但无论怎样变化，衡量行政行为是否可诉的标准却是确定的。深入认识、理解行政行为的可诉性标准，有助于我们研究涉及准行政行为案件的受理。

行政行为是否可诉，决定于是否同时具备以下标准：

(1)主体标准。可诉性行政行为是具有国家行政管理职权的机关、组织或者个人的行政行为。确立主体标准可以排除下列主体的行为可诉：行政机关以外的国家机关(审判机关、检察机关、立法机关)的行为；政党以及其他社会团体的行为，但法律法规授权的除外；企事业单位、公司法人所实施的行为，但法律法规授权的除外。

(2)内容标准。可诉性行政行为必须是行使与国家行政职权有关的行为，包括国家行政行为和公共行政行为。确立内容标准可排除行政机关或法律、法规授权组织以民事主体身份实施的民事行为，以及企事业单位内部的行政管理行为的可诉，这些行为不具有社会公共事务性。

(3)结果标准。可诉的行政行为是对行政管理相对人的权益产生实际影响的行为。所谓实际影响指对行政管理相对人已经造成了损害，其权利义务关系已经发生了变化。或者有的行政行为虽还没有执行，但行政行为已经产生确定力，如果相对人不自动履行，行政机关可以依法采取相应的强制措施，这也应当认为对当事人的权利义务产生影响。根据结果标准，我们可以排除内部行政行为、不成熟的行政行为和重复处置行为的可诉。

(4)必要性标准。指对行政主体的行政行为如果不通过行政诉讼来救济，相对人就没有其他救济途径了，故必须赋予这类行政行为可诉，才能根本保护公民、法人和其他组织的合法权益。虽然“有权利必有救济”，但不是所有行政主体行使职权的行为都有必要通过行政诉讼来救济，还存在通过其他方式救济的可能。根据有关司法解释，没有行政诉讼“必要性”的行为包括：行政机关调解行为、法律规定的仲裁行为、刑事司法行为、不具有强制力的行政指导行为。

(5)可能性标准。指根据法律、法规的规定，司法机关可以对行政行为的合法性作出明确判断的可能。这类标准具有强烈国家意志色彩，与国家对司法权监督、制约行政权的容许程度相关。在我国，目前有几种行为司法机关不可能作出合法性判断：国家行为、抽象行政行为、行政机关对公务员的奖惩任免行为、法律规定行政机关最终裁决的行为。除此之外的其他行政行为，应具有行政诉讼的可能性。

准行政行为是否可诉，须运用行政行为的可诉性标准予以衡量：若同时具备可诉性标准规定的要求，意味着准行政行为与其他可诉行政行为一样，属于人民法院行政案件受案范围，反之，则应排除在受案范围之外。

根据前面对准行政行为的定义，准行政行为是行政主体以观念表示方式作出的具有间接法律效果的行政行为。从主体标准和内容标准看，准行政行为已具备可诉行政行为的某些特征。从可能性标准看，准行政行为亦不在法律、司法解释规定的排除行为之列，具有可诉的实定法基础。在这种情况下，准行政行为是否可诉，关键看结果标准和必要性标准。

前已论及，可诉行政行为要求对相对人产生实际影响，而准行政行为对相对人不产生直接的法律效果，问题在于，实际影响是否等于直接法律效果，不产生直接法律效果是否就是不产生实际影响，结论是否定的。直接法律效果主要指行政行为与相对人权利、义务的增减得失存在直接联系，实际影响则指行政行为已经对相对人权益造成损害而言。行政行为的直接法律效果可能产生实际影响，譬如，行政处罚给被处罚人直接设定义务，也因此对被处罚人的人身和财产产生了实际影响。但实际影响并不都是具有直接法律效果的行为产生的，某些行政行为尽管并不直接设定相对人的权利、义务，但却可能对相对人的权益产生实际影响，某些涉及准行政行为的行政案件之所以被法院所受理，源于此由。正如有学者指出：当准行政行为以‘间接的形式’加强了新的主体对相关事实处分的效果，或者对抗该效果时，就意味着开始对权利义务产生直接的、实质性影响，这时它就具有了可诉性。”[1]

此外，就必要性标准来说，对准行政行为引发的争议，并不排除可以通过民事诉讼、行政监督、内部调整等方式加以解决，这是准行政行为法律效果的间接性，行为方式的预备性、中间性、阶段性特征决定的。“如果部分行为本身不完全具备最终影响时，它们作为一大程序的组成部分，不得单独引起昂贵的法律救济程序”[2]。但是，当间接法律效果转化为对相对人的实际影响，通过民事诉讼无法有效消除这种影响，或者预备性、中间性、阶段性行政行为构成对相对人的实质损害，不对其及时救济可能造成更大损害时，准行政行为亦因此获得可诉的必要性。

由此，我们认为，准行政行为尽管在主体标准、内容标准以及可能性标准方面符合可诉行政行为的某些特征，但在结果标准和必要性标准方面，准行政行为是否可诉，尚需通过对

---

❶ 马怀德. 行政诉讼范围研究. 检察日报正义网，2001 - 7 - 21.

❷ 平特纳. 德国普通行政法. 朱林，译. 北京：中国政法大学出版社，1999.

具体案件的考察方能得出结论。因此，至少在理论上，准行政行为并不具备可诉性标准的所有要求，原则上不可诉。在司法实践中，涉及准行政行为的案件（人民法院受理的例外）取决于准行政行为的具体表现形态，确切地说，取决于该表现形态是否对相对人产生实际影响，且没有其他的救济方式可用。

二、海事事实行为的概念

当前在我国行政法学界，对事实行为的研究还不是很深入。但它是客观存在的一种、区别于行政行为及准行政行为的一种行为。

1. 目前国内外学者对行政事实行为的研究状况及成果

1）国外学者对行政事实行为的研究状况及成果

法国被称为"行政法母国"，行政法的理论与实践都很发达，其行政法的概念、理论、原则等都是围绕着行政诉讼这个核心建立起来的，行政行为概念的产生、存在都是为了行政的需要，在对行政行为的识别上，历经三个发展阶段，最终将落脚点放在了以行为的作用为标准上，并据此将行政行为界定为"用以达到一定法律效果"的一种"法律行为"；将不是根据行政机关的意思将直接发生法律效果的行为称为行政机关的事实行为。行政机关的事实行为与法律行为是相对应的。根据王名扬先生对法国行政事实行为理论的介绍，行政事实行为有的不发生法律效果，有的虽然发生法律效果，但其效果的发生和行政机关的意思无关，而完全由于法律的规定，或由于外界事实的自然结果所产生。行政事实行为由于对法律行为的产生过程和实施过程具有重要关系，所以也受行政法的规定❶。

德国学者对事实行为的理解分歧很大。早在1895年至1896年间，由于奥托·麦耶（otto. mayer）对行政处分概念的细腻建构，在理论上间接地对事实行为概念的形成提供了有益的帮助。之后虽然有其他学者对高权事务和社会事务做出了区分，但人们仍然将沃尔特·耶律纳克（Walter Jellinek）作为事实行为概念的最先发现者。因此，事实行为的历史发展，最早可溯源于德国学者沃尔特·耶律纳克对高权行为与准高权行为所作出的见解，他首先将行政行为分为公行政与国库行政，公行政再区分为官方高权行政与单纯高权行政，这里的单纯高权行政就是指事实行为，如建设街道、排除交通事故等❷。但德国另外一位知名学者G、平特纳却认为，事实行为依其所依的相关联系而属于公法或私法关系，作为事实行为本身，它（因缺乏规范性质）不是行政行为，但却可以用于通知行政行为（通过警察指挥交通）或以实现行政活动的执行活动为其标的❸。毛雷尔（Maurer）则认为，事实行为（事实活动，纯行政活动）是指以某种事实结果，而不是法律后果为目的行政措施。这一特征不仅成为事实行为与行政行为的区别，而且也是事实行为与其他法律行为的区别所在。他认为，凡是划入行政法领域的事实行为都应称为"行政事实行为"❹。赛夫先生对行政事实行为也有自己的见解，他认为，行政实际行为即事实上之行为，是指那些旨在产生事实上的结果，而不是产生法律结果的行政机关所为的行为。行政机关的某个行政行为或行政机关的其他形式的法律行

❶ 王名扬. 法国行政法. 北京：中国政法大学出版社，1989.

❷ 翁岳生. 行政法（2000）（下）. 北京：中国法制出版社，2002.

❸ G. 平纳特. 德国普通行政法. 朱林，译. 北京：中国政法大学出版社，1999.

❹ 哈特穆特. 毛雷尔. 行政法学总论. 高家伟，译. 北京：法律出版社，2000.

为均属于行政实际行为。为使行政法与民法相区别,行政事实行为限于公法范围领域内的行政机关的行为,以及属于公法范围职能的行为,即行政法上所涉及的行政实际行为是行政机关与公民相关事务相联系的行为[1]。

日本学界认可行政事实行为的存在,但理解也有不一。有日本学者认为,事实行为并非行政机关的意思表示,而是直接实现行政目的之行为[2]。日本《行政程序法》就将行政机关在其职权或其管辖的事务范围内,为实现一定的行政目的,要求特定人为一定的作为或不为一定作为的指导、劝告、建议以及其他不属于处分的行为界定为不具法律效果之行政事实行为,即行政指导被看作是行政事实行为[3]。另外,也有学者提出,行政调查属于“事实上的行政活动”而非行政法律行为,因而行政调查应被视为行政事实行为[4]。

英美法系的行政法比较注重行政程序建设和司法审查。从表象上看,英美法系中不存在“行政事实行为”这一概念,甚至也没有严格的行政行为概念,它不像大陆法系那样注重构建一套完整的理论,但这并不意味着在英美行政法中就不存在大陆法系所称的“行政事实行为”这一概念所指向的行为。由于英美法更注重从实用主义立场关注对个体权利的救济和保护,而不是过分关注对学理范畴的理性建构,所以在英美行政法中对事实行为的认知和制度安排主要是从个体权利保护以及司法审查这两个实用角度而进行的[5]。在实践中,英美等国已运用法律形式规范了一些被看作是行政事实行为的行为,如调查、听证等,这已是不争的事实。

2)我国学者对行政事实行为的研究状况及成果

(1)台湾地区学者对行政事实行为的研究状况及成果。

台湾地区对行政事实行为的研究比较活跃,很多知名学者对此都著书立说,其中不乏大家之谈。其中林记东认为:“事实行为,谓全不发生法律效果,或虽发生法律效果,然其效果之发生,乃系于外界之事实状态,并非由行政权心理作用之行为”。翁岳生认为,行政事实行为是不能发生法律效果的行为。行政机关的行为是否为行政处分,皆视其发生法律效果与否而定,不问其为精神行为或事实行为[6]。陈新民认为,行政事实行为是仅产生事实效果的行为,它与行政法上的法律行为相对应,其作用并非为产生、变更或消灭行政法之权利与义务关系(法律效果)。法律效果是表示法律上之权利与义务,故一个行政措施不涉及人民的权利和义务,即不可为行政处分,如行政官署之扑杀野犬、拆除公有桥梁、公路等行为,应为事实行为,而非行政处分[7]。蔡志方认为,事实行为系指行政机关非以发生一定法律效果之意思,向外为意思表示之行为,而该行为在法律上亦发生一定之作用,但此种作用并非为该行为时所欲发生者。事实行为与法律行为的不同之处,在于它不一定直接引起法律效果,但这并不代表它绝对不受法律规范,而不会发生法律所规范的效果,也不代表它就全然没有救

[1] EP. M. P. 赛夫. 德国行政法 – 普通法的分析. 周伟,译. 台北:五南图书出版公司,1980.
[2] 翁岳生. 行政法(下册). 北京:中国法制出版社,2002.
[3] 杨海坤. 中国行政法基础理论. 北京:中国人事出版社,2000.
[4] 室井力. 日本现代行政法. 吴微,译. 北京:中国政法大学出版社,1995.
[5] 王锡锌,邓淑珠. 行政事实行为再认识. 行政法学研究,2001,(3):62.
[6] 翁岳生. 行政法(下册). 北京:中国法制出版社,2002.
[7] 陈新民. 行政法学总论(修订六版). 台北:三民书局,1997.

济途径，充其量只是救济的种类与途径不同而已❶。吴庚则认为，事实行为指行政主体直接发生事实上效果之行为，其与行政处分或基于意思表示之行为不同者，在于后者以对外发生法律效果为要素❷。黄异认为，事实行为是指行政主体所为之不会引起法效的行为，而仅能引起实际状况的改变❸。张娴安认为，事实行为系指一切不以达成法律效果，而以事实上结果为指向之行政措施❹。

另外，也有学者认为，"事实行为系指除意思表示外之任何行政行为，该行为不以发生特定之法律效果为最终目标，而仅附带直接产生一种事实上之后果❺。

还有学者认为："事实行为乃行政权主体单方面之事实作用，即可发生行政法律效果之行政行为，既非基于行政权主体之意思表示，亦非由于观念表明。"❻

还有的学者以另一种独到的视角审视了行政事实行为。如李震山在其《论行政作用中之物理行为》一文中就对事实行为采取了另外的分类方式。以非权力行为涵盖不生法律效果之行为，其中分为精神行为与物理行为，后者主要容纳产生事实上结果之行为。另以权力行为涵盖产生法律效果之行为，其中亦有精神行为与物理行为，后者则容纳难以产生事实上结果为取向却发生法律效果之行为。而在非权力行为与权力行为中皆有以实际行动方式，主要是以发生事实上之结果为目的，但并非即不发生法律效果之行为的物理行为❼。

从上述众多台湾学者对行政事实行为的主张来看，可谓是仁者见仁，智者见智，说法虽不统一，但却不乏睿言，很值得我们在研究中加以借鉴。

(2)大陆地区学者对行政事实行为的研究状况及成果。

大陆地区对行政事实行为的研究起步相对较晚，目前，在为数不多的涉猎行政事实行为研究的学者中，基本上形成了废弃派、保留派与折中派之争。

①主张废弃派。该派一般认为，行政法学上研究的行政机关的行为一定必须是受行政法调整的行为。行政机关在行政法意义上的法律行为只是与非法律行为概念相对应，而不能与事实行为相对应。行政事实行为内涵不确切，应予废弃。比如方世荣先生就认为，从法学基本理论上讲，行为只要受法律调整，它就能产生法律效果，它就应是法律行为，而不应是什么事实行为。行政机关的行为从法律意义上讲，要么是法律行为，要么是非法律行为，在法律行为与非法律行为之间划分出一种属于行政公务范围并受行政法调整，却又不是法律行为的事实行为，这是很不科学的❽。这种观点在主张废弃行政事实行为一派中最具代表性。

还有的学者认为，"事实行为"一词来源于民法中的"民事事实行为"，在通常情况下，人们对民法上的事实行为已有了明确的概念，并且深入人心。在行政法领域，照搬已有确切概

---

❶ 蔡志方. 行政法三十六讲. 台北：台湾省成功大学法律学研究所法学丛书编辑委员会，1997.

❷ 吴庚. 行政法之理论与实用，增订3版. 台北：三民书局，1996.

❸ 黄异. 行政法总论. 台北：三民书局，1996.

❹ 张娴安. 行政行为中之事实行为. 辅仁法学，1990，(9)：91.

❺ 林明锵. 论型式化之行政行为与未型式化之行政行为. 翁岳生教授祝寿论文集，台北：月旦出版社，1993.

❻ 李震山. 行政法导论. 台北：三民书局，1998.

❼ 李震山. 论行政作用中之物理行为. 中央警察大学法学论集，1997，(2)：23.

❽ 方世荣. 论具体行政行为. 武汉：武汉大学出版社，1996.

念的事实行为,似有不妥。

②主张保留派。从涉及行政事实行为研究的文章来看,大多学者对行政事实行为是持肯定态度的,并主张使用"行政事实行为"这一词组来表达概念,但对行政事实行为这一概念的具体内容却众说不一。令人感到高兴的是,从 20 世纪 90 年代,特别是中后期起,法学界出现了一批对行政事实行为研究具有浓厚兴趣的学者,他们大多借鉴法国、日本和我国台湾地区对行政事实行为研究的成果,从各自的视角,提出了不少新的观点。

王名扬首次在《法国行政法》中向中国读者介绍了法国行政事实行为理论。谭崇德、皮协纯则在《新中国行政法学研究综述(1949—1990)》一书中,较早地将行政行为区分为行政上的事实行为和行政上的法律行为。姜明安则首次在其主编的法学专业核心教材《行政法与行政诉讼法》中,以专节的形式在"行政主体实施的其他行为"一章中介绍了行政事实行为的基本内容,并对行政事实行为的概念做了以下界定:"行政事实行为是指行政主体以不产生法律约束力,而以影响或改变事实状态为目的实施的行为。"他把行政事实行为的主要法律特征描述为行政性、可致权益受损性和多样性,并认为行政事实行为是行政主体基于职权实施的不具法律约束力的行为。

从公开发表的有关讨论行政事实行为的专题文章来看,目前能够检索到的较为著名的有如下几种观点:薛刚凌认为:"事实行为是指行政机关在管理中做出的与相对人实体权利义务无关或只涉及相对人程序权利义务的行为。"❶金志华以为:"行政事实行为是指国家行政机关做出的非以设定、变更或消灭相对人的权利义务为内容的行为"❷。阎尔宝认为:"行政事实行为是指行政机关在从事行政管理、履行服务职能过程中依法做出并且产生相应法律效果的客观物质活动"❸。李杰认为:"事实行为是行政机关工作人员在职务活动中的个人侵权行为。❹"杨立宪认为:"行政事实行为是行政主体在行政管理和服务过程中基于行政职权而产生的不以追求特定行政法律关系的产生、变更或消灭为目的的行为。"❺孔繁华认为:行政事实行为仅表现为一种客观状态,不以特定行政法律效果的发生为目的,即使发生了一定行政法律效果,这种效果与行为人主观上所追求的效果也是相反的❻。

由此可见,保留派对行政事实行为的承认并非建立在统一的立场上。

③折中派。该派通过对大陆法系和英美法系关于行政事实行为认知的比较研究,认为行政事实行为本身是一个内涵极不确定,外延又具开放性特征的概念,学者们拘泥于对其概念的抽象界定并无十分重大的理论价值,试图对行政事实行为概念做出一劳永逸的界定,既不可能也无必要。既不必将行政事实行为与法律行为对立起来进行研究,也无需先在理论上将一些行为"定性"为事实行为然后再纳入救济体系。正确的方法是,可以通过立法或者法律解释,直接将所谓的事实行为纳入行政法监控体系。在考虑将事实行为纳入行政行为

---

❶ 薛刚凌. 论行政行为与事实行为. 政法论坛,1993,(4):65.

❷ 金志华. 行政事实行为论. 行政法学研究,1996,(3):18.

❸ 阎尔宝. 论行政事实行为. 行政法学研究,1998,(2):87.

❹ 李杰. 论行政事实行为的定位及其识别. 行政法学研究,1998,(3):36.

❺ 杨立宪. 论行政事实行为的界定. 行政法学研究,2001,(1):21.

❻ 孔繁华. 准行政行为. 宪法学与行政法学. 北京:中国人民大学出版社,2000.

体系中时,我们的出发点和归宿都应放在对相对方的权利救济途径上[1]。总之,不要在理论上做肯定或否定的争论,只要能对实践中的“行政事实行为”提供可行的救济途径即可。

2.对上述中外学者观点的归纳、总结

通过对比分析,可对上述一系列有关行政事实行为的认定与识别大致归纳为以下几种:

(1)认为行政事实行为是行政主体从事的客观物质活动,它不以行政主体的任何精神作用为其构成要素,而是因法律的规定,有的具有法律效果,有的则不具有。

(2)认为行政事实行为是指行政主体非以发生法律效果之意思,向外为意思表示之行为。该行为发生一定法律作用,但并非为该行为时所欲发生者。

(3)认为行政事实行为是不产生或不直接产生行政法律效果的行为。

(4)认为行政事实行为是公务员或公共机构人员的行为或公务员个人在执行职务过程中做出的侵权行为。也就是说,行政事实行为是一种有关个人的违法行为。

(5)认为行政事实行为不直接发生法律效力但又与法律行为相联系,如做出决定前的材料准备;有些虽然产生法律后果,但却与行政主体的意思表示无关,如警车撞伤路人;有些完全没有法律意义,属于指导性、参政性行为,如天气预报等。

(6)认为行政事实行为是现代社会“非高权公行政”的表现方式,与传统的权力行政相比,二者之间存在重大区别,它无强制力,表现为温和色彩的建议、劝导、鼓励等特征。

(7)认为行政事实行为的内容与相对人实体权利义务无关或只涉及相对人程序权利义务。

基于上述认识,就行政事实行为的性质而言,学界也理解不一。有的认为行政事实行为是行政行为,有的则认为不是;有的认为是具体行政行为;有的则理解为是行政侵权行为。可谓见地相殊,难入一辙。

3.海事行政事实行为的概念及特征

综上所述,对海事行政事实行为应从以下几方面进行理解:第一,行政事实行为是受行政法调整的一种行为。从本质上说,行政行为的发生所引起的社会关系是一种因行政权的行使而发生的纵向的社会关系,行政法所调整的就是这种因行政权的行使所发生的纵向社会关系。第二,海事行政事实行为的主体应是海事行政主体,其他主体均可认为不合格。第三,海事行政事实行为必须是海事行政主体在执行职务、行使权力的过程中做出的,海事行政事实行为与行使海事行政职权要有牵连,因其在诞生之初就具备了一定的行政属性,所以引发的关系应属海事行政法律关系而非民事法律关系或其他法律关系。第四,海事行政事实行为是一种不以直接产生海事行政法律效果为目的的行为。第五,海事行政事实行为在现实中的表现各种各样,它直接作用于外界,能导致客观状态的改变。第六,海事行政事实行为虽然不直接产生行政法律效果,但在产生一定事实效果的同时,有时却会引起一定的法律后果。

基于上述理解,海事事实行政行为可定义为:海事行政主体在行使职权的过程中做出的,不直接产生海事行政法律效果,但却产生事实效果或间接法律效果的行为。海事行政事实行为具有以下几个方面的特征:

---

[1] 王锡锌,邓淑珠.行政事实行为再认识.行政法学研究,2001,(3):64.

(1)海事行政事实行为与行使职权密切相关。海事行政事实行为以行政职权为核心要素,同一事实行为因其是否具有行政职权特征而具有不同的法律性质,承担责任的形式也有所不同。例如,监督站人员驾船出海,既可能是海事行政事实行为,也可能是民事行为。如果驾船出海行为本身具有明显的执行职务行为,则属海事行政事实行为;如果不是执行职务行为,则可能属于民事事实行为。

(2)海事行政事实行的存在形式具有多样性。由于海事行政管理活动所涉及的范围相对较为广泛,对大量海事行政事实行为的发生时间、存在范围、行为方式不可能在海事法律内都作出明确的规定,其外在表现呈现多样性。海事行政事实行为绝大多数是海事行政主体依据行政法的一般原则及海事行政法的特殊原则,针对具体情况,基于行政职权而实施的行为,故海事行政事实行为的基本行为模式难以确定,只要有助于实现行政行为的目的,行政法可以容许行政主体采取各种各样的海事行政事实行为。

(3)作出海事行政事实行为的程序,具有非预先制定性。海事行政事实行为一般情况下不具有严格的程序性,一般无需立法预先设定,海事行政主体可根据海事行政管理的需要适时作出,不必如海事行政法律行为那样,要依照海事法律的明确规定而作出。与海事行政法律行为相比,海事行政事实行为具有一定的随意性和灵活性。

(4)间接影响海事行政管理相对人的权利。海事行政事实行为不具有直接设定海事行政管理相对人权利义务的内在功能,不直接实现法律关系模式,其功能往往以满足公益需要,增进社会福利为目的,大多属积极行政、服务行政的范畴,它对海事行政管理相对人权益产生的影响是间接的,直接来源于法律的特别规定。

(5)海事行政事实行为多数情况下具有非法律强制性。海事行政事实行为一般没有法律拘束力,由于行为本身没有给海事行政管理相对方直接设定权利义务,因此一般也不具有行政法上的强制力,具有一定的弹性。但这不是绝对的,不能简单地认为不具有海事法律强制性的行为就是海事行政事实行为,也不能简单地认为海事行政事实行为都没有法律强制性。不具法律强制性只是从一般意义上而言的,有些情况下,行政事实行为也具有法律上的强制性,如即时海事行政强制行为就是如此。

三、海事行政事实行为的合法性及法律救济

1.合法性

现代法治国家要求任何行政活动都必须服膺于依法行政的理念,海事行政事实行为作为行政活动的一种,当然也不能免除这种义务。“无法律就无行政”,海事行政事实行为应该符合相应的合法性要求。具体说来主要包括以下三个方面:

首先,一方面海事行政主体必须在其法定职权范围内实施海事行政事实行为,越权行为应无效;另一方面,属于海事行政主体职责的事项,海事行政主体必须做出相应海事行政事实行为,不能拖延履行公共职责。

其次,海事行政事实行为的内容应该符合法律。这里的“符合法律”不仅仅指符合法律法规等法律条文,还包括符合法律的原则和精神。

再次,海事行政事实行为的作出要符合合理性原则。海事行政主体如果小题大做或者基于疏忽、错误判断所作的海事行政事实行为应属于不法行为。

从以上几点也可以看出,对海事行政事实行为的行政行为的合法性要求,与行政行为原则上并没有太大区别,但是事实上海事行政事实行为的合法性要件比较宽松,特别是大多情况享有所谓的法外空间,而且一般不受《行政程序法》的制约。

2. 法律救济

我国对违法的行政事实行为主要规定了两种责任:一是刑事责任。行政事实行为若造成公民人身、财产重大损害,负主要责任的行政人员构成犯罪的,应当承担相应的刑事责任。二是赔偿责任。我国《国家赔偿法》第二条规定:国家机关和国家机关工作人员违法行使职权侵犯公民、法人和其他组织的合法权益,造成损害的,受害人有依照本法取得国家赔偿的权利。虽然《国家赔偿法》未明确指出对违法“行政事实行为”的赔偿,但在其列举的应当赔偿的情形中包括刑讯逼供、违法使用警械等行政事实行为。加上法条中的最后条款,因此,《国家赔偿法》其实并不排除对其他行政事实行为的国家赔偿。

但是,我国的《行政诉讼法》和《国家赔偿法》除了规定了以上两种违法责任外,对违法行政事实行为存续的情况却无能为力。因为按照现行的法律,行政事实行为非法律行为,不能对其提起行政复议或行政诉讼,而它又不是行政主体的私法行为,也不能对它提起民事诉讼。笔者建议,为了体现修宪精神,更加全面地保护人权,我们在将来《行政诉讼法》修订中,应借鉴德国的经验,赋予行政事实行为的相对人以排除请求权和作为请求权。所谓排除请求权,是指如果行政主体实施的行政事实行为对相对人权益仍存在着持续的侵害状态,那么受损害的相对人可以提起行政复议或行政诉讼,要求行政主体停止该违法行政事实行为,消除侵害。而作为请求权是指,如果行政主体应该实施而未实施某种行政事实行为,且该行政事实行为对于相对人的权益实现来说又意义重大,那么相对人可以提起行政复议或行政诉讼,要求行政主体履行法定职责,实施该行政事实行为。

第四节　海事行政自由裁量权及其控制

所谓海事自由裁量权是指海事行政管理活动中,作为海事行政执法主体的海事行政机构所拥有的可以根据具体情况和自己的意志,自行判断、自行选择采取最为合适的行为方式及其内容的权力。它是行政权力的一项重要内容,也是海事行政机构在海事执法中最广泛、最经常运用的一种权力。正是由于海事自由裁量权的广泛存在的,在实践中常常可能会被滥用,而损害海事行政相对人的权益,所以它也是海事行政机构与海事行政相对人之间产生行政争议的一个重要根源。因此,正确认识并运用海事行政自由裁量权,同时加强对海事行政自由裁量权必要的控制,是当前海事行政执法的一个重要问题。

一、海事行政滥用职权的概念

海事行政滥用职权是指海事行政执法主体及其工作人员在职务权限范围内,违反海事行政合法性原则的自由裁量行为。其特点表现为:第一,滥用职权是一种违反行为;第二,滥用职权只发生在自由裁量权限范围内;第三,滥用职权是违反行政合理性原则的自由裁量行为。轻微的不合理、一般的不当不发生对海事行政合理性原则的违反,这种行为属行政不当,不构成滥用职权;第四,滥用职权是发生在自由裁量权范围内违反行政合理性原则的行为的总概念。

二、海事行政滥用职权的几种情况

根据海事行政执法过程中存在的自由裁量行为，可以把滥用职权的具体内容概括为以下五种情形。

（1）背离法定目的。它指海事行政执法主体的行政行为从客观上不符合法律、法规授权的目的。具体包括：①因完全出于私人利益（如恶意报复、歧视等）或所属小集团的利益而行为目的与法定目的不一致。②因海事行政行为人考虑了不相关的因素或不考虑相关因素而导致行为目的与法定目的不一致。③海事行政行为人行使权力的目的虽符合公共利益，但不符合法律授予这项权力的特别目的。这是一种以法定目的为判断标准的滥用职权类别，与那些只有出于不良动机和目的的自由裁量行为才属于滥用职权的论点不同，它不仅包括海事行政行为人恶意行使自由裁量权的违法，也包括主观企图并无不轨，但因疏忽、过于自信、甚至出于善良动机而导致行为目的与法定目的不一致的违法行政行为。

（2）对不确定的海事法律概念的解释严重不当。对不确定的海事法律概念的解释必须符合所属法律文件的精神和价值目的，符合社会公认的基本原则，因此：①对不确定的海事法律概念作任意扩大或缩小的解释；②对不确定的海事法律概念解释的前后不一致；③对不确定的海事法律概念的解释违背已有的海事法律、法规、行政解释和司法解释。这些概念解释的情形，不再属于滥用职权，而是一种越权行为。

（3）海事行政不作为。这种滥用职权行为有四个构成要件：①海事行政主体对是否行使权力享有自由裁量权；②在某种法定情况达到一定程度，海事行政主体应该行使权力；③海事行政主体拒绝行使该权力或因疏忽、误解等原因没有行使该权力。不可能行使自由裁量权情况下的不作为不构成滥用职权；④拒绝或怠于行使自由裁量权明显缺乏合理性。

（4）不正当的程序。程序分为法定和意定两种，海事行政主体违反法定程序的行政行为属“违反法定程序”的违法种类。只有在程序领域享有自由裁量权的情况下，才会发生不当的程序违法。通常，①严重失当的步骤包括必要步骤的省略、必经步骤的颠倒、恣意增加步骤等；②非常不得体的方式；③毫无理由的故意拖延或因疏忽等造成实际拖延达到了严重不合理的程度；④选择一种司法程序代替行政程序。

（5）行为结果的显失公正。未超越法定权限范围的自由裁量行为从结果上看明显不合理、不公正的违法称为显失公正。

三、海事自由裁量权与行政合理性原则

海事行政自由裁量权存在的合理性与其被滥用的可能性构成了一对矛盾。要解决这对矛盾，就必须承认海事行政自由裁量权并不是任意裁量权，它的存在并不意味着海事行政机构可以任意所为。为此，它必须受到一定的约束。在强调海事行政自由裁量权要受到一定程度约束的时候，并不是否定其“自由”的存在，而是必须将其控制在适度的范围之内。简而言之，海事行政自由裁量权的行使必须符合行政合理性原则。

为此，运用行政合理性原则对海事行政自由裁量权进行约束时，必须具体考虑下列

内容：

(1)运用海事行政自由裁量权作出行政行为必须符合法律的目的。法律是社会需要的反映，海事法律的制定着眼于海事法律秩序调整的特殊需要。例如，我国《海上交通安全法》第一条规定："为加强海上交通管理，保障船舶、设施和人命财产的安全，维护国家权益，特制定本法。"因此，海事机构根据该法的规定，运用自由裁量权对有关行政相对人的权利进行处理，或给行政相对人设定义务时，就应从该法的特定目的出发。如果违反这一特定目的对海事行政相对人进行的任何处理，都构成了违反行政合理性原则。

(2)运用海事行政自由裁量权作出行政行为，必须具备正当的动机。海事行政自由裁量行为应出于正当、合理的动机，而不是出于不正当的动机。如果出于发泄私愤而故意从重对海事行政相对人进行处罚，或出于个人亲朋关系而故意从轻或减轻进行处罚，虽然自由裁量行为在海事法律规定的范围之内，也不是合理的自由裁量行为。

(3)运用海事行政自由裁量权作出行政行为，必须建立在正当考虑的基础上，并符合情理。所谓正当考虑是指海事行政主体在作出行政行为时，对于相关因素应当考虑，对于不相关因素应当排除。对于法律所要求的因素必须加以考虑，如对海事行政相对人违反水上交通安全秩序的某一种行为，海事行政机构根据水上安全监督行政处罚规定进行处罚时，必须对可以从重、从轻或免于处罚的条件或情节给予考虑，而对于其他不相关的因素则不应该给予考虑。此外，运用海事行政自由裁量权作出行政行为时，还必须符合情理。当然情理是指事物的客观规律以及大多数人普遍认为的公平合理的标准。

四、对海事行政自由裁量权的依法控制

对海事行政自由裁量权的有效控制，直接涉及保护海事行政管理相对人的合法权益，涉及海事行政机构的执法形象。为了实现对海事行政自由裁量权的有效控制，应该从以下几方面入手：

(1)立法。随着我国海事法律体系的不断完善，将行政合理性原则贯穿于各种海事行政法律规范的制定中，逐步地明确海事行政自由裁量权的行使范围和幅度，改变有关海事自由裁量规范过于宽泛、自由度过大的局面。当然，海事行政自由裁量权需要一定的灵活空间，法律、法规如果规定的过细，那么必然会使自由裁量权不复存在，而都成为羁束裁量权，那将不适应海事行政管理的特殊要求。但是海事自由裁量权的幅度过宽，裁量行为的方式和种类不明确，势必会导致任意裁量行为的发生。

(2)执法及其程序。在海事行政执法中，首先对执法人员进行培训，在提高其执法素质的前提下，严格执行海事法律的各种规定。在行使海事自由裁量权的过程中，逐步完善行使的程序，严格执行相关的程序。

(3)上级海事机构制定相应的实施细则。海事法律、法规的规定常常相对较为原则，这就要求为了及时地、更好地实现法律、法规的目的和意图，交通运输部或交通运输部海事局应及时制定相关法律或法规的实施细则，避免了实施的任意性，使原则性的规定具有可操作性。

(4)建立必要的处罚案例制度。对于违反海事法律、法规及规章的违法行为，区别不同情节，建立海事行政处罚的案例制度，使海事行政处罚有了一定的参考，这在一定程度上避

免了海事行政主体及其工作人员行政处罚的随意性,尽而对海事行政处罚的自由裁量权做到有效地控制。

(5)强化法律救济。海事行政诉讼是外部行为,这里所指的强化法律救济,主要是指海事行政主体要认识组织履行《行政复议法》的相关规定,及时履行复议,从而达到对海事行政自由裁量行为的控制。

第五章　海事行政立法

第一节　海事行政立法概述

一、海事行政立法的概念与性质

作为国家行政权行使法定方式之一的海事行政立法，是指海事行政主体根据法定权限并按法定程序制定和发布海事行政法规和规章的活动。

海事行政立法包括海事行政法规和规章，海事行政机关制定的规章以下规范性文件不属于行政立法范畴，但是规章以下行政规范性文件是抽象行政行为。

从海事行政立法的概念可以看出，首先海事行政立法仅指行政机关制定海事行政法规和规章，而不包括全国人大和全国人大常委会制定的海事行政法律，地方人大和地方人大常委会制定的海事地方性法规。其次，海事行政立法的主体只限于特定国家行政机关，即海事行政立法的主体为国务院（制定海事行政法规），国务院相关部委和国务院直属机构（制定海事部门规章），省、自治区、直辖市人民政府，省、自治区人民政府所在地的市人民政府，经济特区市人民政府以及经国务院批准的较大市人民政府（制定海事地方政府规章）。只有上述行政主体所进行的海事立法活动才是海事行政立法。国家权力机关所进行的海事立法活动，即使是制定行政法规范的活动，也不是本书所指的海事行政立法。其次，海事行政立法是一种准立法活动。海事行政立法的最终结果，表现为适用于不特定海事行政管理相对人的普遍性规则，即作为法的渊源的海事行政法规和规章。海事行政主体非制定海事行政法规和规章的活动，如制定海事规范性文件的活动，则不是海事行政立法。尽管从立法学上说，行政主体所进行的海事法律解释和海事法律、海事地方性法规和海事规章的起草也是一种立法活动，但本书所称的海事行政立法并不包括此类活动。第三，海事行政立法遵循准立法程序，这种程序即具有行政程序的特征，又具有行政立法程序的特征。如不采取严格的会议表决和少数服从多数的程序，但一般要通过政府会议审议，制定过程中要采取座谈会、听证会、认证会听取公众意见等民主程序。

我国海事行政立法的这些特征，决定了其性质的二元性：既属于（主要或本质上属于）行政行为——抽象行政行为，又属于立法——准立法或从属性立法。

二、海事行政立法的分类

1. 职权立法和授权立法

根据海事行政立法权的取得方式，海事行政立法可以分为职权立法和授权立法。

职权立法是事行政主体根据《宪法》和《组织法》所赋予的行政立法权进行的行政立法

活动。根据《宪法》和《组织法》的规定,国务院,国务院各部委,省、自治区、直辖市人民政府,省、自治区人民政府所在地的市人民政府和经国务院批准的较大的市人民政府,可以进行职权立法。

授权立法是指行政主体根据单行法律或授权决议所授予的立法权而进行的立法。授权立法的根据有两类,即《宪法》和《组织法》以外的单行法律、法规和最高国家权力机关专门的授权决议。被授权的行政主体既可以是职权立法的主体,也可以是本来不具有行政立法权的行政主体(主要为国务院的某些直属机构或地方人民政府)。行政主体通过授权立法所制定的行政法规可以个性法律的个别规定,或者对法律的有关规定作出补充;行政主体通过授权立法制定的规章,可以修改行政法规的个别规定,或者对行政法规的有关规定作出补充。

2. 执行性立法和创制性立法

根据海事行政立法的功能,海事行政立法可以分为执行性立法和创制性立法。

执行性立法,是指行政主体为了执行或实现特定法律、法规的规定而进行的立法。执行性立法可以依职权也可以依授权而进行,但不得任意增加或减少所要执行的法律、法规的内容。通过执行性立法所制定的行政法规和规章,一般称为"实施条例"、"实施细则"或"实施办法",在所执行的法律、法规不再存在时也不能独立存在。

创制性立法,是指行政主体为了填补法律和法规的空白,或者变通法律和法规的个别规定以实现行政职能而进行的立法。其中,为了填补法律和法规的空白而进行的创制性立法,即在还没有相应法律、法规规定的前提下,行政主体运用《宪法》和《组织法》所赋予的立法权所进行的立法,称为自主性立法。为了补充海事法律、法规的规定而进行的创制性立法,称为补充性立法。补充性立法应以法律、法规的特别授权为根据,所制定的行政法规和规章并不因授权法律、法规的失效而当然失效,只要不与新的法律、法规相抵触,其法律效力就可继续保持。

3. 中央行政立法和地方行政立法

根据行政立法的主体,行政立法可以分为中央行政立法和地方行政立法。

中央行政立法,是指中央行政主体依法制定和发布行政法规和规章的活动。国务院和国务院各部委所进行的行政立法,以及国务院某些直属机构所进行的授权立法,都是中央行政立法。中央行政立法所制定的行政法规和规章,在全国范围内具有法律效力。

地方行政立法,是指地方行政主体依法制定和发布规章的活动。省、自治区、直辖市人民政府,省、自治区人民政府所在地的市人民政府和经国务院批准的较大的市人民政府,以及全国人大常委会授权的经济特区市人民政府所进行的行政立法,都是地方行政立法。地方行政立法所制定的行政规章,只能在本行政区域内发生法律效力。

4. 法规性立法和规章性立法

根据行政立法的最终结果,行政立法可以分为法规性立法和规章性立法。

法规性立法是指国务院依法制定和发布行政法规的活动。法规性立法的内容包括全国性的政治、经济、教育、科技、文化和外事等各个方面。法规性立法的目的是为了执行法律,实现国务院对全国各项行政工作的领导。法规性立法的方式目前有两种:一是由国务院直接组织起草、制定和发布;二是由国务院主管部门组织起草、制定,由国务院批准,再由制定部门发布。通过法规性立法所制定的行政法规，有条例、规定和办法三种名称。“条例”是对某一方面行政工作作比较全面、系统规定的行政法规名称。“规定”是对某一方面行政工作作部分规定的行政法规名称。“办法”是对某一项行政工作作比较具体规定的行政法规名称。

规章性立法，是指法定的国务院主管部门和地方政府依法制定和发布行政规章的活动。规章性立法所制定的行政规章，可以以规定、办法、实施细则和规则等名称，但不得采用条例为名称。法定和国务院主管部门所制定的规章，称为部门规章或部委规章；法定的地方人民政府所制定的规章，称为地方人民政府规章，也可简称为地方规章。

第二节　海事行政立法权限划分

行政立法权限的划分是指就国家的行政事务，行政机关之间制定行政规范性文件的权限分工。这部分内容在我国《宪法》中做了规定。具体权限划分如下：

一、国务院行政立法的权限

国务院有权制定行政法规。行政法规是指国务院为管理和领导国家各项行政工作，根据《宪法》和法律，并且按照法定的程序制定的政治、经济、教育、科技、文化、外事等各项法规的总称。行政法规的名称为条例、规定和办法。国务院制定行政法规的权限具有如下特点：

(1)行政法规调整事项的范围非常广泛，涉及社会管理活动的各个方面。根据《宪法》的规定以及《行政法规制定程序条例》的规定，行政法规针对的事项包括政治、经济、教育、文化、科技、外事、公安、民政、财政、城建、土地等方面，对整个国家的行政事务都有制定行政法规的权力。

(2)行政法规针对全国性的行政事务作出规定。国务院是国家最高行政机关，是国家权力机关的执行机关，所以国务院的行政法规效力遍及全国。

(3)行政法规效力的特殊性。行政法规要依据《宪法》和法律，效力低于《宪法》和法律，但是行政法规的效力高于地方性法规和行政规章。地方性法规是省、自治区、直辖市人民代表大会及其常务委员会制定的规范性文件。作为地方的最高国家权力机关，地方法规反映了本地方人民的意志，但是我国是一个统一的中央集权制的国家，地方性法规不能与行政法规相抵触。

二、国务院各部、各委员会制定规章的权限

国务院各部门根据法律和国务院的行政法规、决定、命令在本部门的权限内按照规定程序所制定的规定、办法、实施细则、规则等规范性文件，统称为部门规章。部门规章的制定，一方面要根据法律和行政法规，不得超出法律、行政法规的范畴；另一方面，部门规章一般具有极强的部门特征，是针对本部门管辖范围内的事项作出规定，超出这一权限，即为违法。

三、地方各级人民政府的立法权限

地方县级以上人民政府都有制定规范性文件的权力。其中，省、自治区、直辖市人民政

府、国务院批准的较大的市的人民政府、省自治区人民政府所在地的市人民政府有权制定地方规章,这些规章属于行政立法的范畴,其他地方人民政府制定的规范性文件不属于规章。规章的制定,应当符合法律和行政法规,并且只能在本行政区域内发生效力。经济特区的市人民政府,经过授权后,可以制定规章。例如深圳市政府被授权可以制定经济特区规章等。

四、特别行政区政府的行政立法权限

我国在"一国两制"的基本国策下,力求实现国家的统一和主权的完整,在香港和澳门分别设立香港特别行政区和澳门特别行政区。特别行政区享有高度自治区权,其中包括高度的制定规范性文件的权力。制定规范性文件的权力由特别行政区行政长官和特别行政区政府共同行使,包括以下内容:

(1)制定行政政策,发布行政命令;

(2)制定行政法规并颁布执行。

特别行政区的行政规范性文件不得与特别行政区基本法相抵触,其效力不受中国内地法律、法规的约束。

第三节　海事行政立法的原则和程序

一、海事行政立法的原则

1. 民主立法原则

民主不仅应体现在具体行政行为的实施中,而且应体现在行政立法上。民主立法体现在行政立法程序上,就是行政立法的开放性和行政相对人对行政立法的参与,确认行政相对人对法案的提议权和讨论权,并建立对所提意见、建议和要求是否采纳的答复制度。民主立法体现在法规和规章的内容上,就是要求尊重人权,真正反映和体现行政相对人的利益、愿望和要求。民主立法体现在事后程序上,就是对行政立法的民主监督。

2. 法制统一原则

法制的统一是全体国民行动得到协调和效益得到充分发挥,政局和社会得以稳定的前提,也是经济上建立统一的大市场的必然要求。在立法主体多元化的格局下,法制统一原则显得尤为必要。行政立法必须与权力机关和上级行政机关的立法保持一致,不相隶属的行政立法之间应当协调一致,一个行政主体所制定的多个行政法规范之间,一个行政法规和规章内部条款之间也应保持一致。这就要求行政立法既要完善有关制度,又要增强技术性。当前,在行政立法中应坚决反对破坏法制统一原则的部门垄断主义和地方保护主义。

3. 操作性原则

行政立法的主要目的是执行法律和法规和规定。也就是说,行政立法主要是就保证法律和法规在本地方或本部门的执行作出具体化的规定,从而起到补充法律和法规的空白和漏洞,及解释法律和法规的原则规定和立法意图,并使法律和法规切合本地方或本部门实际情况的作用。即使是创制性行政立法,所发挥的作用也基本如此。因此,行政立法与权力机

关立法相比具有更贴近现实的特点，应坚持可操作性原则，做到所制定的行政法规和规章应规则明确，内容完整，要求具体，适应性大，针对性强，即做到切实可行。

二、海事行政立法技术

行政法规的名称一般称“条例”也可以称“规定”、“办法”等。国务院根据全国人民代表大会及其常务委员会的授权决定制定的行政法规，称“暂行条例”或者“暂行规定”。国务院各部门和地方人民政府制定的规章不得称“条例”。

规章的名称一般称“规定”、“办法”，但不得称“条例”。

行政法规应当备而不繁，逻辑严密，条文明确、具体，用语准确、简洁，具有可操作性。行政法规根据内容需要，可以分章、节、条、款、项、目。章、节、条的序号用中文数字依次表述，款不编序号，项的序号用中文数字加括号依次表述，目的序号用阿拉伯数字依次表述。

规章用语应当准确、简洁，条文内容应当明确、具体，具有可操作性。法律、法规已经明确规定的内容，规章原则上不作重复规定。除内容复杂的外，规章一般不分章、节。

三、海事行政立法的程序

我国《立法法》、《行政法规制定程序条例》、《规章制定程序条例》对行政立法的程序作了明确的规定，海事行政立法作为行政立法的一部分，遵循行政立法的程序，制定海事行政法规。

1. 海事法规、规章的立项和起草

海事行政法规的提案可以由国务院法制机构提出，也可以由国务院有关部门提出。国务院于每年年初编制本年度的立法工作计划。国务院有关部门认为需要制定行政法规的，应当于每年年初编制国务院年度立法工作计划前，向国务院报请立项。国务院法制机构拟定国务院年度立法工作计划，报国务院审批。

国务院部门内设机构或者其他机构认为需要制定部门规章的，应当向该部门报请立项。省、自治区、直辖市和较大的市的人民政府所属工作部门或者下级人民政府认为需要制定地方政府规章的，应当向该省、自治区、直辖市或者较大的市的人民政府报请立项。国务院部门法制机构，省、自治区、直辖市和较大的市的人民政府法制机构，拟定本部门、本级人民政府年度规章制定工作计划报本部门、本级人民政府批准后执行。

行政法规由国务院组织起草。国务院年度立法工作计划确定行政法规由国务院的一个部门或者几个部门具体负责起草工作，也可以确定由国务院法制机构起草或者组织起草。部门规章由国务院部门组织起草，地方政府规章由省、自治区、直辖市和较大的市的人民政府组织起草。国务院部门可以确定规章由其一个或者几个内设机构或者其他机构具体负责起草工作，也可以确定由其法制机构起草或者组织起草。省、自治区、直辖市和较大的市的人民政府可以确定规章由其一个部门或者几个部门具体负责起草工作，也可以确定由其法制机构起草或者组织起草。起草规章可以邀请有关专家、组织参加，也可以委托有关专家、组织起草。

2. 海事法规、规章的审查

行政法规和规章的草案起草完毕后，一般要交行政立法主体的法制进行审查。其中，行政法规草案的审查由国务院法制机构进行，规章草案的审查由相应行政立法主体的法制机构进行。审查的主要内容包括：该项行政立法的必要性和可行性；该项草案在内容上的合法性和该项立法在权限上的合法性；该草案的必要条款是否完备以及在内容、结构和文字上是否具有科学性；所需的实施细则草案是否已经拟定以及是否与本草案相一致。法制部门对行政法规、规章草案进行审查后，应提出审查报告，与行政法规、规章草案一并提交行政立法主体审议。

3. 海事法规、规章的决定和发布

经审查的行政法规、规章草案应由行政立法主体的正式会议审议通过。其中，行政法规草案应经国务院常务会议审议，或者由国务院审批；部门规章应当经部务会议或者委员会会议决定；地方政府规章应当经政府常务会议或者全体会议决定。

经审议决定通过的行政法规、规章，应由行政立法主体的行政首长签署命令发布，并刊载于相应的媒体。该发布令一般应包括：制定和发布机关、序号、名称、通过日期、生效日期和签署人姓名等内容。其中，行政法规一般由国务院总理签署命令发布，在国务院公报和全国范围内发行的报纸上刊登。规章由部门首长、地方行政首长签署，部门联合规章由联合制定的部门首长共同署名公布，使用主办机关的命令序号。部门规章在部门公报或者国务院公报和全国范围内发行的有关报纸上刊登，地方政府规章签署公布后，在本级人民政府公报和本行政区域范围内发生的报纸上刊登。

行政法规和规章应当自公布之日起 30 日后施行，但是涉及国家安全安全、外汇汇率、货币政策的制定以及公布后不立即施行将有碍行政法规施行的，可以自公布之日起施行。

4. 海事法规、规章的解释和备案

行政法规条文本身需要进一步明确界限或者作出补充规定的，由国务院解释。行政法规的解释与行政法规具有同等效力。规章有下列情况之一的，由规章制定机关解释，(1)规章的规定需要进一步明确具体含义的；(2)规章制定后出现新的情况，需要明确适用规章依据的。规章的解释与规章具有同等效力。

行政法规在公布后的 30 日内由国务院办公厅报全国人民代表大会常务委员会备案。规章应当自公布之日起 30 日内，由法制机构依照《立法法》和《法规规章备案条例》的规定向有关机关备案。

5. 海事法规、规章的修改和废止

行政法规、规章的修改，是指行政立法主体依法对现行行政法规、规章的某些规定加以改变、删除或者补充的行政立法活动。行政法规、规章的修改与制定一样，必须由行政立法主体按行政立法权限进行。并且，除非获得许可、授权，这种修改不得同被修改的行政法规、规章的基本原则相抵触。否则，就不是修改而是重新立法。

行政法规、规章的废止包括直接废止和间接废止。直接废止是指明文规定或宣告废止行政法规、规章的全部或部分内容。间接废止是指按新法优于旧法，和效力等级较高的法优于效力等级较低的法等法律原则，废止行政法规、规章的全部或部分内容。

行政法规、规章的修改和废止，也是一种行政立法活动，原则上也应按照行政法规、规章的制定程序进行。

第四节　海事行政法规、规章以外的行政规范性文件

一、海事行政规范性文件的含义、性质、种类

海事行政规范性文件，是指国家海事行政机关为执行法律、法规和规章，对社会实施管理，依法定权限和法定程序发布的规范公民、法人和其他组织行为的具有普遍约束力的政令。

首先，海事行政规范性文件是一种特殊政令，而不是行政立法。行政立法权，即制定行政法规、规章的权限，是《宪法》和《组织法》专门授权较高层次的行政机关（如国务院、省级人民政府等）行使的，而海事行政规范性文件的发布权，由《宪法》和《组织法》几乎授予所有的行政机关行使。

其次，海事行政规范性文件不是一般政令，而是一种具有普遍约束力的政令。行政机关发布的决定、命令，有一些是针对特定人和特定事项的，有些则是针对不特定的人和事项的。只有后者才是海事行政规范性文件，它的特点是具有"普遍约束力"，即它对于相应规范性文件制定主体所管辖的整个行政区域的公民、法人和其他组织具有约束力。

第三，海事行政规范性文件是行政机关为执行法律、法规、规章，对社会进行管理而实施的一种抽象行政行为。海事行政规范性文件是抽象行政行为的一种，在这个范畴内，它与行政法规、规章具有相同的性质。行政法规、规章也属于抽象行政行为。二者的区别在于：行政法规、规章同时属于行政立法，而海事行政规范性文件只是一般抽象行政行为，它的制定应以行政法规、规章为依据，至少不与行政法规、规章相抵触。

第四，行政规章性文件是行政机关发布的用以对社会进行管理，规范公民、法人和其他组织行为的政令。在社会管理功能方面，海事行政规范性文件与具有行政行为有相同的作用。具体行政行为也是行政机关对社会实施管理的手段。二者的区别在于：具体行政行为的管理功能通常是直接实现的，而规范性文件的管理功能通常是间接实现的，规范性文件确定的规则要求大多要通过具体行政行为实现。规范性文件不仅规范公民、法人和组织的行为，而且也规范行政机关本身的行为。行政机关依据规范性文件实施具体行政行为，实现对社会的管理，保障法律、法规、规章在相应行政区域内的执行。

根据海事行政规范性文件发布的主体，海事行政规范性文件可以分为三类：①享有行政立法权的行政机关发布的海事行政规范性文件；②不享有行政立法权的国务院工作部门发布的海事行政规范性文件；③不享有行政立法权的地方人民政府发布的海事行政规范性文件。

二、海事行政规范性文件的法律效力

海事行政规范性文件的法律效力主要体现在行政管理和行政诉讼两个领域。

在行政管理领域，海事行政规范性文件的法律效力主要表现在下述几个方面：

（1）对行政管理相对方的个人、组织具有拘束力和强制执行力。

（2）对行政机关本身具有确定力，对具体行政行为具有适用力。

(3)海事行政规范性文件是行政复议机关审理复议案件的依据。复议机关审理复议案件,不仅要以法律、法规、规章为依据,还要以上级行政机关依法制定和发布的具有普遍约束力的决定、命令为依据。但是,复议机关在审理具体行政行为时,如果发现所依据的相应决定、命令与法律、法规或较高层次的决定、命令相抵触,可在其职权范围内依法予以撤销或改变。如果相应复议机关无权撤销或改变,则提请上级行政机关或其他有权机关依法处理。

在行政诉讼领域,海事行政规范性文件的法律效力主要表现在下述几个方面:

(1)行政诉讼当事人可以以海事行政规范性文件作为论证相应具体行政行为违法或合法的根据。原告提起海事行政诉讼,指控具体行政行为违法,可以以相应具体行政行为违法、未适用或错误适用有关海事行政规范性文件的规定为理由,也可以以具体行政行为所适用的规范性文件本身违法为理由。同样,被告应诉也可以以相应具体行政行为是根据有关规范性文件作出的,且相应规范性文件符合法律、法规、规章的规定为理由,反驳原告的指控。

(2)人民法院审理行政案件,对具体行政行为的合法性进行审理时,应同时审查相应具体行政行为所依据的规范性文件的合法性。包括审查规范性文件发布的主体是否合法,发布的程序是否合法以及该文件的内容是否合法。如果确认相应规范性文件合法,且具体行政行为遵循和正确适用了相应文件,具体行政行为又没有其他违法情形,法院就应维持该具体行政行为。否则,法定就应撤销相应具体行政行为。

(3)人民法院在判决的正文中,不宜直接引用海事行政规范性文件的条文,但在判决的理由部分,可以指出具体行政行为所依据的合法的海事行政规范性文件。如果法院认为具体行政行为所依据的规范性文件违法,则不宜在判决书中直接宣布(因为人民法院没有对规范性文件合法性加以直接评判的权力),判决书可直接引用有关法律、法规、规章的条文对具体行政行为的合法性作出评判。与此同时,法院对自己认为违法的海事行政规范性文件,应向相应文件的发布机关及其上级行政机关提出司法建议,要求其予以撤销或改变。

总之,海事行政规范性文件是具有法律效力的国家政令。公民、法人和其他组织在进行各种活动时必须遵守相应规范性文件的规定,行政机关在实施具体行政行为时必须依据相应规范性文件的规定,人民法院在审查具体行政行为的合法性时必须考虑(相当于“参照”)相应规范性文件的规定。

第六章　海事行政许可

第一节　概　　述

一、海事行政许可的概念和特征

《行政许可法》第二条规定："本法所称行政许可，是指行政机关根据公民、法人或者其他组织的申请，经依法审查，准予其从事特定活动的行为。"为了实施海事行政许可，交通运输部于2006年4月1日起实施了《中华人民共和国海事行政许可条件规定》（以下简称为《规定》）。《规定》定义的海事行政许可是指：依据有关水上交通安全、防污染等海事管理的法律、行政法规、国务院决定的设定，由海事管理机构实施或者由交通运输部实施、海事管理机构具体办理的行政许可。

海事行政许可有四个方面的特征：

第一，海事行政许可是依申请的行政行为。其以海事行政管理相对人的申请为起始，没有申请，海事行政许可所容许的对象就难以确定。因此，无申请即无海事行政许可。

第二，海事行政许可是海事行政管理性行为。管理性的主要特点是单方面性，海事行政管理相对人有违反海事管理机构依法作出的管理性行为的即构成违法。因此，不具有管理性行为特征的行为，即使冠以审批、登记等名称，也不是海事行政许可。例如：船舶所有权、抵押权登记、光船租赁登记等。

第三，海事行政许可是外部行为。《行政许可法》第三条第2款规定："有关行政机关对其他机关或者对其直接管理的事业单位的人事、财务、外事等事项的审批，不适用本法"。根据本款规定，海事行政许可是海事管理机构针对海事管理相对人的一种管理行为，是管理船舶、船员等事务的外部行为。而海事管理机构对其直接管理的单位的人事、财务等事项的审批，则属于内部管理行为，不属于海事行政许可。

第四，海事行政许可是海事管理机构准予海事管理相对人从事特定活动的行为。实施海事行政许可的结果（其中包含着对不符合法定条件的海事行政管理相对人不许可其从事某种活动）是海事管理相对人获得了从事特定海事活动的权利和资格。例如：进行水上水下施工作业、沉船沉物打捞等。

二、海事行政许可的性质和功能

1. 海事行政许可的性质

海事行政许可作为一种事前控制手段，其本质主要表现为海事管理机构对海事管理相对人是否符合法律、法规规定的权利资格和行使权力的条件的审查核实，不是对相对人的授权,更不是高兴就给,不高兴就不给的一种施舍。这样认识海事行政许可,表明海事行政许可对海事管理机构来说不是一种可以随意处置的权利,而是一种责任。海事管理机构有责任为许可申请人实现其权利提供相关服务,比如,海事行政管理相对人提出许可申请,海事管理机构依法必须受理并在法定时间内作出批准或者不批准的答复;对已经批准并发给许可证的,海事管理机构应保护被许可人的合法权益;并履行对被许可人应担的义务和进行监督的责任;不履行或不积极履行这些职责的,就是失职。

2. 海事行政许可的功能

海事行政许可作为一项重要的海事行政权力和管理方式,对保护海上人命财产安全,加强水上交通安全管理,都具有重要作用,但是海事行政许可不是万能的,而且成本很高。要有效发挥海事行政许可的作用,必须正确认识、把握行政许可的功能。

海事行政许可主要有两种功能:一是控制危险;二是证明或提供某种信誉、信息。

(1)控制危险。这是海事行政许可最主要、最基本的功能。海事监督管理方式通常分为事前监督管理和事后监督管理。海事行政许可属于事前监督管理方式。事前监督管理方式,由于其对可能发生的问题及解决问题的条件的确定一般都是推定的,具有很强的主观性。因此事前监督管理方式对水上交通安全管理的有效性,往往受到人们的认识水平等诸多因素的制约,成本很高,还易滋生腐败。比如,船舶载运危险货物申报签证是为了控制危险,但签证本身并不能一定控制危险,而是通过对船舶适装、装载等条件的严格审查确认,对船舶装卸危险货物的现场监控等措施来实现。可以说,是因为对船舶载运危险货物运输需要采取这些措施,加强监督,才有必要监督关口前移,才需要审批。因此,事前监督管理方式,主要是对可能发生的系统性问题提前设防,以从源头上控制某种危险性的发生。

(2)证明或者提供某种信誉、信息。与海事管理相关的社会活动中往往伴随着高风险,为了提供某种预期,需要海事管理机构以许可的方式,确立相对人的特定主体资格或者特定身份,使相对人获得从事这种活动涉及的某种能力,以此向社会证明或者提供信誉、信息。

三、海事行政许可的分类

现行的海事行政许可项目名称较多,主要有许可、审批、审核、登记、签证等。按照行政许可的性质、功能和适用条件,可将海事行政许可划分为普通许可、认可、核准、登记四类。

(1)普通许可:是指海事管理机构准予符合法定条件的公民、法人或者其他组织从事特定活动的行为,是运用最为广泛的一种海事行政许可。比如,船舶进出港口许可、船舶进入或穿越禁航区许可等。海事普通许可的性质是确认具备行使既有权利的条件,主要功能是防止危险、保障海上人命财产安全。主要特征有三个:①其是对相对人行使法定权利或者从事法律没有禁止但附有条件的活动的准许;②一般没有数量控制;③海事管理机构实施普通许可一般没有自由裁量权。

(2)认可:是指海事管理机构对相对人是否具备特定技能的认定。比如,船员适任证书、船员培训合格证的签发。认可的主要功能是提高从业水平或者某种技能、信誉,主要特征有四个:①一般都要通过考试方式并根据考试结果决定是否认可;②资格、资质的认可是对人的许可,与身份相联系,不能继承、转让;③没有数量限制;④海事管理机构实施认可一般没有自由裁量权。

(3)核准:是指海事管理机构对某些事项是否达到特定技术标准、技术规范的判断、确定。比如,营运船舶检验发证,公司安全与防污染资质审核等。核准的主要功能也是为了防止危险,保障海上人命财产安全,主要特征有四个:①依据主要是技术性、专业性的;②一般要根据实地验收、检验决定;③没有数量控制;④海事管理机构实施核准没有自由裁量权。

(4)登记:是指海事管理机构确立相对人的特定主体资格的行为。比如,船舶国籍登记。登记的主要功能是通过使相对人获得某种能力向公众提供证明或者信誉、信息,主要特征有四个:①未经合法登记取得特定主体资格或者特定身份,从事特定活动是非法的;②没有数量控制;③对申请登记的材料一般只进行形式审查,通常可以当场作出是否准予登记的决定;④海事管理机构实施登记没有自由裁量权。

第二节　海事行政许可的原则

一、合法原则

合法原则是指设定和实施海事行政许可,应当依照法定的权限、范围、条件和程序。

1. 设定海事行政许可,应当按照法定权限、范围、条件和程序的基本含义

(1)应当严格按照《行政许可法》规定的权限范围设定海事行政许可。即:法律可以设定行政许可;尚未制定法律的,行政法规可以设定行政许可,必要时,国务院的决定也可以设定行政许可;尚未制定法律、行政法规和地方性法规的可以设定行政许可;尚未制定法律,行政法规和地方性法规的,因行政管理需要,确需立即实施行政许可的,省级人民政府的规章可以设定临时性的行政许可;除此之外的其他规范性文件一律不得设定海事行政许可。违反这些规定,超越权限设定的海事行政许可一律无效。

(2)应当严格按照《行政许可法》规定的范围设立海事行政许可。不是对任何事项都可以设定行政许可,设定行政许可有范围限制。《行政许可法》第十二条、第十三条规定了行政许可的范围。

(3)应当按照《行政许可法》确定的条件设定行政许可。比如,地方性法规和省级人民政府规章不得设定有关资格、资质的行政许可。

(4)应当按照《行政许可法》和其他有关法律、行政法规的程序设定行政许可。

2. 实施海事行政许可,应当按照法定权限、范围、条件和程序的基本含义

(1)实施海事行政许可的主体及权限应当合法。海事管理机构应严格按照有关海事法律、法规规定的权限范围实施许可,不得越权、不得滥用权力。

(2)实施海事行政许可应当依照《行政许可法》和其他有关海事法律、法规和规章规定的条件。

(3)实施海事行政许可应当严格依照《行政许可法》和其他有关海事法律、法规、规章规定的程序。

二、公开、公平、公正原则

公开的本意是不加隐蔽。行政法律制度上的公开通常是指国家机关某种活动或者行为

过程和结果的公开,其本质是对公众知情权、参与权和监督权的保护。

设定海事行政许可遵循公开原则的基本要求:①设定的过程应当是开放的,从设定的必要性、可行性到许可可能产生效果的评估,都要广泛听取意见,真正做到广泛民意。②凡是海事行政许可的规定都必须公布,未经公布的,不得作为实施的依据。

实施海事行政许可遵循公开原则的基本要求:①实施的主体要公开,谁有权实施哪些行政许可,应当让公众知道。②实施的条件应该是规范的、明确的、公开的,不搞"模糊战术"。③实施的程序,包括申请、受理、审查、听证、决定、检查等,这些程序都应当是具体、明确和公开的。④实施期限是公开的。⑤作出的准予许可的决定应当是公开的,公众有权查阅。

公平、公正的本意是公平正直、没有偏私。行政法律制度上的公正、公平原则是合法原则的必要补充。它的要求是:行政机关在履行职责、行使权力时,不仅在实体和程序上都要合法,而且还要合乎常理。

贯彻执行海事行政许可公开原则,需要进一步完善有关公开立法的制度,海事管理机构公报制度,探索许可决定公开和供公众查询的渠道。贯彻执行海事行政许可公平、公正原则,也需要完善相关制度,如回避制度、受理与决定相对分开制度。同时,也需要进一步研究公正、公平的标准。

三、便民原则

便民,就是公民、法人和其他组织在海事行政许可过程中能够廉价、便捷、迅速地申请并获得海事许可。

根据便民原则,海事管理机构实施许可,应当做到:

(1)需要海事管理机构内设的多个机构办理的许可,海事机构应当确立一个机构统一受理许可申请,统一送达许可决定。

(2)公民、法人或者其他组织申请许可,海事管理机构应当尽量提供方便,如提供符合法定要求的申请书格式文本。

(3)对符合法定形式、材料齐全的申请,应当尽量当场受理,不得拖延。

(4)应当严格在法定期限内作出许可决定或办完有关事项。

(5)提供优质服务。凡事都要从方便公民、法人和其他组织角度考虑,对自己能办到的事,就不要自己嫌麻烦,更不要刁难申请人。

四、救济原则

救济,是指公民、法人或者其他组织认为行政机关实施行政许可致使其合法权益受到损害时,请求国家予以补救的制度。

根据这一原则,海事管理机构实施许可,应当做到:

(1)在实施许可的各个环节,都应当保障公民、法人或者其他组织的陈述权、申辩权。也就是说,无论是在申请的提出、申请受理或者审查,还是在决定的作出或者在监督检查过程中,只要是公民、法人或者其他组织有话要说,海事管理机构都要允许,并认真听取意见。

(2)对依法需要听证的事项,必须依法告知申请人、利害关系人享有听证的权利并依法举行听证。听证必须允许申请人、利害关系人申辩和质证。

(3)公民、法人或者其他组织对海事许可不服申请行政复议或者提起行政诉讼,海事管理机构应当积极参加行政复议或者行政诉讼;因违法实施许可造成公民、法人或者其他组织损害的,应当依法承担赔偿责任。

五、信赖保护原则

信赖保护原则的基本含义是:行政管理相对人对行政权力的正当合理信赖应当予以保护,行政机关不得擅自改变已生效的行政行为。

海事行政许可信赖保护原则的基本内涵是:

(1)公民、法人或者其他组织依法取得的海事许可,是正当的合理信赖,应当受法律保护,法律、法规有明确规定的除外,海事管理机构不得撤销或者变更已生效的许可。否则,就是违法。

(2)海事管理机构和申请人、被许可人都没有过错,而是因客观原因,海事管理机构为了公共利益的需要,可以依法变更或者撤回已经生效的许可。

(3)海事管理机构依法变更或者撤回已经生效的许可造成公民、法人或者其他组织财产损失的,应当依法予以补偿。

六、不得转让原则

海事行政许可不得转让,是指除法律、法规规定可以转让的许可外,其他许可不得转让。

海事许可能否转让,涉及对不同行政许可性质、功能的分离和判断。至于哪些海事许可可以转让,依照什么条件和程序转让,由单行法律、法规规定。如果单行法律、法规没有规定允许转让,被许可人擅自转让海事许可的,被许可人应受到行政处罚,构成犯罪的,还要依法追究刑事责任。

七、监督原则

监督原则是指海事管理机构应当依法加强对海事管理机构实施许可和从事许可事项活动的监督。

海事行政许可的监督包括两个方面:一是海事管理机构内部的监督;二是海事管理机构对管理相对人的监督。

海事行政许可作为一项重要的行政权,海事管理机构内设的法制机构应当加强内部实施许可的监督检查,同时建立健全内部行政许可监督制度。这些制度包括对许可主体的管理制度,许可申请的受理、审查制度,许可决定制度,以及违反许可的责任制度。

实施海事行政许可的海事管理机构,对公民、法人或其他组织从事许可事项的活动进行有效监督,是行政许可权的重要组成部分。从海事行政许可的功能看,某一事项需要许可,主要是控制该事项的危险性,以保障海上人命财产安全,这就意味着被许可人比其他人要多履行一些义务。也就是说申请人申请许可,意味着他承诺承担由取得许可而产生的义务,比如,某轮申请船舶载运危险货物申报,就意味着该轮应符合装载危险品的特殊条件,运载的危险品等级和数量也应严格受限。总之,该轮要履行运输危险品的责任。正是由于这样一套规则或者该轮能够履行安全义务,船舶载运危险品运输许可才能控制危险。但该轮能否真正履行自己的承诺,从制度上来说,就需要实施许可的海事管理机构对该轮进行监督检查。因此,海事许可控制危险的功能必须建立在确保该轮履行义务的基础上。因监督不力导致危险发生的,实施许可的海事管理机构同样应当负法律责任。

第三节　具体海事行政许可的种类及条件

根据实施的《规定》,具体海事行政许可分为:通航管理领域的行政许可、船舶及相关管理领域的行政许可、防治船舶污染和船载危险货物管理的行政许可、船员管理领域的行政许可和其他海事行政管理领域的许可。

一、通航管理领域的行政许可种类及许可条件

1. 通航水域岸线安全使用许可及其条件

(1)涉及使用岸线的工程、作业、活动已完成可行性研究;

(2)已经岸线安全使用的技术评估,符合水上交通安全的技术规范和要求;

(3)对影响水上交通安全的因素,已制定足以消除影响的措施。

2. 通航水域水上水下施工作业许可的条件

(1)施工作业已依法办理了其他相关手续;

(2)施工作业的单位、人员、船舶、设施符合安全航行、停泊和作业的要求;

(3)已制定施工作业或者活动的方案,包括起止时间、地点和范围、进度安排等;

(4)对安全和防污染有重大影响的,已通过通航安全和环境影响技术评估;

(5)已建立安全、防污染的责任制,并已制定符合水上交通安全和防污染要求的保障措施和相应的应急预案。

3. 在港口水域内进行采掘、爆破等活动的许可条件

(1)已取得港口主管部门同意;

(2)已按照国家规定取得爆破作业许可;

(3)作业单位、人员、设施符合安全作业要求;

(4)已制定采掘、爆破作业方案,包括起止时间、地点和范围、进度安排等;

(5)已建立安全、防污染的责任制,并已制定符合水上交通安全和防污染要求的保障措施和相应的应急预案。

4. 通航水域内沉船沉物打捞作业审批的条件

(1)参与打捞的单位、人员具备相应的能力;

(2)已依法签订沉船沉物打捞协议;

(3)从事打捞作业的船舶、设施符合安全航行、停泊和作业的要求;

(4)已制定打捞作业计划和方案,包括打捞的起止时间、地点和范围、进度安排等;

(5)对安全和防污染有重大影响的,已通过通航安全和环境影响技术评估;

(6)已建立相应的安全和防污染责任制,并已制定符合水上交通安全和防污染要求的措施和应急预案。

5. 通航水域禁航区、航道(路)、交通管制区、锚地和安全作业区划定审批的条件

(1)就划定水域的需求,有明确的事实和必要的理由;

(2)符合附近军用或者重要民用目标的保护要求;

(3)对水上交通安全和防污染有重大影响的,已通过通航安全和环境影响技术评估;

(4)用于设置航道(路)和锚地的水域已进行勘测或者测量,水域的底质、水文、气象等要素满足通航安全的要求;

(5)符合水上交通安全与防污染要求,并已制定安全、防污染措施。

6. 船舶进入或者穿越禁航区许可的条件

(1)有因人命安全、防污染、保安等特殊需要进入和穿越禁航区的明确事实和必要理由;

(2)禁航区的安全和防污染条件适合船舶进入或者穿越;

(3)船舶满足禁航区水上交通安全和防污染的特殊要求,并已制定保障安全、防治污染和保护禁航区的措施和应急预案;

(4)进入或者穿越军事禁航区的,已经军事主管部门同意。

7. 水上拖带大型设施和移动式平台许可的条件

(1)确有拖带的需求和必要的理由;

(2)拖轮适航、适拖,船员适任;

(3)海上拖带已经拖航检验,在内河拖带超重、超长、超高、超宽、半潜物体的,已通过相应的安全技术评估;

(4)已制定拖带计划和方案,有明确的拖带预计起止时间和地点及航经的水域;

(5)满足水上交通安全和防污染要求,并已制定相应的保障措施和应急预案。

8. 外国籍船舶或飞机入境从事海上搜救审批的条件

(1)入境是出于海上人命搜寻救助的目的;

(2)有明确的搜救计划、方案,包括时间、地点、范围以及投入搜救的船舶与飞机的基本情况;

(3)派遣的搜救飞机和船舶如为军用的,已经军事主管部门批准。

9. 航标管理机关以外的单位设置、撤除沿海航标审批的条件

(1)拟设置、撤除的航标属于依法由公民、法人或者其他组织自行设置的专用航标;

(2)航标的设置、撤除符合航行安全、经济、便利等要求;

(3)航标及其配布符合国家有关技术规范和标准;

(4)航标设计、施工方案,已经专门的技术评估或者专家论证;

(5)申请设置航标的,已制定航标维护方案,方案中确定的维护单位已建立航标维护质量保证体系;

(6)申请设置航标的,拟设置航标类型属于已经公布的航标类别,并通过技术经济论证。

上述所称航标设置包括航标新设、位置移动和其他状况改变。

二、船舶及相关管理领域的行政许可及其许可条件

1. 外国籍船舶进入非对外开放水域许可的条件

(1)外国籍船舶临时进入非对外开放水域已经当地口岸检察机关、军事主管部门、地方人民政府同意;

(2)拟临时对外开放水域适合外国籍船舶进入,具备船舶航行、停泊、作业的安全、防污

染和保安条件；

（3）船舶状况满足拟进入水域的水上交通安全、防污染和保安要求；

（4）船舶已制定保障水上交通安全、防治污染和保安的措施以及应急预案。

2. 国际航行船舶进口岸审批的条件

（1）船舶具有齐备、有效的证书、文书与资料；

（2）船舶配员符合最低安全配员的要求，船员具备适任资格；

（3）船舶状况符合航行、停泊、作业的安全、防污染和保安等要求，并已制定各项安全、防污染和保安措施与应急预案。需要护航的，已经向海事管理机构申请；

（4）船舶拟进入、通过的水域为对国际航行船舶开放水域，停靠的码头、泊位、港外装卸点满足安全、防污染和保安要求；

（5）载运货物的船舶，符合安全积载和系固的要求，并且没有国家禁止入境的货物或者物品；载运危险货物船舶按规定已办理船舶载运危险货物申报手续；

（6）核动力船舶或者其他特定的船舶，符合我国法律、行政法规、规章的相关规定。

3. 国际航行船舶出口岸审批的条件

（1）船舶具有齐备、有效的证书、文书与资料；

（2）船舶配员符合最低安全配员的要求，船员具备适任资格；

（3）船舶状况符合航行、停泊、作业的安全、防污染和保安等要求，并已制定各项安全、防污染和保安措施与应急预案，需要护航的，已经向海事管理机构申请；

（4）载运危险货物的船舶，已办妥适装许可，载运情况符合船舶载运危险货物的安全、防污染和保安管理要求；

（5）船舶船旗国或者港口国对船舶的安全检查情况和缺陷纠正情况符合规定的要求，对海事管理机构的警示，已经采取有效的措施；

（6）已依法缴纳税、费和其他应当在开航前交付的费用，或者已提供适当的担保；

（7）违反海事行政管理的行为已经依法予以处理；

（8）禁止船舶航行的司法或者行政强制措施已经依法解除；

（9）核动力船舶或者其他特定的船舶，符合我国法律、行政法规、规章的相关规定；

（10）已经其他口岸检察机关同意。

4. 国内航行船舶进港签证的条件

（1）船舶具有齐备、有效的证书、文书与资料；

（2）船舶配员符合最低安全配员的要求，船员具备适任资格；

（3）船舶状况符合航行、停泊、作业的安全和防污染等要求，并已制定各项安全和防污染措施与应急预案，需要护航的，已经向海事管理机构申请；

（4）船舶拟进入、通过的水域和停靠的码头、泊位均满足安全和防污染的要求；

（5）载运货物的船舶，符合安全积载和系固的要求，载运危险货物船舶按规定已办理船舶载运危险货物申报手续；

（6）核动力船舶或者其他特定种类的船舶，符合我国法律、行政法规、规章的相关规定。

5. 国内航行船舶出港签证的条件

（1）船舶具有齐备、有效的证书、文书与资料；

(2)船舶配员符合最低安全配员的要求,船员具备适任资格;

(3)船舶状况符合航行、停泊、作业的安全和防污染等要求,并已制定各项安全和防污染措施与应急预案,需要护航的,已经向海事管理机构申请;

(4)载运危险货物的船舶,已办妥适装许可,载运情况符合船舶载运危险货物的安全和防污染的管理要求;

(5)船舶的安全检查情况和缺陷纠正情况符合规定的要求,对海事管理机构的安全警示,已经采取有效的措施;

(6)已依法缴纳税、费和其他应当在开航前交付的费用,或者已提供适当的担保;

(7)违反海事行政管理的行为已经依法予以处理;

(8)禁止船舶航行的司法或者行政强制措施已经依法解除;

(9)核动力船舶或者其他特定种类的船舶,符合我国法律、行政法规、规章的相关规定。

6. 船舶国籍证书核发的条件

(1)船舶系中华人民共和国公民、法人、政府或者其他组织合法拥有或者经营、管理,企业法人拥有的船舶,中方的资本比例符合《船舶登记条例》的规定;

(2)船舶具备相应的适航技术条件,并经船舶检验机构检验合格;

(3)船舶不具有造成双重国籍或者两个及以上船籍港的情形;

(4)船舶已取得经海事管理机构核定的船名;

(5)船舶已依法办理船舶所有权登记;

(6)船舶国籍的登记人为船舶所有人。

船舶临时国籍证书签发的条件:

(1)申请签发临时国籍证书的船舶属于下列情形之一:

①向境外出售的船舶,或者由境外公民、法人、其他组织在中华人民共和国境内订造的新船,属于境外到岸交船的;

②中华人民共和国公民、法人、政府或其他组织从境外购买或者订造的船舶,属于境外离岸交船的;

③中华人民共和国公民、法人、政府或者其他组织以光船条件租赁的境外登记的船舶;

④需要办理临时国籍登记的境内新造船舶。

(2)已取得船舶所有权或者签订了生效的光船租赁合同。

(3)船舶国籍的登记人为船舶所有人或者以光船租赁形式经营境外登记船舶的承租人。

(4)船舶具备相应的适航技术条件,并经船舶检验机构检验合格。

(5)船舶不具有造成双重国籍或者两个及以上船籍港的情形。

(6)船舶已取得经海事管理机构核定的船名。

7. 国际船舶保安证书核发的条件

船舶保安计划批准的条件:

(1)船舶已通过船舶保安评估;

(2)船舶保安计划由船公司或者规定的保安组织编制;

(3)船舶保安计划符合相应的编制规范和船舶的保安要求;

(4)已对船舶保安评估发现的缺陷予以纠正或者作出妥善的安排。

国际船舶保安证书的条件：

(1)船舶具备有效的船舶国籍证书和《连续概要记录》；

(2)船舶按照规定标注了永久识别号，并按规定配备了满足《1974 年 SOLAS 公约》要求的船舶保安报警系统；

(3)船舶按照规定配备了合格的船舶保安员；

(4)船舶具有经批准的《船舶保安计划》；

(5)船舶已通过保安核验。

临时国际船舶保安证书的条件：

(1)符合下列情形之一：

①船舶在交船时或者在投入营运、重新投入营运之前，尚未取得《国际船舶保安证书》；

②船舶的国籍从非中国籍变更为中国籍；

③船舶由以前未经营过这类船舶的公民、法人或者其他组织承担了经营责任。

(2)船舶已通过船舶保安评估。

(3)船上配有符合要求且已提交审核、报批并已付诸实施的《船舶保安计划》副本。

(4)船舶按照规定标注了永久识别号，并按规定配备了满足《1974 年 SOLAS 公约》要求的船舶保安报警系统。

(5)公司保安员对船舶保安核验工作已作计划与安排，并承诺船舶将在 6 个月内通过保安核验。

(6)船舶已配备符合保安要求的船舶保安员。

(7)船长、船舶保安员和承担具体保安职责的其他船舶人员熟悉保安职责和责任、熟悉《船舶保安计划》的有关规定。

8. 船舶安全与防污染证书文书核发的条件

(1)高速客船操作安全证书签发的条件：

①船舶已在海事管理机构办理国籍登记；

②船舶航行的水域符合高速客船的安全航行要求；

③经认可的船舶检验机构检验，船舶具备高速客船安全与防污染的技术条件，并按规定具备相应的证书、文书与资料；

④船舶已制定了相应的安全、防污染保障措施和应急预案；航行国际或者境外港口的，符合船舶保安要求；

⑤船员已按照交通运输部的规定经高速客船特殊培训。

(2)油污损害民事责任保险或其他财务保证证书签发的条件：

①其所持的油污保险或其他财务保证证书，为中华人民共和国海事局公布具有相应赔偿能力的金融机构或者互助性保险机构办理；

②保额满足其所承担的责任限额。

三、防治船舶污染和船载危险货物管理许可及其许可条件

1. 防止船舶污染港区水域作业许可的条件

(1)船舶、码头、设施使用化学消油剂的许可条件：

①申请使用的化学消油剂已经过专业机构的型式认可；

②符合规定的使用范围和规范的使用方法；

③申请使用的剂量与消油的数量相当，与防止水域环境污染的要求相符；

④有防止水域污染和保障安全的措施或应急预案。

(2)船舶在沿海港口使用焚烧炉的许可条件：

①港口不具备相应污染物接收处理能力；

②船舶贮存设备不能满足下一航次的需要；

③焚烧炉已经专业机构的型式认可并检验合格；

④焚烧物为本船舶产生的船舶垃圾或残油；

⑤符合安全与防污染的有关要求；

⑥已制定防止水域污染和保障安全的措施或应急预案。

(3)船舶在港区水域洗舱、清舱、驱气的许可条件：

①已制定符合安全与防污染要求的作业方案、保障措施和应急计划；

②使用的设备适用于相应用途并经检验合格；

③作业人员经过相应的安全和防污染培训；

④作业单位具有相应的能力；

⑤船舶驱气作业水域符合相应的水上交通安全、防污染条件；

⑥对作业产生的污染物处理方案符合防止水域污染的有关规定。

(4)船舶在港区水域排放压载水、洗舱水、残油、含油污水的许可条件：

①排入接收船舶或接收设施的，接收船舶或接收设施具有相应的接收处理能力，从事污染危害物接收作业的人员已经过相应培训；

②排入水域的，符合相应的排放标准；

③来自疫区的压载水、洗舱水已经过检验检疫部门的处理，不造成水域污染；

④已制定相应作业的安全、防污染措施和应急反应预案；

⑤对洗舱水、残油、油污水等污染危害物的处理方案符合防止水域污染的有关规定。

(5)沿海港口船舶舷外拷铲及油漆作业的许可条件：

①已制定相应的安全与防污染措施；

②船舶未进行危险货物装卸作业；

③进行拷铲作业的船舶未装载危险货物。

(6)冲洗沾有污染物、有毒有害物质的甲板的许可条件：

①甲板上沾有的污染物、有毒有害物质已进行充分回收处理；

②排放入水的冲洗物符合排放标准；

③排放的水域不是海事管理机构公布的保护水域或者禁止排放水域；

④已制定相应的防污染措施和应急预案。

(7)船舶水上拆解、海上修造船舶作业的许可条件：

①拆船、修造船作业地点符合防止污染的有关规定，并通过专业机构的评估；

②作业方案及保障措施符合水上交通安全与防污染的要求；

③拆船、船舶修造单位已按规定制定溢油污染应急计划和配备相应的设备和器材；

④需要测爆的,持有有效的测爆证书;

⑤拆船申请人已依法办理废钢船的所有权登记;

⑥船舶残油、污油水、生活污水、垃圾、货物残余物、臭氧消耗型物质等可在拆船前清除的船舶污染物已清除完毕。

2. 船舶载运危险货物的适装许可的条件

(1)船舶持有齐备、有效的证书、文书与资料;

(2)申报的危险货物符合船舶的适装要求,且不属于国家规定禁止通过水路运输的货物;

(3)船舶的设施、装备满足载运危险货物的要求,船舶的装载符合载运危险货物安全、防止污染和保安的管理规定和技术规范。

(4)拟进行危险货物装卸作业的港口、码头、泊位,具备危险货物作业的法定资质,符合危险货物作业的安全和防污染要求;

(5)需要办理货物进出口手续的已按有关规定办理。

3. 船舶液体危险货物水上过驳作业许可的条件

(1)拟进行过驳作业的船舶或者浮动设施满足水上交通安全与防污染的要求;

(2)拟作业的货物适合过驳;

(3)参加过驳的人员经过相应的培训;

(4)作业水域及其底质和周边环境适宜过驳作业的正常进行;

(5)过驳作业对水域环境、资源以及附近的军事目标、重要民用目标不构成威胁;

(6)已制定过驳作业方案、保障措施和应急预案,并符合水上交通安全与防污染的要求。

四、船员管理领域的海事行政许可及其许可条件

1. 注册成为船员的条件

①年满18周岁(在船实习、见习人员年满16周岁)但不超过60周岁;②符合船员健康要求;③经过海船船员、内河船舶船员基本安全培训,并经海事管理机构考试合格。申请注册国际航行船舶船员的,还应当通过海事管理机构组织的船员专业外语考试。

2. 船员适任证书核发的条件

船员服务簿签发的条件:①满足规定的年龄要求;②经体检符合交通运输部公布的船员体检标准;③已完成规定的船员基本安全培训,并通过海事管理机构的考试或者考核。

船员专业、特殊培训合格证签发的条件:①已按规定取得船员服务簿;②经体检符合交通运输部公布的船员体检标准;③具备规定的文化程度;④已完成相应的专业、特殊培训,并按规定通过海事管理机构的考试、考核。

船员任职资格证书签发的条件:①已按规定取得船员服务簿;②满足规定的年龄要求,经体检符合交通运输部公布的船员体检标准;③具备规定的专业学历(内河船员具备相应的文化程度)或者按照交通运输部的规定经过相应船员职务的适任培训;④通过相应的专业、特殊培训;⑤满足规定的服务资历,适任状况和安全记录良好;⑥已通过规定的适任考试和评估,并已完成规定的船上培训或见(实)习。

船员特免证明签发的条件:①当事船员所服务的船舶在中华人民共和国境外;②当事船

员拟任的职位,现任船员因病或者其他不可抗力不能继续履行职务;③当事船员具备其拟任职位较低一级职位的任职资格,拟任船长职位的,为船上负责航行值班的船员中任职资格最高者;④不属于专职无线电人员的职位;⑤同一艘船舶持有特免证明的船员,不超过规定的比例。

海船船员内河航线行驶资格证明签发的条件:①持有有效的海船船长或者驾驶员任职资格证书;②在其所持海船船员任职资格证书对应等级的船舶航行申考航线上的见习资历不少于6个月或10个单航次;③通过规定的适任考试和评估,船舶仅航行于适用海上航行规则的内河航区的,可以免予考试和评估。

3.外国籍船员在中国籍船舶上任职审批的条件

(1)持有中国政府承认的、由《1978年海员培训、发证和值班标准国际公约》缔约国签发的船员任职资格证书;

(2)符合《1978年海员培训、发证和值班标准国际公约》和交通运输部有关船员适任资格和培训的要求;

(3)经体检符合交通运输部公布的船员体检标准;

(4)具备相应的专业学历或者按照交通运输部的规定经过相应的适任培训;

(5)服务资历、适任表现和安全记录符合交通运输部的规定;

(6)船员用人单位有明确的需求和必要的理由;

(7)符合交通运输部关于在中国籍船舶上任用外国籍船员的规定。

已经持有有效的中华人民共和国船员适任证书的外国籍船员拟在中国籍船上任职的,仅需符合上述(5)~(7)规定的条件。

4.海员出入境证书核发的条件

(1)中华人民共和国海员证签发的条件:

①年满18周岁并享有中华人民共和国国籍的公民;

②已依法取得中华人民共和国船员服务簿;

③经体检符合交通运输部公布的船员体检标准;

④已取得国际航行船舶的船员适任资格;

⑤有确定的海员出境任务;

⑥无海员证管理规定中禁止或者限制办理海员证的情形;

⑦无法律、行政法规规定的禁止公民出境的情形。

(2)海员出境证明签发的条件:

①已依法取得中华人民共和国海员证,并且证书的有效期距届满之日不少于6个月;

②已合法获得赴境外船舶担任船员职务的确定任务,具有船员所在单位的派遣文书、境外代理机构的担保文书或者其他相关证明。

5.引航员

(1)引航员注册

申请引航员注册,应当具备下列条件:

①具备中华人民共和国国籍;

②年满18周岁但不超过60周岁;

③符合船舶驾驶员体检要求；

④经过引航员基本安全培训，并经海事管理机构考试合格。

(2)申请引航员适任证书的条件

按海港和内河两个系列，引航员任职资格分为一级引航员、二级引航员和三级引航员。

海港引航员的引领范围是沿海港口及附近水域，内河引航员的引领范围是内河港口和航线。

引航员按下列规定权限引领船舶：

①海港、内河一级引航员可以在各自的引领范围内引领任何船舶；

②海港二级引航员可以引领总长小于250m的船舶，内河二级引航员可以引领总长小于200m的船舶；但是总长等于或者大于180m的客船除外；

③海港三级引航员可以引领总长小于180m的船舶，内河三级引航员可以引领总长小于150m的船舶；但是客船和载运散装一级危险货物的船舶除外。

申请一、二、三级引航员适任证书，应当符合下列条件：

①持有引航员服务簿；

②符合船舶驾驶员体检要求；

③经过相应的适任培训，并通过相应的考试和评估；

④具有本办法规定的水上服务资历和良好的安全记录。

6.船员培训机构许可条件

船员培训机构实行许可证制度，培训机构从事船员培训业务，根据其开展培训的类别和项目，应当符合下列许可条件：①有符合规则规定的船员培训项目要求的场地、设施和设备；②有符合规则规定的与船员培训项目相适应的教学人员，教学人员总数的80%应当通过中华人民共和国海事局组织的考试，并取得相应证明；③有与船员培训项目规定相适应的管理人员；④有健全的船员培训管理制度，具体包括学员管理制度、教学人员管理制度、培训证明发放制度、教学设施设备管理制度和档案管理制度；⑤有健全的安全防护制度，具体包括人身安全防护制度和突发事件应急制度等；⑥有符合交通运输部规定的船员培训质量控制体系。

7.海员外派资质条件

(1)在中华人民共和国境内依法设立的法人；

(2)有与外派规模相适应的固定办公场所；

(3)有至少2名具有国际航行海船管理级船员任职资历的专职管理人员和至少3名具有两年以上海员外派相关从业经历的管理人员；

(4)具有进行外派海员任职前培训和岗位技能训练及处理海员外派相关法律事务的能力；

(5)按照国家海事管理机构的规定，建立船员服务质量管理制度、人员和资源保障制度、教育培训制度、应急处理制度和服务业务报告制度等海员外派管理制度；

(6)具有自有外派海员100人以上；

(7)注册资本不低于500万元人民币，且为实缴货币资本。对外劳务合作法规另有规定的，从其规定；

(8)具有足额交纳100万元人民币海员外派备用金的能力；

(9)机构及其法定代表人具有良好的商业信誉,最近3年内没有重大违约行为和重大违法记录。

经批准设立的外商投资职业介绍机构或者中外合资人才中介机构拟开展招聘海员出境业务,应当按照本规定申请从事海员外派。除提交前款规定的材料外,还应当提交外商投资企业批准证书和外商投资企业营业执照复印件。

8. 船员服务机构资质许可条件

根据《船员服务管理规定》,船员服务,是指代理船员办理申请培训、考试、申领证书(包括外国船员证书)等有关手续,代理船员用人单位管理船员事务,为船舶提供配员等相关活动。

船员服务机构分为内河船舶船员服务机构和海船船员服务机构;海船船员服务机构分为甲级、乙级两类。内河船舶船员服务机构,是指为内河船舶船员提供船员服务的机构。甲级海船船员服务机构,是指为国际航行和国内航行海船船员提供各项船员服务的机构。乙级海船船员服务机构,是指为国内航行海船船员提供船员服务的机构。

从事内河船舶船员服务业务的机构,应当符合下列条件:①在中华人民共和国境内依法设立的法人;②有不少于100m^2的固定办公场所;③有2名以上具有内河一等、二等船舶高级船员任职资历的专职管理人员和2名以上专职业务人员;④按照中华人民共和国海事局的规定,建立船员服务质量管理制度、人员和资源保障制度、教育培训制度、应急处理制度和服务业务报告制度等内河船舶船员服务管理制度。

从事甲级海船船员服务业务的机构,应当符合下列条件:①在中华人民共和国境内依法设立的法人;②有不少于300m^2的固定办公场所;③有2名以上具有海船甲类一等高级船员任职资历的专职管理人员和5名以上专职业务人员;④从事乙级海船船员服务业务3年以上,并且最近3年来为国内沿海船舶提供配员500人以上;⑤按照中华人民共和国海事局的规定,建立船员服务质量管理制度、人员和资源保障制度、教育培训制度、应急处理制度和服务业务报告制度等海船船员服务管理制度。

从事乙级海船船员服务业务的机构,应当符合下列条件:①在中华人民共和国境内依法设立的法人;②有不少于150m^2的固定办公场所;③有2名以上具有海船甲类、乙类和丙类一等高级船员任职资历的专职管理人员和2名以上专职业务人员;④按照中华人民共和国海事局的规定,建立船员服务质量管理制度、人员和资源保障制度、教育培训制度、应急处理制度和服务业务报告制度等海船船员服务管理制度。

五、其他海事行政许可及其许可条件

1. 航运公司安全营运与防污染能力符合证明核发的条件

航运公司《船舶安全营运与防污染管理体系符合证明》签发的条件:①具有法人资格;②已建立船舶安全营运与防污染管理体系;③管理体系已在岸上和每一种类代表船上运行3个月;④已通过专门机构对公司船舶安全营运与防污染能力和管理体系的评估;⑤申请人如为拥有或者经营、管理外国籍船舶的中国法人,还应当满足下列条件:a. 公司的主要营业所在中国内地,或者其法定代表人及主要高级管理人员为中国公民;b. 相关船舶满足交通运输部关于船龄限制的要求;c. 海事管理机构已收到船旗国政府主管机关的委托。

公司《临时符合证明》签发的条件:①具有法人资格;②公司成立后尚未经营或者管理船舶,或者在公司持有的《船舶安全营运与防污染管理体系符合证明》上增加船舶种类;③已建立船舶安全营运与防污染管理体系;④公司已作出计划安排在6个月内实施运行船舶安全营运与防污染管理体系;⑤已通过专门机构对公司的船舶安全营运与防污染能力和管理体系的评估。

船舶《安全管理证书》签发的条件:①船舶已取得适用于该船舶种类的《船舶安全营运与防污染管理体系符合证明》副本;②船舶已配备所属公司制定的适用于本船的船舶安全营运与防污染管理体系文件;③船舶安全营运与防污染管理体系已在本船运行至少3个月;④已通过专门机构对船上安全营运与防污染管理能力的评估。

船舶《临时安全管理证书》签发的条件:①当事船舶刚加入公司船舶安全营运与防污染管理体系;②船舶已取得适用于该船舶种类的《船舶安全营运与防污染管理体系符合证明》的副本或者《临时符合证明》的副本;③船舶已配备所属公司制定的适用于本船的船舶安全营运与防污染管理体系文件;④已通过专门机构对船上安全营运与防污染能力的评估。

2. 设立验船机构审批的条件

(1)具有与拟从事的船舶检验业务相适应的检验场所、设备、仪器、资料;

(2)具备相应的验船能力和相应的责任能力;

(3)有与拟从事的船舶检验业务相适应的执业验船人员;

(4)具有相应的检验章程、检验工作制度和保证船舶检验质量的管理体系;

(5)拟从事的船舶检验业务范围符合交通运输部的规定;

(6)需要设立分支机构的,设置方案和管理制度符合船舶检验管理的要求。

3. 外国船舶检验机构在中国境内设立的验船公司许可条件

应当满足下列条件:①验船公司应当为企业法人,其注册资本应不少于300万元人民币。设立分支机构的,每一个分支机构还应增加注册资金200万元人民币;②验船公司的业务负责人应当符合下列条件:a. 具备大专或相当于大专以上学历;b. 具有相应的检验工作经历;c. 无违法犯罪记录或其他不良记录。在具备符合上述三条规定条件的验船公司业务负责人的情况下,验船公司雇佣从事船舶检验活动的中国公民也应符合主管机规定的资质,雇用的外国公民应符合相应国家主管当局规定的资质;③有与从事船舶检验活动规模相适应的固定办公场所;④有从事检验业务所需要的仪器、设备和资料;⑤建立并有效运行与从事检验业务范围相适应的质量管理体系;⑥持有船旗国政府法定检验业务的授权文件。

4. 游艇俱乐部备案条件

①应当具备法人资格;②建立游艇安全和防污染管理制度,配备相应的专职管理人员;③具有相应的游艇安全停泊水域,配备保障游艇安全和防治污染的设施,配备水上安全通信设施、设备;④具有为游艇进行日常检修、维护、保养的设施和能力;⑤具有回收游艇废弃物、残油和垃圾的能力;⑥具有安全和防污染的措施和应急预案,并具备相应的应急救助能力。

5. 验船师注册的条件

注册验船师资格考试设船舶和海上设施、渔业船舶两个类别,每个类别分4个级别,如表6-1所示。专业技术人员可根据实际工作需要,报名参加相应类别、级别的考试。通过考试的获得相应类别的资格证书。

注册验船师的条件为：①中华人民共和国注册验船师注册申请表；②相应类别、级别的《资格证书》；③聘用单位对业务培训、工作经历和检验能力考核合格的证明；④与聘用单位签订的劳动或聘用合同；⑤注册审批机构规定的其他条件。

验船师分类表　　表6-1

类别 级别	船舶和海上设施	渔业船舶
A	国际航行船舶、海上设施、国际航行的渔业辅助船舶	远洋渔业船舶
B	国内海上船舶	国内海上渔业船舶
C	内河船舶	国内海上小型渔业船舶、内河渔业船舶
D	内河小船	内河小型渔业船舶

第四节　海事行政许可的实施程序

一、海事行政许可实施程序的概念及意义

海事行政许可的实施程序指海事管理机构从受理行政许可申请到作出准予、拒绝、中止、收回、撤销许可等决定的步骤、方式和时限的总称。海事行政许可的实施程序是规范海事许可行为，防止海事管理机构滥用权力、保证海事管理机构正确行使权力的重要环节。海事行政许可的实施程序具有以下重要意义：

(1)许可的实施程序直接影响许可决定的正确性。合理的海事许可程序能够预防并减少海事管理机构实施许可行为的随意性，防止海事管理机构因误认事实或者基于不充分的信息而作出错误的许可决定，从而提高许可决定的正确性。

(2)许可的实施程序直接关系海事管理活动是否高效、便民。要实现海事行政许可高效、便民，就要认真设计实施许可的程序。将既能提高行政效率，又能保护公民权益的合理程序予以法律化、制度化，免去不必要的程序或者简化繁琐的程序。

(3)许可的实施程序还具有限制行政权力滥用的功能。公民、法人或者其他组织通过海事管理机构事前公布的有关许可事项的规定、拒绝许可时的说明理由，可以了解海事管理机构行使裁量权时所考虑的因素与法律规定之间的距离，便于对海事管理机构的监督，控制许可的实施机关对裁量权的滥用。

(4)促进公众参与海事管理。海事管理机构实施许可时听取利害关系人意见、举行听证，能够促进公众参与海事管理活动，体现了海事管理机构将公民、法人和其他组织作为海事管理中的主体而不是客体加以对待，这是对公民、法人或者其他组织人格的尊重，有利于建立良好的政民关系。

二、海事行政许可实施程序的基本要求

(1)合法原则。①海事许可的实施必须依据法定程序进行。法律、法规、规章对海事许可的实施规定了步骤、环节和时限的，海事管理机构应当按照规定的要求进行。②海事许可程序违法的，要承担相应的法律后果。海事许可程序违法，就会对许可决定以及海事管理机

构及其工作人员产生相应的影响。前者主要是对许可决定效力影响，如对许可决定可能产生重作、补正、撤销、无效等后果；后者是行政责任，根据许可程序违法的性质及情节轻重，可能对海事管理机构及其工作人员适用行政处分甚至追究刑事责任。

(2)公开原则。在海事许可的实施过程中，公开原则主要体现在：①海事许可的法律依据要公开。即海事管理机构实施许可依据的法律、法规、规章和其他规范性文件必须向管理相对人公开。海事管理机构应当公开有关许可的条件、范围、程序、期限等的规定；②实施许可的海事管理机构法定权限及其内部机构设置，包括处理许可事项的经办机构、联系人员等在内的信息应当公开；③有关许可事项的决定内容，包括准予许可的决定、不予许可的决定、中止许可的决定、撤销许可的决定等各种决定的处理内容应当公开，但是，涉及国家秘密、商业秘密和个人隐私的部分除外；④作出许可决定的过程，包括受理程序、处理程序及后续程序等，都要公开。

(3)公正原则。它是指排除海事管理机构可能造成偏见的因素，使之公平地对待相对人或相对人各方，合理行使裁量权的原则。公正原则主要体现在：①合理行使裁量权。公正原则要求海事管理机构必须行使裁量权；其次海事管理机构必须合理行使裁量权。②对申请人不得实行歧视待遇。海事管理机构在许可的实施过程中实行歧视待遇是指对符合法定条件和标准的人搞差别待遇，主要是对同等情况的人不同对待，对不同情况的人却平等对待。为排除不合理的因素，海事许可决定公正，应当建立以下制度：①调查制度。海事管理机构应当充分掌握与作出决定有关的信息，对申请人提出的材料中的实质内容需要核实的，应当实地核查或者向其他信息源核实；②回避制度；③说明理由制度；④听取意见制度；⑤权力分解与集体决定制度。

(4)便民原则。它是指有关海事许可程序的规定应当方便自然人、法人或者其他组织提出申请，减少许可申请人的办事成本，提高服务效率、改进服务水平和结果。便民原则主要体现在：许可事项的联合办理、集中办理制度，许可书面申请、书面审查制度，申请书格式文本制度，许可申请一次告知、两次办结制度，简易程序制度与当场决定程序制度，许可决定的期限制度。

(5)监督原则。①建立内监督制度。海事管理机构要制定相应的内部约束和监督措施，防止许可的受理、审查与决定权过分集中到个人手中。除当场办理的外，许可的受理人员与审查人员必须分离；许可需要实地调查的，应当有两名以上工作人员前往；重大许可事项应当集体讨论决定。②建立对许可的实施机关和工作人员的社会监督制度。③加强对许可实施情况的司法监督。

三、海事行政许可的一般程序

1.申请程序

(1)海事许可申请的概念及意义。海事许可申请是指公民、法人或者其他组织向海事管理机构提出拟从事依法需要取得许可活动的意思表示。海事许可是依申请的行政行为，其启动权在公民、法人或者其他组织。拟从事依法需要取得海事许可的活动的，必须提出许可申请；公民、法人或者其他组织不提出申请，海事管理机构便无义务审查，也不能擅自准许公民、法人或者其他组织从事依法应当取得许可的活动。

(2)海事许可的申请方式。可以以信函、电报、电传、传真、电子数据交换和电子邮件提出,也可以由委托代理人提出,不必都要由申请人到海事管理机构办公场所提出许可申请。

(3)申请人应当如实反映有关情况,提供有关材料。

(4)海事管理机构应当公开有关规定,提供申请书格式文本。①海事管理机构应当公示有关许可事项的规定;②海事管理机构应当答复许可申请人的疑问;③海事管理机构可以提供申请书格式文本,并示范如何填写;④海事管理机构不得要求申请人提交与其申请的许可事项无关的材料;⑤海事管理机构应当积极发展电子政务,提高办事效率。

2. 受理程序

受理是指海事管理机构经对公民、法人或者其他组织提出的申请进行形式审查后,认为许可事项依法属于本机构职责范围,申请材料齐全,符合法定形式的,因而对其申请予以接受的行为。自受理之日起,有关许可期限的规定开始适用,海事机构即负有在法定期限内作出是否准予许可决定的义务。海事机构在法定期限内不作出许可决定的,申请人可以依法通过行政复议、提起行政诉讼,追究行政机关不作为的法律责任。

(1)决定是否受理的审查。接到许可申请后,海事机构首先要确定是否予以受理。为此,海事机构需要对申请人提交的申请材料目录及材料格式进行形式审查。在确定是否受理许可申请时,海事机构不审查许可材料的实质内容,也不审查申请人是否具备取得许可的条件,而是审查下列内容:①申请事项是否属于本机构管辖范围;②申请事项是否属于依法需要取得许可的事项;③申请人是否按照法律、法规和规章的规定提交了符合规定数量、种类的申请材料;④申请人提供的许可申请材料是否符合规定格式;⑤其他事项,如申请人是否属于不得提出许可申请的人,申请人提供的材料是否有明显错误。

(2)对许可申请的处理。海事管理机构经审查,对于公民、法人或者其他组织提出的申请,应当区别以下不同情况作出相应处理:

①申请事项依法不需要取得行政许可的,海事管理机构应当即时告知申请人不受理。

②对于不属于本机构处理的事项,应当作出不予受理的决定,并告知申请人向有关行政机关申请。

③对依法属于本机构职权范围内的事项且申请事项依法需要取得许可的,如申请人提交的材料存在可以当场更正的错误的,海事机构应当允许申请人当场更正。

④对依法属于本机构职权范围内的事项且申请事项依法需要取得许可的,如果申请人提交的申请材料不齐全或者不符合法定形式的,海事机构应当当场或者在5日内一次告知申请人补正后提出申请。

⑤申请事项依法属于本机构职权范围,申请材料齐全,符合法定形式的,海事机构应当予以受理。

(3)许可受理行为的规范。

①海事机构应当尽速决定是否予以受理。

②无论是否受理,海事机构都应出具书面决定。

3. 审查与决定程序

海事行政许可的审查程序是指海事管理机构对已经受理的许可申请材料的实质内容进行核查的过程。海事许可的审查程序是海事机构作出许可决定的必经环节,审查质量直接影响许可决定的质量。审查方式主要有以下几种：

(1)书面审查。

(2)实地核查。

(3)听取利害关系人意见。

(4)其他审查方式。

海事许可的决定程序是指海事机构根据审查许可申请材料的结果,作出是否准予许可决定的过程。决定程序的内容如下：

(1)海事机构对许可申请有作出决定的义务。

(2)海事机构应当根据申请人是否符合法定条件、标准作出许可决定。

(3)作出准予许可决定依法需要颁发有关许可证件的,海事机构应当在法定期限内颁发,送达许可证件。

(4)海事机构作出的准予许可决定,应当予以公开,公众有权查阅。

(5)海事机构作出不予许可的决定应当说明理由、告知救济权。

4.变更与延续

(1)海事许可的变更

①适用条件。海事许可的变更是指被许可人在取得许可后,因其拟从事的活动的部分内容超出准予许可决定或者许可证件规定的活动范围,而申请海事机构对原许可准予其从事的活动的相应内容予以改变。

②申请。变更海事许可的申请时间应当在申请人取得的许可失效前提出,并且应当向作出准予许可的决定的海事机构提出。

③审查与决定。经审查,认为被许可人提出的申请符合法定条件、标准的,海事机构应当依法办理变更手续。

(2)海事许可的延续

①适用条件。海事行政许可延续,亦称海事许可延展,是指在许可的有效期届满后,延长海事许可的有效期间。只有对已取得有效期的海事许可,有效期满后,被许可人准备继续从事依法需要取得许可的该项活动的,需要申请延续海事许可。

②申请。被许可人提出延续许可有效期的,应当在许可有效期届满前一定期间提出,为作出行政许可决定的海事机构审查其申请预留足够时间,便于海事机构在有效期届满前作出是否准予延续的决定。

③审查与决定。作出许可决定的海事机构收到公民、法人或者其他组织延续许可的申请后,应当依法及时审查,并在许可有效期届满前作出是否准予延续许可的决定。

5.海事许可的特别程序

(1)海事许可特别程序和一般程序的关系。海事许可特别程序是关于海事许可实施程序的特别规定,是对许可实施一般程序的补充;海事机构实施许可时,有特别程序的,适用特别程序,没有特别程序的,适用一般程序。事实上,特别程序主要是对作出许可决定环节的规范,至于实施许可的其他环节,还需适用海事许可规定的一般程序。

(2)认可程序。即实施赋予公民特定资格,赋予法人、其他组织特定资格、资质等海事许可应遵循的特别程序。认可程序的核心是海事机构根据考试或者考核的结果作出许可决定。

(3)核准程序。它是指海事管理机构对某些事项是否达到特定技术标准、技术规范进行审定等许可应遵循的特别程序。核准程序的核心是海事机构依据对设备、设施、产品进行检验、检测的结果作出许可决定。而且海事机构只能以事前公布的技术标准、技术规范为依据,并根据检验结果决定是否准予许可。

(4)登记程序。通常情况下,海事机构只对申请人提供的材料进行形式审查,只要申请材料齐全,符合法定形式,海事机构就应当予以登记。

第五节 海事行政许可目前存在的问题和对策

一、海事行政许可目前存在的问题

(1)海事行政许可的设定权不明确,设定主体多。国家法律、法规设定的行政许可项目少,规章及以下设定的许可项目多,海事行政许可的设定过多、过滥。日前法律、法规设定海事行政许可在海事监督管理工作中一直发挥着重要的行政管理作用。譬如:水上水下施工作业审批、船舶国籍登记、所有权登记、船舶载运危险货物审批等。但目前国务院以上部门制定的法律、法规设定的海事行政许可比较少,占目前主要海事行政许可的约35.6%。而国务院所属部委规章设定的行政许可和交通运输部海事局规范性文件设定的行政许可多,占整个海事行政许可数量的64.4%。其中,规章设定的许可(譬如:海员证审办单位资质、危险货物适装申报等)占许可数量28.8%。交通运输部海事局规范性文件设定的许可(譬如:各类申报员资质、码头危险货物作业审批等)占许可数量35.6%。

(2)依据国际海事组织的公约或修正案设定的海事行政许可多。我国作为国际公约缔约国,履约是国家义务。但履约不完全是海事机构的权利和职责。长期以来,海事系统只要谈到国家履约,就认为是海事系统的职责,要履行公约内容或条款,对外管理就一定要设置行政许可,这种现象现在仍然存在。目前我们海事系统依据公约的强制性规定设置的行政许可占到了海事行政许可数量的约31.1%(数据包括公约的规定以国家规章的形式确定的和交通运输部海事局规范性文件设定的)。譬如:船员教育与质量体系审核、船上油污应急计划审批、垃圾管理计划审批和残油接受审批等。

(3)必要的海事行政许可设定的法律层次低。目前必要的海事行政许可设定的法律层次较低,绝大部分是规章及管理方面的许可。除在《海洋环境法》等法律、法规设定的较多外,其他必须设定许可的通航管理、船员管理等方面的许可,法律、法规设定相对较少。随着管理相对人的法律意识增强和《行政许可法》的出台,我们如不采取措施及时应对,出现大量海事行政诉讼败诉案件,也是可能的。

(4)海事监督管理中存在重许可、轻监管现象。目前国家对海事机构水上安全进行监督管理的角色主要是定位在“国家监察”,也就是说海事部门要充分履行职责,目前主要还须在检查监督方面下大力气,特别是行政许可的事后监管方面。目前谈到要履行监察的作用,首先想到的是管理项目要设置行政审批,并且只重视事前审批,忽视事中和事后查问题,还出现了“管了管不好,管了不该管”的事。这种现象不但未发挥出安全监督管理的作用,也会侵犯行政管理相对人的合法权利。

(5)海事行政许可的环节多、手续烦琐、效率低。目前,海事系统的某些行政许可在审批时,存在办事难的现象。主要原因是审批的环节过多,申请材料多,而且手续烦琐。而作为履行审批的海事机构,因为内部管理手段滞后或其他原因,工作效率也不高。最典型的就是船员或企业办理海员证设置的管理环节过多。

(6)行政许可的具体执行部门权力大、责任少、履行义务少。根据授权不同,目前各级海事机构有不同行政许可项目,其审批工作主要是由承担该项业务的内设部门来完成。但从现实的情况看,老百姓不满意的原因也主要是针对各部门在审批时存在的问题。主要表现在:部门或岗位人员"权"的意识浓、权利大、责任少。只注重发挥权力,不注重履行义务,而且工作标准不严格执行,许可因人而异,存在"权钱交易"和"门难进、脸难看、事难办"的现象。另外,某些岗位人员素质不高、工作服务的意识不强。譬如:因申请人材料不全,而不予审批的许可,竟然不及时告诉申请人具体原因和理由,造成老百姓因一个材料、一张表疲于奔波,老百姓意见较大,影响了整体海事形象。

二、解决目前存在问题的对策

(1)统一思想、提高认识,树立"许可为民"理念。解决目前海事行政许可存在问题的关键是各级海事机构要提高对行政许可重要性的认识。监督管理工作要真正以"科学发展观"的重要思想为指导,就是要把监督管理思想统一到市场经济的大环境中,落实到目前行政审批改革的实践中去,树立"主权在民"思想,使权力来源于人民,服务于人民。把海事行政许可定好位,使管理不越位、不错位,同时在实践中,让许可工作积极为"有限政府"服务,切实有效地维护企业或船员权益。

(2)扎实作好海事行政许可的立、改、废工作。一方面是对规章及以下海事规范性文件设定的许可项目,应加大清理力度,在积极、有效的评估基础上,确定许可项目的立、改、废(不是简单的归纳和整理)。这项工作从源头预防和腐败治理上都有其重要的现实意义。另一方面对目前法律、法规确定的行政许可项目,还需要以规章形式在许可的程序、条件、具体操作等要件上予以支持,避免太多内部规定的随意性,确保许可工作的合法性。譬如:船舶明火作业许可,危管防污的有关许可等。要抓住《海上交通安全法》、《船舶法》、《船员管理条例》等多部法律、法规修改和建立的有利时机,在清理行政许可项目基础上,及时将必要的许可项目(包括公约有些强制规定内容)以法律和法规的形式确立起来,为我们将来开展许可工作,丰富管理手段,提供有力的法律保障。但在清理和研究不需要设定哪些许可时,必须掌握以下不设定原则:①通过市场机制或其他法律能够有效解决的,不应设定。譬如:船公司安全责任管理;②通过规范的中介机构(或组织)自律(或行业管理)能够解决的,不应设定。譬如:船员教育培训机构设立、审验和教育质量体系审核。③通过制定和实施强制性标准能够解决的,不应设定。譬如:公约部分强制性规定、船员培训设备设施配备强制要求。④能通过事后监督管理方式解决的,尽可能的不设许可项目。譬如:船员适任能力持续性等。

(3)创新监督管理手段,强化行政许可的事后监督。丰富监督管理手段,拓展监督范围,提高事后监管的行政效率和技术含量,避免"重许可、轻监管"现象发生。第一,要建立适合市场经济运行规律的海事行政许可定期评估制度，及时重新设置、取消或调整许可条件、内容。第二，要树立海事一盘棋思想，充分利用网络科技手段，建立水上立体、宏观动态监督管理的模式和管理制度，避免监督管理的“单打一”现象，强化事后监管。第三，加大对海事监督管理的基础建设的硬件投入，为海事事后监督管理工作提供装备支持，用现代化管理设备杜绝管理的“死角”和“盲角”。第四，积极引导和扶持行业管理组织，让其参与海运行业管理，分担安全管理责任，减轻海事行政许可事后监督管理压力。总之要通过创新管理机制、方法和手段，加强事后监管力度。

(4)建立科学的行政监督制约机制，积极落实行政执法责任制。在积极及时的规范许可设置、许可程序和内容基础上，不断丰富和完善各种执法监督的形式、内容和手段同时，要加强对许可工作的监督检查机制建设。要以执法责任制、责任追究制和廉政责任制等制度为保证，明确职责，发挥部门、纪检和执法检查的整体合力，利用暗访、检查、举报和投诉等渠道，及时纠正违法行为，严惩行政不作为人员，杜绝腐败现象发生，确保行政许可工作的严肃性，有效维护行政管理相对人的合法权益。

(5)建设“阳光海事”，积极推进和深化政务公开。公开海事行政审批是建立务实、高效海事形象的基本条件。在审批方面要想方便老百姓，让老百姓满意，树立良好海事形象和权威，就必须创新政务公开手段，深化政务公开的形式和内容。为此各级海事机构要充分利用各种电子信息、新闻媒体和政务大厅的形式继续深化政务公开工作。同时要积极简化内部审批程序和环节，将海事行政许可的程序、内容、条件、时限和收费等工作置于“阳光”之下，杜绝“暗箱操作”，减少许可随意性，充分接受社会监督，让行政相对人理解、支持我们的海事行政监督管理工作。

(6)加强许可补救制度研究，减少或避免海事行政败诉案件发生。正因为行政许可对行政管理人权力影响较大，所以我国为弥补错误或不当行政行为给相对人造成的损害或损失，出台了相关的补救法律和制度。譬如:《国家赔偿法》、《行政复议法》和《行政诉讼法》等。由于目前海事行政许可项目太多，影响较大，所以我们在关注维护当事人合法权益同时，海事系统也应该加强对自身利益的保护。因此，海事系统在清理许可项目基础上，要积极地研究目前现有许可，一旦引起诉讼，如何进行有效应诉的对策，完善补救制度，尽量减少或避免行政败诉案件发生，进一步维护良好的海事形象。

第七章　海事监督检查

第一节　海事监督检查概述

在古代汉语中，监督是两个词。《说文解字》中说："监，临下也。""督，察也。"两者结合起来，确有自上而下的察看之义。例如，《后汉书》："古之遣将，上设监督之重，下建副二之任，所以尊严国命而鲜过者也。"但是，"监督"作为一种古代的官名，如清代设十三仓监督、崇文门左右监督，主要是履行对同级官员的监察督促之责的职位。自秦汉至清末，在中央权力机构中，御史之类的官员监督的对象上自皇帝下至百官，无论官职高低。由此看来，在古代国家的权力结构中，监督也并不局限于对下级官员的自上而下的监督。作为国家职能的监督，其目的就是提示督促、防止差错、治理国事和维护秩序。在现代汉语中，监督就是指察看并督促❶。所以监督检查，一方面是督促，另一方面是检查。

一、海事监督检查的概念

海事安全监督检查的概念有广义和狭义之分。

1. 广义的海事安全监督检查的概念

广义的海事安全监督检查是指国家行政机关、相关行业组织、社会舆论及从事与海事活动相关主体（船舶所有人、经营者人、船员等）依据有关海事安全管理的法律、法规、规章及政策对海事活动所进行的宏观和微观的监督检查。具体包括：

（1）政府监督检查：指政府机关代表国家对海事活动进行的监督检查。政府监督检查主要是依据法律、法规、规章来实现对海事活动的监督检查，包括对从事海事活动主体（船舶、船员等）的资格准入；海事活动范围；在从事海事活动中是否遵守有关安全规则、标准、操作规程等。

（2）行业自律：指与海事活动相关的行业组织，依据该相关行业协会的章程及各项规章制度，对行业内各成员的相关活动是否遵守安全相关的法律、法规、规章、标准及行业规定进行监督检查。

（3）社会监督：指社会各方面对从事海事活动主体是否遵守海事相关法律、法规、规章等进行的监督。

（4）主体自律：指从事海事活动主体的自我监督检查，具体包括：船舶所有人、经营人等对自己所从事海事活动是否符合海事相关法规等进行的自我检查。

从广义监督检查内容看，它包括了与海事安全监督检查相关的各方面内容，并且有些海

---

❶ 谢鹏程.法律监督概念应当专门化.2004-07-16.http://www.lawbreeze.net.

事监督检查具有行政性质，有的则不具有行政性质。

2. 狭义的海事监督检查的概念

狭义的海事安全监督检查，是指由法律、法规授权的海事行政主体，依据海事管理法律、法规、规章、标准等，以及有关国际公约的规定，督促海事行政相对人严格履行海事法定义务，并对其是否履行海事法定义务或作出海事法律禁止行为（通常简称守法情况），作单方了解的海事行政执法行为。

在本章所指的海事监督检查就是狭义上的海事监督检查。

二、海事监督检查的特征

海事监督检查是海事行政执法中最基本的执法手段之一，也是海事行政执法中必不可少的环节，它一方面督促海事行政相对人遵守海事法律的相关规定；另外通常也是发现违法事实，取得有关证据材料的重要手段。海事监督检查具有如下特征：

（1）海事监督检查的主体是海事行政主体，即海事行政机构及法律、法规授权的组织。不具备海事行政主体资格的组织，不能成为海事行政检查的主体。

（2）海事监督检查的客体是法律、法规规定的海事行政相对人应履行的义务和禁止作出的行为，即法律、法规设定的事项。

（3）海事监督检查是海事行政主体依法作出的行为。海事监督检查必须有明确的法律法规规定，监督的事项、检查的内容、范围、手段、程序不得超出法定权限。

（4）海事监督检查通常是海事行政主体单方的督促、了解行为。即海事监督检查行为是依海事行政管理职权的执法行为，无须征得海事行政相对人的同意，相对人只能对之服从，否则须承担相应的法律责任。这里说“通常”，是由于在实际海事监督检查中，有的监督检查行为是依据海事行政相对人的申请而发生的，例如，对于危险货物的“监装”和“监卸”，则是依据相对人的申请而发生的。

三、海事监督检查的种类

海事监督检查，根据不同的标准，可分为不同的类别。

1. 按海事监督检查内容划分

根据监督检查对象划分，海事监督检查可分为：对航运公司安全管理体系的监督检查、对船上作业的监督检查、对船舶行为的监督检查、对海上特定活动或作业的监督检查。

（1）对航运公司安全管理体系及其运行的监督检查。对航运公司安全管理体系及其运行的监督检查，这是《国际安全管理规则》（ISM Code）赋予海事行政主体的权力。主要是对航运公司建立的安全管理体系及其有效运行进行监督检查。

（2）对船上作业的监督检查。船上作业的种类很多，很多与安全相关，并且在法律、法规、规章、操作规范等内，对其操作作出了规定，监督检查的目的就是使这些操作符合法规的规定。例如，船上排放油污水作业、船上垃圾处理、危险货物操作、航海日志记录等。

（3）对船舶行为的监督检查。这种监督检查主要是针对船在海上避碰中的行为是否符合有关避碰规则的规定：在狭水道内的航行规定、在港内的航行规定以及海上关于航行的特别规定。

(4)对海上特定活动或作业的监督检查。例如,申请人是否在所批准的安全作业区内施工等。

2.按监督检查对象是否特定划分

根据海事监督检查对象是否特定划分,海事监督检查可分为通常海事监督检查和特别海事监督检查。

通常海事监督检查是对不特定的海事行政相对人守法情况进行的普遍检查。在这种监督检查中,被检查的海事行政相对人是不特定的,只是根据海事法律对其守法等进行监督检查。特别海事监督检查是指海事行政主体对特定海事行政相对人守法情况进行的监督检查。如接到举报,在港口国监控中对某船低于公约标准所进行的检查。

3.按监督检查详细程度划分

根据监督检查的详细程度划分,海事监督检查可分为一般监督检查与详细监督检查。例如在港口国监控中,对于到港的船舶除了接到举报或有明显的证据外,对船舶所实施的通常是一般监督检查;当获得了船舶管理不善或其他明显的证据后,再对船舶实施详细检查。

4.按监督检查行为动因划分

根据监督检查行为动因划分,海事监督检查可分为主动检查和被动检查。主动检查是海事行政主体,根据法律、法规等的规定,对授权范围内的监督检查对象依法所主动采取的监督检查执法行为。被动监督检查指按海事法律、法规等的要求,海事行政相对人主动向海事行政主体报告自身及相关的情况,海事行政主体听取报告或审查书面材料等。

5.按监督检查权来源划分

根据监督检查权来源划分,海事监督检查可分为依职权的监督检查、依授权的监督检查和依委托的监督检查。依职权监督检查指海事行政主体依据政府组织法享有的监督检查权;依授权监督检查是指依据法律、法规等的授权,所享有的监督检查权。当前我国海事行政主体所拥有的海事监督检查权绝大多是依据法律、法规等的授权而获得的。例如,依据《海上交通安全法》第十二条规定:“国际航行船舶进出中华人民共和国港口,必须接受主管机关的检查。本国籍国内航行船舶进出港口,必须办理进出港签证”。委托海事监督检查指有海事行政检查权的机关,将自己的监督检查权委托给一定的社会组织。例如,交通运输部海事局为实施《国内安全管理规则》,将审核发证委托给中国船级社,并要求“中国船级社应按照部海事局的有关规定规范对审核员和审核发证工作的管理,确保审核发证的质量”。这就意味着,交通运输部海事局将相应的监督检查权也随之委托给了中国船级社。

实际上,对于海事监督检查还有其他的分类,在此仅列举如上。

第二节　海事监督检查的性质

一、行政主体依法进行监督检查性质的研究

当前对行政主体依法所进行检查的性质有不同的理解,有的认为这种检查与作出行政处理有关,间接产生法律效力,是一种准行政行为。有的则认为,这种检查不以产生法律效力为目的,虽然是行政执法行为,但不是行政行为,而是一种行政事实行为。

孔繁华在其《准行政行为》中指出：检查是行政主体对相对人遵守行政法律、法规的情况进行监督的行为，是一种准行政行为。随后，我国行政法界的所发表的论文中引用了这种观点。

台湾王宽弘副教授在其《国境安全检查之研究》中，则认为在进出国境时所进行安全检查是一种事实行为。其还指出：有关国境安全检查之法律性质，学者吴庚氏认为是事实行为之强制措施❶。学者李震山认为，学者处理事实行为之定位及法律性质问题，皆将之与“法律行为”对立，而得出以下有差异性之结论：①从行为结果出发，认为事实行为不产生法律效果或不具法效性。②从行为之目的出发，认为事实行为并非以“直接”发生法律效果为目的，而是产生事实上之结果为取向。③从综合观点出发，认为事实行为虽例外的会发生法律效果但与行政权主体意思表示无关，或附属于意思表示行为之中，特别是执行部分。李震山进一步又认为，事实行为中仍有以产生事实上结果为取向，却发生法律效果之行为，此应属于权力行为，可归纳属“公权力措施”性质之行政处分。除此之外，大多为非权力行为，其中有部分已被类型化为行政指导，所余者，则为单纯之事实行为（此行为虽非与法律毫无关系，亦非不受法规之拘束，只是其行为并非已直接发生法律上效果为目的的，且与法律之关系甚少，惟仍属于行政作用之范围）❷。

当然关于检查性质的研究还有很多，在此不一一列举。

二、海事行政主体依法进行监督检查的性质

我们较为同意上述学者李震山的观点，虽然同为“监督检查”，但其目的不同，这种行为的性质也不同。也即海事行政主体依法进行的监督检查，即是一种事实行政行为，也是一种准行政行为，其具有双重性。

1. 有的监督检查是一种行政事实行为

正如王宽弘在其《国境安全检查之研究》中所提出的，又称为“单纯事实检查行为”。并将其定义为：“系指仅仅具单纯事实效果而未具法律效果性质的检查行为。这种事实检查行为比如指导行为，检查人员对于进出航站码头等管制区人中，指示其出示证件、打开手提行李，或指引其接受金属探测门或X光仪器检测之行为；还有施测行为，例如检查人员在被检查者同意或协助下，开启包裹、行李袋，进入船舶、航空器或货柜内，以目测或借助仪器探测或检查证件的实施行为。”我们认为，在海事监督检查中，类似上述的检查也存在很多，这种检查不存在给海事行政相对人设定某种义务，因此也就不产生海事行政法律效果。例如，海事行政主体的工作人员，通过观察港池水域内水面的油污情况，对港池内停泊船舶是否违规排放油污水进行监督检查的行为。

在例行的海上安全监督检查中，监督检查的目的仅在于确定一定的事实，而并非以引起海事行政相对人权利与义务变化为目的。

2. 有的监督检查是一种准行政行为

在海事监督检查中，也有相当一部分监督检查属于准行政行为，其监督检查的目的在

❶ 吴庚. 行政法之理论与实用. 台北：三民书局，1999.

❷ 李震山. 行政法导论. 台北：三民书局，1999.

于引起海事行政管理相对人权利与义务的变化。如在港口国监控中，对于接到举报、或有明显证据等认为是低于标准船舶所进行的监督检查。这种监督检查的目的在于发现该船低于标准的证据，并为进行下一步的行政处理作基础。这种监督检查行为就是一种准行政行为。

既然同是海事监督检查，为什么有的行为是一种准行政行为，而有的又是行政事实行为。在理解上较难以接受，其实只要牢记准行政行为及行政事实行为的概念，这种区分是不难作出的。

下面，列举两种海事行政监督检查，并对其分别属于海事准行政行为及海事行政事实行为进行分析比较。

例如在对港池内停泊船舶是否违规排放油污水进行的监督检查与对"重点船舶"所进行的 PSC 监督检查。前者属于海事行政事实行为，后者为准海事行政行为。其分析比较如表 7-1 所示。

海事行政事实行为与准海事行政行为比较表 表 7-1

	对港内停泊船舶是否违规排污水的监督检查	对"重点船舶"所进行的 PSC 监督检查
不同点	1. 仅是为了确定水域是否污染的事实，监督检查行为本身并不直接或间接引起相对人权利义务的变化； 2. 监督检查行为不论从主观上，还是客观上均没有引起海事行政相对人权利、义务变化的目的	1. 该种监督检查以追求海事行政法律效果为目的，但是间接引起法律效果的； 2. 监督检查行为，不论从主观上，还是客观上都在追求一定海事行政法律效果
相同点	1. 行为的主体均为海事行政主体及其工作人员； 2. 行为主体均是依其职权或法律的授权所实施的海事监督检查行为； 3. 监督检查行为均是一种海事行政执法行为； 4. 海事监督检查的对象均为海事行政相对人及其所从事的活动	

第三节 海事监督检查的程序及方式

一、海事监督检查的程序

海事监督检查的程序是非常重要的，如果监督检查的程序不合法，就是违反行政合法性原则，其所作的监督检查就可能是不合法的。因此，在进行海事监督检查时，必须依据合法的程序进行。海事行政监督检查的程序包括以下几方面：

1. 表明身份

要求符合人员数量的海事行政执法监督检查工作人员在进入有关场所实施海事监督检查时，应向海事行政相对人表明自己是依法享有海事行政监督检查职权的执法人员。表明身份的方式包括向相对人出示证件（执法证件）、佩戴公务标志、告知身份、穿着规定的服装等等。否则，相对人有权拒绝其进行监督检查。如果海事监督检查人员按规定正确地表明了自己的身份，而海事行政相对人阻挠进行监督检查的，这是行政相对人违反海事行政法规的行为。

上述的表明身份，只适用于对特定的海事行政相对人进行监督检查时适用，当对不特定的海事行政相对人进行监督检查时,对上述表明身份的要求标准可适当降低。但当这种监督检查是一种准行政行为时,通常应该严格按上述表明身份的要求进行。

2. 说明监督检查的理由或目的

说明海事监督检查理由程序设置的目的在于让海事行政相对人了解实施监督检查的原因和根据,取得相对人的理解、配合,接受监督检查。

在进行日常的监督检查时,由于没有特定的监督检查对象,且是随意性的执法监督检查,当到若干个不特定监督检查对象之一的场所(或船上)进行监督检查时,通常只需要说明监督检查的目的及内容即可。

3. 实施海事监督检查

海事行政主体及其工作人员应遵循法定程序,运用适当的监督检查方式进行监督检查。必要时,获取、收集有关证据或资料。

在具体实施检查时,应当注意:

(1)对有关实物、场所实施监督检查时,应当通知被检查人到场,施行公开检查。在监督检查中,需要对机器设备进行操作时,应由被检查的行政相对人或其指定的人员进行操作。但对这种操作的监督检查,应符合该操作的习惯及特定条件。例如,对船舶弃船演习的监督检查,通常不在港内进行等。

(2)海事行政监督检查应当按照法定时间或正常工作时间进行,以防止侵害相对人的合法权益。但在特殊情况下,应按特殊情况的处理要求进行。

(3)对于监督检查过程中需要采取强制措施的,应当事先通知海事行政相对人并告知理由。但所采取的强制措施除符合法律、法规、规章等的要求外,还应按照采取该强制措施的法定程序进行。

(4)对涉及海事行政相对人特殊权利的监督检查,应当符合法定的特别监督检查的要件、监督检查程序和方式等。

(5)在实施监督检查的过程中及实施检查行为之后,海事监督检查人员有为被检查的行政相对人保守商业秘密的义务。

4. 告知海事行政相对人的权利

海事执法监督检查主体或其工作人员在监督检查结束后,应当告知海事行政相对人其权利,特别是救济途径和手段。允许相对人对检查行为发表自己见解、提出自己的意见;针对海事行政主体及其工作人员获取的与己不利的证据进行辩解;对行政检查不服,如认为属于海事行政主体违法、越权、偏私或使其蒙受不公正的待遇等,可以申诉控告寻求法律救济的权利。

5. 公布结果

检查结束后,根据相关规定,应将监督检查结果定期或不定期的向社会和当事人公布。但涉及国家机密的除外。向外公布结果有利于扩大教育面,提高普遍的守法意识,鼓励先进、督促后进,也有利于社会各界对海事行政检查活动的监督制约。

二、海事监督检查的方式

1. 书面监督检查

其是指海事行政主体或其工作人员依据海事法律、法规等的规定,对海事行政相对人的有关文件、决议、日常工作记录、原始凭证、表报、证件等进行的检查、核实、查阅等。例如,为了检查船舶是否定期举行应急演习,对到港船舶的航海日志所进行的检查,就属于这种局面监督检查。在一般的港口国监控及船旗国监控中,很多情况下,都是通过进行局部的监督检查开始的。

2. 现场监督检查

海事行政主体或其工作人员进入现场对被监督检查内容进行的监督检查。在海上交通事故调查中,现场检查是经常采用的一种检查手段。例如,当两艘发生碰撞事故的船舶递交碰撞事故报告书后,海事调查人员,亲自到两船上检查两船碰撞缺口,以了解两船相撞当时的相对运动状态等。

3. 调查

其是指海事行政主体或其工作人员单独或会同其他行政主体,就专门事项进行调查、询问、了解的检查。其特点在于:①手段比较正式如组成调查组、拟定计划、形成调查报告;②多发生于事后;③调查范围不限于被调查的对象,还可以向知晓情况的第三人进行调查。在海上交通发生规定以上级别的事故后,通常组成跨部门的调查组对事故的各方面进行调查。

4. 记载

其是指海事行政主体或其工作人员对监督检查对象及其某方面的活动作无遗漏的记载,一般要形成笔录。

三、海事执法监督检查的方法

1. 询问当事人和证人

询问当事人应当制作笔录。笔录应交当事人核对无误后,由当事人在笔录上签名盖章。在文字记录的同时,还可以录音或录像弥补记录的不足。当事人请求书面陈述的,应当允许。当事人拒绝签名的,应将情况记录附案。询问证人亦应制作笔录,由证人签名盖章,对重要的证言可以录音或录像。询问证人应当个别进行。

2. 现场勘验

现场勘验须持有勘验证明。邀请两名与案件无利害关系的公民作见证人,还可邀请有关专业人员参加,必要时商请其他行政执法机关派员参加。现场勘验须制作现场勘验笔录和绘图、现场拍照,可以录像,并要求参加勘验人员、专业技术人员和当事人、见证人等在笔录上签名或盖章。

3. 物证检验

物证检验应制作检验报告,载明检验方法、过程、物证特征和检验结果,如物品的形状、材料、规格、数量、重量、体积、颜色、标识等。检验人员应在检验报告上签名或盖章。

4. 扣押、封存有关物品或文件

海事行政主体或其工作人员依海事法律、法规等,在检查中发现需要扣押或封存的物品或者文件,可依法予以扣押或封存。扣押或封存须由两名以上海事行政执法人员参加。扣押或封存的物品或者文件必须与行政检查的内容相关,不得扩大范围。对决定扣押或封存的物品或者文件,应查点清楚,当场开列清单,写明物品或文件的名称、牌号、规格、数量、重量、特征等。一式两份分别存卷和交当事人。清单须由扣押人员、见证人和当事人签字盖章。如果被海事执法监督检查的相对人没有正当理由而拒绝交出海事行政主体或其工作人员依法,决定扣押或封存的物品或文件,或有抗拒行为的,可依法采取相应的措施。

第八章　海事行政处罚

第一节　海事行政处罚的概念

行政处罚是指特定的行政主体依法对违反行政管理秩序但尚未构成犯罪的行政相对人(即公民、法人或其他组织)所给予的行政制裁[❶]。

海事行政处罚是海事行政机构对违反海事行政法律规范但尚未构成犯罪的相对人予以海事行政制裁的一种具体的海事行政行为。《海上海事行政处罚规定》第一条明确了海事行政处罚的指导思想:“规范海上海事行政处罚行为,保护当事人的合法权益,保障和监督海上海事行政管理,维护海上交通秩序,防止船舶污染沿海水域”。

一、海事行政处罚的特征

1. 海事行政处罚是以违反海事行政法律规范为前提

海事行政处罚是一种具体的行政行为,是以海事行政相对人违反海事行政法律规范为前提的,并且以特定的违法事实为根据,以特定的海事行政法律规范为依据。没有违反海事行政规范,则没有海事行政处罚适用的可能。

2. 海事行政处罚的主体是海事行政机构

海事行政处罚权是一项重要的行政权力,其必须由海事行政机构依法实施。在我国,只有各级海事行政机构才有权在自己的授权范围内以自己的名义实施海事行政处罚。

3. 海事行政处罚是一种行政制裁

对违法行为的制裁有刑事制裁、民事制裁和行政制裁三种。海事行政处罚里发生在海事行政机构与行政相对人之间的行为,主体双方地位不平等,显然不属于民事制裁的范畴。而同时海事行政处罚也不属于刑事制裁,因为海事行政处罚只是对尚未构成犯罪的违法行为的制裁。

4. 海事行政处罚的对象是海事行政相对人

从处罚行为角度看,海事行政处罚的适用对象是违反海事行政法律规范的海事行政相对人;从法律责任角度看,则海事行政处罚责任的承担者是海事行政相对人。所以海事行政处罚的对象是海事行政相对人,而不是其他行政主体的相对人,也不是作为海事行政主体的海事行政机构或作为海事行政主体组织分子的海事行政工作人员。

5. 海事行政处罚是具有惩戒性的行政行为

没有行政处罚就没有秩序,通过相应的处罚,使特定的违法者的声誉、能力或财产受到

---

❶ 袁曙宏,等.行政法律关系研究.北京:中国法制出版社出版,1999.

不利的影响,其目的在于惩戒。同时,海事行政相对人对自己的违法行为承担相应的法律责任,承担不利的后果,在以后的行为中就可以避免再犯类似的错误,达到教育的目的。

二、海事行政处罚与其他法律责任的界限

为了进一步明确海事行政处罚的含义,我们还必须弄清海事行政处罚与其他法律责任的界限。如:海事行政处罚与行政处分、执行罚、刑罚处罚等的界限。

1. 海事行政处罚与行政处分

行政处分是行政主体对其系统内部违反行政法规范的工作人员实施的一种惩戒措施。海事行政处罚与行政处分同属行政制裁,但有较大的不同。主要表现在:一是主体不同。海事行政处罚是由享有处罚权的海事行政机构实施的,是由法律明确授权的。而行政处分是由受处分的工作人员所在的机关或上级机关、行政监察机关作出的,也就是说,一般的行政机关都享有对其工作人员的处分权。二是对象不同,海事行政处罚的对象是违反海事行政法律规范的海事行政相对人;而行政处分的对象仅限于行政系统内部的违法失职的工作人员。另外,海事行政处罚既适用于个人,也适用于其他组织;而行政处分则只适用于作为个人的工作人员。三是形式不同。海事行政处罚的形式很多,多达11种(见本章第三节)。而行政处分的形式只有警告、记过、记大过、降级、撤职和开除6种形式。四是救济的途径不同。对海事行政处罚不服的,除法律、法规另有规定外,受罚者可申请复议或提起行政诉讼,通过复议与行政诉讼获得救济;而对行政处分不服的,被处分者只能向作出处分的机关的上一级机关或者行政监察机关申诉。

2. 海事行政处罚与行政强制

行政处罚和行政强制是两种重要的行政行为,在海事管理工作中也存在大量的行政处罚和行政强制行为,海事相关行政法中也吸取了其成果。根据《海上交通安全法》、《内河交通安全管理条例》和《海洋环境法》等法律法规,交通运输部制定的《海上海事行政处罚规定》和交通运输部海事局制定的《海事行政强制实施程序暂行规定》中分别规定了海事行政处罚和海事行政强制的种类。

从大量的法律、法规和规章对海事行政处罚和行政强制的规定中我们可以看出二者不同之处有三点:一是性质与目的不同。海事行政处罚是对违法的行政相对人的一种法律制裁措施。通过惩罚,促使行政相对人将来遵纪守法。行政强制执行是一种迫使义务人依法履行义务的执行手段,目的在于实现既定行政法义务,而非惩戒或者制裁。如:当船舶处于不适航或不适拖状态时,海事行政机关可以根据《海上交通安全法》第十九条规定,对当事船舶作出禁止其离港的行政强制措施,并且在船舶纠正了相关的安全缺陷后,该行政强制措施即可解除。可见,上述行政强制措施的目的是为了迫使船舶纠正其不适航或不适拖状态(迫使其履行保证船舶处于适航或适拖状态的义务);而如果船舶处于不适航或不适拖状态是因船舶配员不足等违法行为引起的,海事行政机关可以根据《海上海事行政处罚规定》第三十四条的规定,对船舶所有人和船长进行处罚,其目的是对违法行为人予以惩戒,并且处罚决定一旦合法作出,就不因其在事后纠正了不适航或不适拖状态而解除。二是实施主体不同。海事行政强制执行可由有执行权的行政机关即海事机构实施;在海事机构不具有执行权时,则应申请人民法院强制执行。海事行政处罚则只能由法

定行政机关即海事机构根据法律授权组织实施,而不能由人民法院实施。三是法律后果不同。行政强制本身并没有对相对方科以或增加义务,而行政处罚本身即对相对方科以或增加了义务。

3.海事行政处罚与刑罚处罚

刑罚处罚,又称刑事处罚,简称刑罚,是人民法院依法对犯罪分子所实施的一种最严厉的制裁手段。海事行政处罚与刑罚都是具有强制力的制裁方式,且都属于公法制裁的范畴,但两者有显著区别:一是海事行政处罚权属于行政权的一部分,刑罚处罚权归属与审判权的范畴属于司法权的一部分;二是海事行政处罚是由海事行政机构实施,而刑罚的主体是国家司法机关——人民法院;三是海事行政处罚的对象是海事行政相对人,在海事行政相对人既违反海事行政法规范,又有违反刑事法规范的情况下,也可能对其实施两种处罚;刑罚只能对违反刑事法规范的犯罪分子实施,而不能对只违反行政法律规范并尚未构成犯罪的人实施;四是海事行政处罚的形式很多,多达11种(见本章第三节),刑罚的种类统一由《刑法》规定,包括主刑和附加刑两大类;五是海事行政处罚是按照《行政处罚法》所规定的行政处罚程序作出的,刑罚必须根据刑事诉讼法规定的司法程序作出。

第二节　海事行政处罚的原则

行政处罚的原则是指对行政处罚的设定和实施具有普遍指导意义的准则[1]。海事行政处罚作为行政处罚的一个分支,它的处罚原则同样来自于《行政处罚法》。行政处罚的原则贯穿于行政处罚的全过程,对行政处罚的设定和实施提出了总的和原则性的要求,对行政处罚行为具有普遍的约束力。《行政处罚法》在总则部分明确规定了我国行政处罚的基本原则。

一、海事行政处罚的法定原则

"公民、法人或者其他组织违反行政管理秩序的行为,应当给予行政处罚的,依照本法由法律、法规或者规章规定,并由行政机关依照本法规定的程序实施。没有法定依据或者不遵守法定程序的,行政处罚无效。"这就是行政处罚的法定原则。其基本内涵包括:①实施行政处罚的主体及职权是法定的;②处罚的依据是法定的,法无明文规定不得处罚;③处罚的程序是法定的,违法实施的行政处罚行为无效或者可以被撤销。

二、海事行政处罚的公正、公开原则

"行政处罚遵循公正、公开的原则。设定和实施行政处罚必须以事实为依据,与违法行为的事实、性质、情节以及社会危害程度相当。对违法行为给予行政处罚的规定必须公布;未经公布的,不得作为行政处罚的依据。"这是对公正、公开原则的直接规定,它要求行政处罚必须做到客观、公平、合理。

[1] 应松年.行政法学新论.北京:中国方正出版社,2003。

(1)公正。所谓公正就是正直、没有偏私。要保证处罚的公正，就必须做到：①实施行政处罚必须以事实为依据，坚持实事求是，切记主观臆断；②实施行政处罚应当“过罚相当”，即违法的社会危害与处罚相一致，做到处罚的种类、幅度与违法行为的事实、情节及社会危害程度相一致，不能畸轻畸重；③不得乱用自由裁量权。

(2)公开。所谓公开就是公之于众。行政处罚公开的主要要求是：①设定或者规定行政处罚的规范性文件必须公开，即对违法行为给予行政处罚的规定必须公布，否则不能成为行政处罚的依据；②实施行政处罚的程序必须公开，其中主要的有表明身份、调查取证公开、履行告知程序、听取当事人的陈述和申辩、公开举行听证等。

三、处罚与教育相结合原则

“实施行政处罚，纠正违法行为，应当坚持处罚与教育相结合，教育公民、法人或者其他组织自觉守法。”这就是处罚与教育相结合原则。

作为法律制裁的一种形式，行政处罚不单纯以处罚为目的，为了处罚而处罚；其根本目的在于预防和制止违法行为，从而维护社会公共利益。因此，处罚应建立在说服教育的基础上，通过教育，使受罚人认识到自己行为的违法性，及时纠正，并保证今后不再重犯。同时，教育必须以处罚为后盾，不能以教代罚，通过施以必要的处罚，使受罚者从心灵深处进行思考和反省，真正引以为戒。只有这样，才能最为有效地保障法律的实施，行政处罚的适用才能收到良好的社会效果。

四、保护当事人合法利益原则

“公民、法人或者其他组织对行政机关所给予的行政处罚，享有陈述权、申辩权；对行政处罚不服的，有权依法申请行政复议或者提起行政诉讼。公民、法人或者其他组织因行政机关违法给予行政处罚受到损害的，有权依法提出赔偿要求。”这一原则又称处罚救济原则，是为了保障当事人在行政处罚中的合法权益而设立的，主要是指当事人对行政主体给予的行政处分享有获得法律救济的权利，包括陈诉权、申辩权、申请听证权、申请行政复议权、提起行政诉讼权和获得行政赔偿权等。

五、不同法律责任不能相互替代原则

“公民、法人或者其他组织因违法受到行政处罚，其违法行为对他人造成损害的，应当依法承担民事责任。违法行为构成犯罪，应当依法追究刑事责任，不得以行政处罚代替刑事处罚。”这个原则是指行政处罚不能与民事法律责任和刑事法律责任相互替代。行政处罚、民事责任和刑事责任虽然都属于法律责任，但它们有不同的性质和范围，三者不能相互替代。行政主体在实施行政处罚时，对于违法行为造成他人损害时，应责令其承担相应的民事责任，或由人民法院根据受害人的起诉而追究违法行为人的民事责任；对于违法行为构成犯罪的，应及时移送司法机关，由人民法院追究其刑事责任，而不能因行政处罚而免除民事责任，也不能以行政处罚代替刑事处罚。

六、“一事不再罚”原则

“一事不再罚”原则是针对行政处罚实践中存在多头处罚、重复处罚的问题作出的，其目的在于防止重复处罚,体现“过罚相当”的原则,以保护当事人的合法权益。《行政处罚法》第二十四条明确规定:“对当事人的同一违法行为,不得给予两次或两次以上罚款的行政处罚。”《海上海事行政处罚规定》第十条明确规定:“对有两个或两个以上海事行政违法行为的同一当事人,应当分别处以海事行政处罚,合并执行。对有共同海事行政违法行为的当事人,应当分别处以海事行政处罚。对当事人的同一个海事行政违法行为,不得处以两次以上罚款的海事行政处罚。”

第三节　海事行政违法行为构成要件

海事行政处罚是以海事行政违法行为作为前提的,而海事行政违法行为需要具备一定的要件。根据法学的一般原理和海事行政法律规范的有关规定,海事行政违法构成要件有四个:主体、客体、主观方面、客观方面。

一、海事行政违法行为的主体

海事行政违法的主体,是指实施海事行政违法行为并依法应受海事行政处罚的相对人即《海上海事行政处罚规定》中规定的当事人,包括自然人、法人或其他组织。当事人的概念可以与存在海事行政违法行为的船舶(设施)所有人、经营(管理)人互相替换。从理论上讲,自然人作为海事行政违法行为的主体,应具有相应的责任能力。对法人或其他组织违反海事行政法律规范的,不论是否有责任能力,都应予以海事行政处罚。

二、海事行政违法行为的客体

海事行政违法行为的客体,是指海事行政法律规范所保护并被相对人的行为所侵犯的水上交通安全和防治船舶污染水域的秩序。包括以下方面:①违反船舶所有人、经营人和船舶安全营运管理秩序;②违反船舶、海上设施检验管理秩序;③违反海上船舶登记管理秩序;④违反海上船员管理秩序;⑤违反海上航行、停泊和作业管理秩序;⑥违反海上通航安全保障管理秩序;⑦违反海上危险货物载运安全监督管理秩序;⑧违反海难救助管理秩序;⑨违反海上打捞管理秩序;⑩违反海上船舶污染沿海水域环境监督管理秩序;⑪违反海上交通事故调查处理秩序。

三、海事行政违法行为的主观方面

海事行政违法行为的主观方面,是指行为人对自己实施的海事行政违法行为在主观上有无过错。过错包括故意和过失。故意是指行为人明知自己的行为会发生破坏海事行政管理秩序的结果,仍希望或者放任这种结果发生的心理状态;过失是指行为人应当预见到自己的行为可能发生破坏海事行政管理秩序的结果,因为疏忽大意而没有预见,或者已经预见而轻信能够避免,以至发生破坏结果的心理状态。海事行政处罚,必然是具有海事行政违法行为的客观存在和主观上有过错(故意或过失)。

四、海事行政违法行为的客观方面

海事行政违法行为的客观方面,是指相对人所实施的海事行政违法行为。一般来说,海事行政违法行为的客观方面只要求海事行政违法行为客观存在,而不要求这种行为所产生的危害后果。也就是说,只要相对人实施了海事行政违法行为,不论该行为是否有危害结果,都属海事行政违法行为。

海事行政违法行为有作为和不作为两种基本形式:

(1)作为的海事行政违法行为,是指行为人以积极的方式实施违反海事行政法律规范的行为。如提供假材料办理行政许可的行为。

(2)不作为的海事行政违法行为,是指行为人根据海事行政法律规范的规定负有作出某种行为的义务而未作出该行为的海事行政违法行为。如发生污染事故应向海事行政机构报告而未报告的行为。

第四节　海事行政处罚的种类、适用规定、权限及管辖

一、海事行政处罚的种类

根据《海上海事行政处罚规定》第二章第八条规定:海事行政处罚的种类有如下11种:

1. 警告

警告只具有精神惩戒作用,它是通过对当事人施加精神上的压力以达到惩戒的目的。一般对实施轻微海事违法行为的海事行政相对人进行这种处罚。警告是海事行政主体适用最经常、最普遍的行政处罚形式之一。它既可适用于公民,也可适用于法人和其他组织。

2. 罚款

罚款是海事行政主体对实施海事行政违法行为的海事行政相对人的一种经济制裁。它是通过使海事行政相对人经济上的既得利益受到损失的方法起到惩戒的目的,其简便易行,又具有一定效果。因而也是海事行政主体适用最经常、最普遍的行政处罚形式之一。

3. 撤销船舶检验资格

《验船人员适任考试、发证规则》第四条规定验船人员必须按本规则规定,取得相应类别、专业和等级的适任证书后,方可从事相应范围内的船舶检验工作,并承担相应的技术责任。本项处罚主要是针对船舶检验机构的检验人员违反《船舶和海上设施检验条例》的规定,滥用职权、徇私舞弊、玩忽职守的行为制定的,主要目的是为了规范船舶检验行为。

4. 吊销船舶国籍证书或临时船舶国籍证书

《海洋法公约》第九十一条规定"每个国家应确定对船舶给予国籍、船舶在其领土内登记及船舶悬挂该国旗帜的条件。船舶具有其有权悬挂的旗帜所属国家的国籍。国家和船舶之间必须有真正的联系","每个国家应向其给予悬挂该国旗帜权利的船舶颁发给予该权利的文件"。由此可见船舶国籍证书是船舶具有某国国籍的证明文件,吊销该证书,船舶就丧失了依附在该证书上的所具有的权能。

5. 没收船舶登记证书

船舶登记是国家的船舶登记机关按照国家的法律或规章,对该国国家、法人、自然人所

拥有的船舶和该国法律准予接受的船舶所进行的注册登记。船舶只有通过登记,才能在法律上确定它所具有的法律地位和确认其应有的权利和义务。船舶登记证书,包括船舶国籍证书、船舶所有权登记证书、船舶抵押权登记证书、光船租赁登记证书等。船舶登记证书被没收后,经过整改可重新申请再次获得。

6. 扣留船员职务证书

扣留船员职务证书是暂时限制海事行政相对人从事被许可活动的权能,是海事行政主体对其发放证书的持有者,违反证书使用要求或出现了法规规定的其他扣留证书的情况时所给予的行政处罚。

船员职务证书,包括船员培训合格证、船员服务簿、船员适任证书及其他适任证件(下同)。

7. 吊销船员职务证书

吊销船员职务证书是使海事行政相对人丧失从事所许可的活动的资格或权能,也是海事行政主体对其发放证书的持有者,违反证书使用要求时所给予的行政处罚。但要比扣留证书严厉得多。

8. 吊销海员出境入境证件

海员证是中国海员出入中国国境和在境外通行使用的有效身份证。申领海员证的中国海员必须具备下列条件:

(1)没有《中华人民共和国公民出境入境管理法》第八条规定的情形;

(2)经批准,有具体的任务;

(3)经过海员专业技术训练,具有相应的证书。吊销海员出境入境证件是对违法船员在外籍或中国籍国际航行船舶上服务的限制,并不影响其在国内船舶上工作。

9. 没收违法所得

所谓违法所得,是指公民、法人及其他组织在形式上有法律依据的前提下,因行为不符合法律所规定的要求而得到的收入[1]。没收违法所得必须是没收公民、法人或者其他组织进行"违法"行为之所得。

10. 没收船舶

没收船舶是海事行政主体最严厉的行政处罚手段,在《海上海事行政处罚规定》中只规定了两种违法行为才可以受到没收船舶的行政处罚:一是假冒中华人民共和国国籍,非法悬挂中华人民共和国国旗航行的行为;二是中国籍船舶假冒外国国籍,非法悬挂外国国旗航行的行为。法律依据是《船舶登记条例》。

11. 法律、行政法规规定的其他海事行政处罚

这是行政处罚种类的一种授权式规定,是一种立法技巧。照搬于《行政处罚法》,以适应未来形势发展的需要。随着海事行政立法的不断完善,结合海事行政管理的实际,可能会出现上述以外的海事行政处罚种类或方式,因此将此规定作为兜底条款是必要的。

二、海事行政处罚的适用规定

(1)海事管理机构实施海事行政处罚时,应当责令当事人改正或限期改正海事行政违法

[1] 胡锦光.行政处罚研究.北京:法律出版社,1998.

行为。

(2)对有两个或两个以上海事行政违法行为的同一当事人,应当分别处以海事行政处罚,合并执行。

对有共同海事行政违法行为的当事人,应当分别处以海事行政处罚。

对当事人的同一个海事行政违法行为,不得处以两次以上罚款的海事行政处罚。

(3)海事行政处罚的轻重,应当与海事行政违法行为和承担的海事行政法律责任相适应。

海事违法行为轻微并及时纠正,没有造成危害后果的,不予海事行政处罚。

海事行政违法行为的当事人有《行政处罚法》第二十七条所列情形之一的,应当依法从轻处以海事行政处罚或减轻海事行政处罚。

有海事行政违法行为的中国籍船舶和船员在境外已经受到海事行政处罚的,不得重复给予海事行政处罚。

(4)海事行政违法行为的当事人有下列情形之一的,应当从重处以海事行政处罚:

①造成较为严重后果或情节恶劣;

②一年内因同一海事行政违法行为受过海事行政处罚;

③胁迫、诱骗他人实施海事行政违法行为;

④伪造、隐匿、销毁海事行政违法行为证据;

⑤拒绝接受或阻挠海事管理机构实施监督管理;

⑥法律、行政法规规定应当从重处以海事行政处罚的其他情形。

三、海事行政处罚的权限

(1)各级海事局所属的海事处管辖本辖区内的下列海事行政处罚案件:

①对自然人处以警告、1 000 元以下罚款、扣留船员职务证书 3 个月至 6 个月的海事行政处罚;

②对法人或其他组织处以警告、1 万元以下罚款的海事行政处罚。

(2)各级海事局管辖本辖区内的所有海事行政处罚案件。

四、海事行政处罚的管辖

海事行政处罚案件由海事行政违法行为发生地的海事管理机构管辖,法律、行政法规和规章另有规定的除外。

海事行政违法行为发生地,包括海事行政违法行为的初始发生地、过程经过地、结果发生地。

五、海事行政处罚的管辖争议及移送

(1)对海事行政处罚案件管辖发生争议的,报请共同的上一级海事管理机构指定管辖。

(2)下级海事管理机构对其管辖的海事行政处罚案件,认为需要由上级海事管理机构办理的,可以报请上级海事管理机构决定。

(3)海事管理机构对不属其管辖的海事行政处罚案件,应当移送有管辖权的海事管理机构;受移送的海事管理机构如果认为移送不当,应当报请共同的上一级海事管理机构指定管辖。

(4)上级海事管理机构自收到解决海事行政处罚案件管辖争或报请移送海事行政处罚案件管辖的请示之日起7日内作出管辖决定。

第五节 海上海事行政违法行为和行政处罚

根据《海上海事行政处罚规定》第三章的规定,下列行为将受到海事行政主体的处罚。

一、违反船舶所有人、经营人和船舶安全营运管理秩序

船舶所有人、经营人违反安全营运管理秩序,有下列行为之一的,对船舶所有人或船舶经营人处以罚款:

(1)未取得船舶所有人、经营人安全营运与防污染管理体系符合证明就从事航行或其他有关活动;

(2)提供虚假材料或以其他不正当手段骗取船舶所有人、经营人安全营运与防污染管理体系符合证明;

(3)伪造、变造船舶所有人、经营人安全营运与防污染管理体系审核的符合证明;

(4)转让、买卖、租借、冒用船舶所有人、经营人安全营运与防污染管理体系审核的符合证明;

(5)使用伪造、变造的船舶所有人、经营人安全营运与防污染管理体系符合证明从事航行或其他有关活动。

上述规定罚款的数额,依照下列规定确定:

(1)属于非经营活动中的违法行为的,处以200元以上1 000元以下罚款;

(2)属于经营活动中的违法行为,有违法所得的,处以违法所得的3倍以下、最多不超过3万元的罚款;

(3)属于经营活动中的违法行为,无违法所得的,处以300元以上1万元以下罚款。

二、违反船舶、海上设施检验管理秩序

违反《海上交通安全法》第四条的规定,船舶和船舶上有关航行安全、防治污染等重要设备无相应的有效的检验证书的,依照《海上交通安全法》第四十四条的规定,处以下列行政处罚:

(1)属于非经营活动中的违法行为的,对船舶所有人或船舶经营人处以300元以上1 000元以下罚款;对船长处以200元以上1 000元以下的罚款,并扣留船员职务证书3个月至6个月。

(2)属于经营活动中的违法行为,有违法所得的,对船舶所有人或船舶经营人处以违法所得的3倍以下、最多不超过3万元的罚款;对船长处以本人违法所得的3倍以下、最多不超过3万元的罚款,并扣留船员职务证书12至24个月直至吊销船员职务证书。

(3)属于经营活动中的违法行为,无违法所得的,对船舶所有人或船舶经营人处以300元以上1万元以下罚款;对船长处以200元以上1万元以下的罚款,并扣留船员职务证书6至12个月。

上述所称船舶和船舶上有关重要设备无相应的有效的检验证书,包括下列情形:

(1)无相应的检验证书;

(2)持伪造、变造、转让、买卖或租借的检验证书;

(3)所持检验证书与船舶、船舶上有关重要设备的实际情况不符;

(4)持已经超过有效期限的检验证书;

(5)其他不符合法律、行政法规和规章规定情形的检验证书。

三、违反海上船舶登记管理秩序

违反《海上交通安全法》第五条的规定,船舶无船舶国籍证书或使用虚假的船舶国籍证书航行的,依照《海上交通安全法》第四十四条的规定,处以下列行政处罚:

(1)属于非经营活动中的违法行为的,对船舶所有人或船舶经营人处以200元以上1 000元以下罚款;对船长处以100元以上1 000元以下的罚款,并扣留船员职务证书3个月至6个月。

(2)属于经营活动中的违法行为,有违法所得的,对船舶所有人或船舶经营人处以违法所得的3倍以下、最多不超过3万元的罚款;对船长处以本人违法所得的3倍以下、最多不超过2万元的罚款,并扣留船员职务证书12个月至24个月直至吊销船员职务证书。

(3)属于经营活动中的违法行为,无违法所得的,对船舶所有人或船舶经营人处以300元以上1万元以下罚款;对船长处以200元以上8 000元以下的罚款,并扣留船员职务证书6个月至12个月。

四、违反海上船员管理秩序

违反《海上交通安全法》第七条的规定,未取得合格的船员职务证书或未通过船员培训,擅自上船服务的,依照《海上交通安全法》第四十四条的规定,处以下列数额的罚款:

(1)在非经营性船舶上服务的,处以200元以上1 000元以下罚款;

(2)在经营性船舶上服务,有违法所得的,处以本人违法所得的3倍以下、最多不超过3万元的罚款;

(3)在经营性船舶上服务,无违法所得的,处以300元以上1万元以下罚款。

上述所称未取得合格的船员职务证书,包括下列情形:

①无船员职务证书;

②持采取弄虚作假的方式取得的船员职务证书;

③持伪造、变造的船员职务证书;

④持转让、买卖或租借的船员职务证书;

⑤所服务的船舶的航区、种类和等级以及所任职务超越所持船员职务证书限定的范围;

⑥持已经超过有效期限的船员职务证书;

⑦其他不符合法律、行政法规和规章规定情形的船员职务证书。

对于上述2、4两种违法行为，除处以罚款外，并处吊销船员职务证书。

对于上述5的违法行为，除处以罚款外，并处扣留船员职务证书3个月至12个月。

五、违反海上航行、停泊和作业管理秩序

违反《海上交通安全法》第六条的规定，船舶未按照标准定额配备足以保证船舶安全的合格船员，依照《海上交通安全法》第四十四条的规定，处以下列行政处罚：

(1)属于非经营活动中的违法行为的，对船舶所有人或船舶经营人处以300元以上1 000元以下罚款；对船长处以200元以上1 000元以下罚款，并可扣留船员职务证书3个月至6个月。

(2)属于经营活动中的违法行为，有违法所得的，对船舶所有人或船舶经营人处以违法所得的3倍以下、最多不超过3万元的罚款；对船长处以本人违法所得的3倍以下、最多不超过2万元的罚款，并可扣留船员职务证书3个月至12个月。

(3)属于经营活动中的违法行为，无违法所得的，对船舶所有人或船舶经营人处以500元以上1万元以下罚款；对船长处以300元以上8 000元以下罚款，并可扣留船员职务证书3个月至6个月。

上述所称未按照标准定额配备足以保证船舶安全的合格船员，包括下列情形：

(1)船舶所配船员的数量低于船舶最低安全配员证书规定的定额要求；

(2)船舶所配船员未持有有效的适任证书；

(3)船舶未持有有效的船舶最低安全配员证书。

六、违反海上通航安全保障管理秩序

有下列行为之一的，依照《航标条例》第二十条的规定，责令限期改正或采取相应的补救措施：

(1)违反《航标条例》第十一条的规定，在航标附近设置有碍航行安全的灯光或音响装置；

(2)违反《航标条例》第十三条的规定，在航标周围构筑建筑物、构筑物或种植植物以及其他影响航标效能的障碍物。

七、违反海上危险货物载运安全监督管理秩序

违反《危险化学品安全管理条例》的规定，有下列行为之一的，依照《危险化学品安全管理条例》第五十九条的规定，责令立即或限期改正，处2万元以上20万元以下的罚款；逾期未改正的，责令停产停业整顿：

(1)运输危险化学品的船舶及其配载的容器，未按照国家有关规范进行检验并合格；

(2)船舶运输危险化学品，使用的包装的材质、形式、规格、方法和单件质量(重量)与所包装的危险化学品的性质和用途不相适应；

(3)船舶运输危险化学品，重复使用的包装物、容器在使用前，不进行检查；

(4)船舶运输危险化学品，使用未经检验合格的包装物、容器包装、盛装、运输。

八、违反海难救助管理秩序

违反《海上交通安全法》第三十六条规定，事故现场附近的船舶、设施，收到求救信号或发现有人遭遇生命危险时，在不严重危及自身安全的情况下，不救助遇难人员，或不迅速向海事管理机构报告现场情况和本船舶、设施的名称、呼号和位置，依照《海上交通安全法》第四十四条规定，处以下列行政处罚：

(1)属于非经营活动中的违法行为的，对船舶、设施处以200元以上1 000元以下罚款；对船长、设施主要负责人处以100元以上1 000元以下罚款，并可扣留船员职务证书3个月至6个月。

(2)属于经营活动中的违法行为的，对船舶、设施处以200元以上1万元以下罚款；对船长、设施主要负责人处以100元以上8 000元以下罚款，并可扣留船员职务证书6个月至12个月。

九、违反海上打捞管理秩序

违反《海上交通安全法》第四十条规定，对影响安全航行、航道整治以及有潜在爆炸危险的沉没物、漂浮物，其所有人、经营人不按海事管理机构限定期限打捞清除，依照《海上交通安全法》第四十四条规定，处以下列行政处罚：

(1)属于非经营活动中的违法行为的，对法人或其他组织处以200元以上1 000元以下罚款；对自然人处以100元以上1 000元以下罚款。

(2)属于经营活动中的违法行为，有违法所得的，对法人或其他组织处以违法所得的3倍以下、最多不超过3万元的罚款；对自然人处以本人违法所得的3倍以下、最多不超过2万元的罚款。

(3)属于经营活动中的违法行为，无违法所得的，对法人或其他组织处以300元以上1万元以下罚款；对自然人处以200元以上8 000元以下罚款。

十、违反海上船舶污染沿海水域环境监督管理秩序

违反《防止拆船污染环境管理条例》规定，有下列情形之一的，依照《防止拆船污染环境管理条例》第十七条的规定，除责令其限期纠正外，还可以根据不同情节，处以1万元以上10万元以下的罚款：

(1)未持有经批准的环境影响报告书(表)，擅自设置拆船厂进行拆船的；

(2)发生污染损害事故，不向监督拆船污染的海事管理机构报告也不采取消除或控制污染措施的；

(3)废油船未经洗舱、排污、清舱和测爆即行拆解的；

(4)任意排放或丢弃污染物造成严重污染的。

十一、违反海上交通事故调查处理秩序

违反《海事调查处理条例》规定，有下列行为之一的，依照《海事调查处理条例》第二十九条的规定，对船员处以警告或200元以下罚款；对船舶所有人或经营人处以警告或5 000元以下罚款：

(1)发生海上交通事故,未按规定的时间向海事管理机构报告或提交《海上交通事故报告书》;

(2)发生海上交通事故,在国外进行诉讼、仲裁或调解,船舶所有人或经营人未按《海事调查处理条例》第三十二条规定的时间将判决书、裁决书或调解书的副本或影印件报船籍港的海事管理机构备案;

(3)发生海上交通事故,未按海事管理机构的要求驶往指定地点,或在未发现危及船舶安全的情况下未经海事管理机构同意擅自驶离指定地点;

(4)发生海上交通事故,报告或《海上交通事故报告书》的内容不符合《海事调查处理条例》第五条、第七条规定的要求,或不真实,影响事故调查或给有关部门造成损失;

(5)发生海上交通事故,不按《海事调查处理条例》第九条的规定,向当地或船舶第一到达港地的船舶检验机构、公安消防监督机关申请检验、鉴定,并将检验报告副本送交海事管理机构备案,影响事故调查;

(6)拒绝接受事故调查或无理阻挠、干扰海事管理机构进行事故调查;

(7)在接受事故调查时故意隐瞒事实或提供虚假证明。

第六节　海事行政处罚程序

海事行政处罚决定程序是整个海事行政处罚的关键环节之一,是保障正确实施行政处罚的条件之一。基于"诉讼经济"的考量,如果只对低度的法益侵害,可以不必规定太严格的程序要件[1]。针对罚款额度高低及属于警告处罚与否,分为简易程序及一般程序。在前者的简易程序方面,则不必进行如一般程序的严格程序,有利于提高行政效率,节约执法成本。对于按照一般程序吊销许可证或证件、较大数额罚款(在海事行政处罚中是指对自然人处以1万元以上罚款,对法人或其他组织处以10万元以上罚款)的行政处罚,为了保护相对人的权益,可应当事人的要求,举行听证,即可以进入听证程序。因此行政处罚的程序包括决定程序中的简易程序(或称当场处罚程序)、一般程序(或称普通程序)、执行程序、监督程序,听证程序是一般程序的特殊程序。

一、简易程序

1. 简易程序的概念

简易程序,亦称当场处罚程序,是指海事行政机构行政执法人员对符合法定条件的行政处罚事项,当场作出行政处罚决定的处罚程序。

2. 适用简易程序的条件

《行政处罚法》第三十三条规定"违法事实确凿并有法定依据,对公民处以50元以下、对法人或者其他组织处以1 000元以下罚款或者警告的行政处罚的,可以当场作出行政处罚决定。"这就是我们所说的简易程序。《海上海事行政处罚规定》也做了相同的规定。即第八十九条规定:"海事行政违法事实确凿,并有法定依据的,对自然人处以警告或处以50元以

[1] 陈新民. 中国行政法学原理. 北京:中国政法大学出版社,2002.

下罚款，对法人或其他组织处以警告或1 000元以下罚款的海事行政处罚的，可以当场作出海事行政处罚决定。”从上述规定中不难看出，行政机关对行政违法行为适用简易程序，必须同时具备以下三个条件：

第一，对公民处以50元以下、对法人或者其他组织处以1 000元以下罚款或者警告的行政处罚。这一规定表明：①简易程序仅限于数额较小的罚款和警告。除此以外的海事行政处罚，因为较严厉及案件复杂，对当事人的影响较大或者重大，故要慎重行事而不适用简易程序。②在我国目前经济发展状况下，划定这一罚款数额标准，应该说是恰当的。从经济能力上来说，法人或者其他组织显然要强于公民，如果两者适用于同一标准，就会出现或者对公民偏重，或者对法人或者其他组织偏轻的情况，也就起不到惩罚与教育的作用。③从法律、法规、行政规章的规定来看，对公民处以50元以下，对法人或者其他组织处以1 000元以下罚款或者警告行政处罚的违法行为，通常属轻微的违法行为。这类行为案情简单，影响小，社会危害性不大，故可以适用于简易程序即当场处罚程序。

第二，违法事实确凿。违法事实确凿包括：①有确实充分的证据证明违法事实的存在及性质、程序，即违法事实符合法律、法规、行政规章预先设定的事项。②有确实、充分的证据证明违法事实系当事人所为。只有在违法事实确凿的情况下，才适用简易程序，当场对当事人作出处罚。对于虽然符合第一个条件，但违法事实尚未查清，证据未达到确实、充分的程序，仍然不可以适用简易程序对当事人进行处罚。违法事实确凿既是适用简易程序的条件之一，更是适用简易程序的一个基本前提之一。

第三，有法定依据。对当事人违法行为进行处罚，不仅有法律依据，而且法律依据必须明确、具体。在没有明确、具体的法律依据的情况下，必然是随意性的，亦即是违法的。因此，当场无法确定法律依据或者法律依据不明确的，即使符合上述两个条件，也不可适用简易程序。

执法人员在行政执法过程中发现相对人实施的行政违法行为后，如认定相应行为符合上述法定条件，即不必适用调查取证程序，也不必更换时间和地点，可以立即当场予以处罚。与《行政处罚法》规定的一般程序相比较，这一程序省略了相关步骤，有利于迅速、及时地处理较轻微的行政违法行为。

3. 简易程序的实施

(1)表明身份。即执法人员当场作出行政处罚决定的，应当向当事人出示执法证件。这个证件只能是由中华人民共和国海事局颁发的海事行政执法证，即使是穿着制服而无海事行政执法证也不能算表明身份。

(2)确认违法事实，说明处罚理由和依据。海事执法人员当场发现或者有人当场指认某人违法的，如果违法事实清楚、情节简单，当事人对违法事实无异议，执法人员即可当场处罚，并说明处罚的事实根据和法律依据。有时虽然违法行为的危害后果轻微，但违法者拒不承认；或者由于某种客观原因，执法人员的“发现”或者第三人的“指认”存在事实上的偏差或错误，在这种情况下，执法人员应当尽量取得其他证据，以确认违法事实。要求说明处罚理由和依据，这体现了保障相对人权利的原则，有利于违法者了解法律的有关规定，教育其严格遵守法。给予当事人以提出异议和申辩的机会，也有利于监督执法人员认真执行处罚法规，公正地实施处罚。

(3)制作《海事当场行政处罚决定书》。这是对行政处罚决定的书面形式要求,其目的在于为行政处罚接受监督和审查提供依据。执法人员当场作出行政处罚决定的,应当填写预定格式、统一编有号码的《海事当场行政处罚决定书》。行政处罚决定书应当载明法定事项并由执法人员签名或盖章。

(4)《海事当场行政处罚决定书》的交付。执法人员按照法定的格式,要求填写《海事当场行政处罚决定书》,应当当场交付当事人,并要求当事人在海事行政处罚决定书副本上签字。

(5)备案。海事行政执法人员依法当场作出海事行政处罚决定的,应当在3日内将海事行政处罚决定书副本报所属海事管理机构备案。当事人对当场处罚决定不服的,可以依法申请行政复议或者提起行政诉讼。申请行政复议或者提起行政诉讼也是《行政处罚法》第二十五条规定的对简易程序的法律救济途径。

二、一般程序

1. 一般程序的概念

一般程序是指行政处罚程序的基本程序,适用于简易程序案件之外的所有行政处罚案件,包括立案调查程序和审查决定程序[1]。

2. 一般程序的特征

(1)适用的范围广。除法律有特别规定的以外,一律适用一般程序。

(2)较简易程序严格、复杂。一般程序较简易程序在时间顺序、证据取舍、当事人参与权利以及对公众公开等方面的要求更为严格。

(3)同时作为听证程序的前提程序。听证程序适用于案情复杂、争议较大、可能导致较重处罚的案件,但适用听证程序的案件在举行听证前,一般必须首先经过一般程序的有关步骤,如调查取证,向当事人说明处罚理由、根据,听取当事人申辩等。所以,一般程序可以认为是听证程序的前提程序,听证程序可以认为是一般程序的特别程序。

3. 一般程序的步骤

(1)立案。海事行政机构对于属于本机关管辖范围内并在追究时效内的海事行政违法行为或重大违法嫌疑情况,海事行政机构认为有调查处理的必要的,应当正式立案。《海上海事行政处罚规定》第九十二条明确规定:“除依法可以当场作出的海事行政处罚外,海事管理机构发现自然人、法人或其他组织有依法应当处以海事行政处罚的海事行政违法行为,应当自发现之日起7日内填写海事行政处罚立案呈批表,报本海事管理机构负责人批准,但本规定另有规定的,从其规定。”但也有例外,如:“发生海上交通事故应当处以海事行政处罚的,应当自海上交通事故调查完结之日起7日内填写海事行政处罚立案呈批表,报本海事管理机构负责人批准。”立案是海事行政处罚程序的开始,目的是对海事违法行为进行追究,通过调查取证工作,证明违法嫌疑人是否实施了违法行为,从而决定是否对其实施处罚。

(2)调查。调查是指海事行政机构依法收集海事行政违法案件的各种证据以查清有关违法事实的活动。海事执法人员在进行调查时,应当穿着制服,向当事人出示执法证,调查人员应为2人及以上。另外,同当事人有利害关系的海事执法人员应当回避。在调查中,海

---

[1] 傅思明.中国依法行政的理论和实践.北京:中国检察出版社,2002.

事行政执法人员有权询问当事人和证人。调查人员应当全面、客观、公正地收集各种证据，既要收集能证明相对人违反海事行政法律规范的证据，又要收集能证明相对人没有违反海事行政规范的证据；既要收集可能使相对人处罚加重的证据，又要收集可能使相对人获得从轻或免除处罚的证据。先取证、后处罚，是海事行政处罚程序最基本的准则。不经过调查就不可能取得充分的证据，没有充分的证据就不可能作出正确的处罚决定。因此，在没有取得足以证明应予处罚的违法事实存在的充分而确凿的证据之前，不能实施处罚。

《海上海事行政处罚规定》对调查取证的相关规定：

①海事行政处罚案件的证据种类有：书证、物证、视听资料、证人证言、当事人的陈述、鉴定结论、勘验笔录、现场笔录。

②进行海事行政处罚案件的调查或检查，由海事管理机构负责人指定 2 名以上海事行政执法人员担任调查人员。

调查人员与本案有直接利害关系的，应当回避。

③调查人员询问或检查，应当出示海事行政执法证件，并制作询问笔录或检查笔录。

询问笔录或检查笔录经被询问人、被检查人确认无误后，由被询问人、被检查人签名或盖章。拒绝签名或盖章的，调查人员应在笔录上注明情况。

对涉及国家机密、商业秘密和个人隐私的，海事管理机构和调查人员、检查人员应当为其保守秘密。

④收集海事行政处罚案件的书证、物证和视听资料，应当是原件、原物。收集原件、原物确有困难的，可由提交证据的自然人、法人或其他组织在复制品、照片等物件上签名或盖章，并注明"与原件（物）相同"字样。

海事管理机构可以使用照相、录音、录像以及法律允许的其他调查手段。

⑤调查人员、检查人员查阅、调取与海事行政处罚案件有关资料，可以对有关内容进行摘录或复制，并注明来源。

⑥调查人员、检查人员对与案件有关物品或场所进行勘验或检查，应当通知当事人到场，制作勘验笔录或检查笔录。当事人不到场或暂时难以确定当事人的，可以请在场的其他人作证。

勘验笔录或检查笔录应当由当事人或证人签名或盖章；拒绝签名或盖章的，调查人员应当在勘验笔录或检查笔录上注明情况。

⑦对需要抽样取证的，应当通知当事人到场，并制作抽样取证清单。当事人不到场或暂时难以确定当事人的，可以请在场的其他人作证。

抽样取证清单，应当由调查人员、当事人或证人签名或盖章。

海事管理机构应当妥善保管抽样取证物品；需要退还的，应当及时退还。

⑧为查明海事行政处罚案件事实需要进行技术鉴定的专门性问题，海事管理机构应当聘请法定技术鉴定机构进行鉴定。无法定技术鉴定机构，应聘请有关技术鉴定机构或具有专门技术的人员进行鉴定，并制作鉴定结论，由技术鉴定机构和人员签名或盖章。

⑨海事行政处罚案件的证据可能灭失或以后难以取得的，经海事管理机构负责人批准，可以通知当事人或有关人员到场，先行登记保存证据，并制作证据登记保存清单。证据登记保存清单，应当由调查人员、检查人员、当事人或有关人员、证人签名或盖章。拒绝签名、盖章的，调查人员应当在证据登记保存清单上注明情况。当事人或有关人员不到场或暂时难

以确定当事人、有关人员的,可以请在场的其他人作证。

海事管理机构对登记保存的物品,应当在7日内作出下列处理决定:

①需要进行技术鉴定的,依照规定送交鉴定;

②对不应当处以海事行政处罚的,应当解除先行登记保存,并将先行登记保存的物品及时退还;

③法律、法规、规章规定应当作其他处理的,依法作其他处理。

海事行政处罚的审核。审核是《海上海事行政处罚规定》的一项专门规定,是由设在海事机构内部的法制部门对调查之后尚未作出处罚决定的海事行政违法案件进行审核的一项制度。目的是提高海事行政处罚的质量。有关规定如下:

①海事行政处罚案件调查结束后,应当制作海事行政处罚案件调查报告,连同海事行政违法案件立案呈批表和证据材料,移送本海事管理机构负责法制工作的内设机构进行预审。

②海事管理机构负责法制工作的内设机构预审海事行政处罚案件采取书面形式进行,主要内容包括:

a. 案件是否属于本海事管理机构管辖;

b. 当事人的基本情况是否清楚;

c. 案件事实是否清楚,证据是否确实、充分;

d. 定性是否准确;

e. 适用法律、法规、规章及其他规范性文件等是否准确;

f. 行政处罚是否适当;

g. 办案程序是否合法。

③海事管理机构负责法制工作的内设机构预审完毕后,应当根据下列规定提出书面意见,报本海事管理机构负责人审查:

a. 违法事实清楚,证据确实、充分,行政处罚适当、办案程序合法,按规定不需要听证或当事人放弃听证的,同意负责行政执法调查的内设机构的意见,建议报批后告知当事人;

b. 违法事实清楚,证据确实、充分,行政处罚适当、办案程序合法,按规定应当听证的,同意调查人员意见,建议报批后举行听证,并告知当事人;

c. 违法事实清楚,证据确实、充分,但定性不准、适用法律不当、行政处罚不当的,建议调查人员修改;

d. 违法事实不清,证据不足的,建议调查人员补正;

e. 办案程序不合法的,建议调查人员纠正;

f. 不属于本海事管理机构管辖的,建议移送其他有管辖权的机关处理。

(3)决定。决定是指海事行政机构经过调查之后,掌握了充分的事实和证据,证明确有违反海事行政规范的行为并有明确的责任人,然后按照海事行政处罚规范作出对该责任人进行处罚的决定。海事行政机构在案件调查终结后,应当由调查人员制作《海事违法行为调查报告》并提出初步的处理意见,经法制部门审核后,报行政首长审批。海事管理机构负责人应当及时对调查结果进行审查,根据不同情况分别作出处理决定:第一,对情节复杂或者重大违法行为给予较重的行政处罚,即对自然人罚款或没收非法所得数额超过1万元,对法人或其他组织罚款或没收非法所得数额超过3万元,以及撤销船舶检验资格、没收船舶、没收或吊销船舶登记证书、吊销船员职务证书、吊销海员出境入境证件的海事行政处罚。海事行政机构负责人应当集体讨论决定；第二，对应受行政处罚的违法行为，根据情节轻重及具体情况，由海事行政机构作出适当的行政处罚决定；第三，对违法行为轻微，依法可以不予行政处罚的，不予行政处罚；第四，对经调查认定，违法事实不能成立的，不得给予行政处罚；第五，对不具有管辖权的海事行政处罚案件应移送有管辖权机构。

(4)说明理由并告知权利。海事行政机构在作出行政处罚决定之前，应当制作《海事违法行为通知书》告知当事人拟作出行政处罚决定的事实、理由及依据，并告知当事人有权在收到该通知书之日起3日内进行陈述和申辩，对依法应当听证的告知当事人有权在收到该通知书之起3日内提出听证要求。说明理由和告知权利的主要意义在于给当事人以针对处罚理由、根据进行申辩的机会，以及保证当事人在处罚过程中及以后及时请求救济，防止错过救济时效。

(5)当事人陈述和申辩。当事人或被处罚人的陈述、申辩权，是行政处罚程序中最主要、最基本的权利之一，是保护相对人不受行政机关非法侵害的权利，也是制约行政机关及其执法人员滥用处罚权的主要机制之一。海事行政机构有提出事实和证据说明当事人违法的权利，当事人也有陈述事实、提出证据说明自己无辜的权利。如果当事人对《海事违法行为通知书》中拟进行行政处罚的违法行为提出有力证据证明自己是无辜的，海事管理机构就不能也无权实施行政处罚。海事管理机构必须充分听取当事人的意见，对当事人提出的事实、理由和证据应当进行复核；当事人提出的事实、理由和证据成立的，行政机关应当采纳，不得因当事人申辩而加重处罚。

(6)正式裁决。当事人在接到《海事违法行为通知书》后，第一，未提出异议，并提出与《海事违法行为决定书》同时送达。第二，3日内未提出异议。第三，在3日内经过陈述和申辩，海事管理机构认为理由不存在的或不成立的。海事行政机构应及时制作《海事违法行为决定书》。注意《海事违法行为决定书》必须盖有作出海事行政处罚决定的海事管理机构的印章，否则处罚无效。

(7)海事行政处罚决定书的送达。海事行政机构依照法定的程序和方式，将行政处罚决定书送达当事人的行为，称为行政处罚决定书的送达。行政处罚决定书一经送达，便产生法律效果。当事人提起行政复议或行政诉讼的期限，从送达之日算起。行政处罚决定书一般应在宣告后当场交付当事人；当事人不在场的，行政机关应当在7日内依照民事诉讼法的有关规定，将行政处罚决定书送达当事人。行政处罚决定书的送达方式有以下四种：一般情况下应直接送交当事人签收，当事人签收的日期是送达日期；留置送达，当事人拒绝签收的，应当由当事人所在单位或基层组织的有关人员以及其他无利害关系的证明人签字证明，并以该签字证明之日为送达日期；不能直接送达的，可以采用邮寄送达的方式，邮寄送达以挂号回执上注明的收件日期为送达日期；责任人下落不明，无法送达的，可以采用公告送达的方式，公告期限结束的日期即为送达日期。

(8)海事行政处罚的结案规定。海事行政处罚案件应当自立案之日起2个月内办理完毕。因特殊需要，经海事管理机构负责人批准可以延长办案期间，但最长不得延长至3个月。如3个月内仍不能办理完毕，经上一级海事管理机构批准可再延长办案期间，但最长不得延长至6个月。

三、听证程序

1. 听证程序的概念

听证一般是指国家机关作出行政决定之前，听取与该决定有利害关系的当事人的意见的活动[1]。海事行政处罚中的听证程序，是指海事行政机构在向当事人作出重大海事行政处罚决定前，听取当事人陈述和辩解，以便作出公正、合法处罚决定的程序。行政听证制度是现代行政法的一项重要制度，它充分体现了行政公正、依法行政的原则，对保护行政相对人的合法权益有积极的意义。

由于听证需要的时间较长，程序比较复杂，为了保证行政工作的效率，一般情况下行政处罚行为不予以采用，只有对相对人进行较重的处罚时才适用。根据《海上海事行政处罚规定》，海事行政听证制度适用于：①较大数额罚款（是指对自然人处以 1 万元以上罚款，对法人或其他组织处以 10 万元以上罚款）。由地方海事管理机构处以罚款的，也可以按照省、自治区、直辖市人民代表大会常务委员会或人民政府规定的标准确定"较大数额罚款"。②吊销证书。

2. 听证程序的步骤

(1)告知听证权。海事行政机构在作出属于听证制度适用范围内的行政处罚行为时，有义务以书面的形式告知当事人有请求听证的权利。海事行政机构未告知的，当事人有权请求听证的期限(3 日)从知道或应当知道该权利的时候起算，而不是行政处罚行为作出之时。

(2)提出听证。当事人要求听证的应当在海事行政机构告知后 3 日内提出。提出听证必须符合一定的条件。对下列不符合申请条件的，不组织听证：①申请人不是本案当事人或其代理人；②未在海事行政机构告知权利后 3 日内提出听证要求的；③请求的处罚行为不属于听证制度的适用范围；④其他不符合申请听证条件的。

(3)通知听证。海事行政机构决定举行听证的，应当在举行听证的 7 日前，通知当事人举行听证的时间、地点，以便当事人为听证作充分的准备。

(4)听证人员。海事管理机构的听证人员包括听证主持人、听证员和书记员。

听证主持人由海事管理机构负责人指定本海事管理机构负责法制工作的机构的非本案调查人员担任。

听证员由海事管理机构负责人指定 1 ~2 名本海事管理机构的非本案调查人员担任，协助听证主持人组织听证。

书记员由海事管理机构负责人指定 1 名非本案调查人员担任，负责听证笔录的制作和其他事务。

(5)听证会程序。海事行政处罚听证，按以下程序进行：

①宣布案由和听证纪律；

②核对当事人或其委托代理人、本案调查人员、证人及其他有关人员是否到场，并核实听证参加人的身份；

---

[1] 姚锐敏. 依法行政的理论与实践. 北京：法律出版社，2000.

③宣读并出示海事管理机构负责人签署的听证决定，宣布听证人员名单，告知当事人有申请主持人回避、申辩和质证的权利；

④宣布听证开始；

⑤案件调查人员提出当事人违法的事实、证据，说明拟作出行政处罚的建议和法律依据；

⑥当事人或其委托代理人对案件的事实、证据，适用法律，行政处罚裁量等进行申辩和质证；

⑦主持人就案件的有关问题向当事人或其委托代理人、案件调查人员、证人询问；

⑧经主持人允许，当事人、调查人员就案件的有关问题可以向到场的证人发问；

⑨本案调查人员、当事人或其委托代理人按顺序就案件所涉及的事实、各自出示的证据的合法性、真实性及有关的问题进行辩论；

⑩辩论终结，听证主持人可以再就本案的事实、证据及有关问题向当事人或其代理人、本案调查人员征求意见；

⑪中止听证的，主持人应当时宣布再次进行听证的有关事宜；

⑫当事人或其委托代理人做最后陈述；

⑬主持人宣布听证结束，听证笔录交当事人或其委托代理人核对无误后签字或盖章。认为有错误的，有权要求补充或改正。当事人拒绝的，由听证主持人在听证笔录上说明情况。

(6)听证的延期。有下列情形之一的，主持人可以决定延期举行听证：

①当事人因不可抗拒的事由无法到场的；

②当事人临时申请回避的；

③其他应当延期的情形。

(7)听证的中止。有下列情形之一的，主持人可以宣布中止听证：

①证据需要重新鉴定、勘验的；

②当事人或其代理人提出新的事实、理由和证据，需要由本案调查人员调查核实的；

③作为听证申请人的法人或其他组织突然解散，尚未确定权利、义务承受人的；

④当事人因不可抗拒的事由，不能继续参加听证的；

⑤听证过程中，当事人或其代理人违反听证纪律致使听证无法进行的；

⑥其他应当中止听证的情形。

中止听证，应当在听证笔录中写明情况，由主持人签名。

(8)听证的终止。有下列情形之一的，应当终止听证：

①当事人或其代理人撤回听证要求的；

②当事人或其代理人接到参加听证的通知，无正当理由不参加听证的；

③当事人或其代理人未经听证主持人允许，中途退出听证的；

④其他应当终止听证的情形。

听证终止，应当在听证笔录中写明情况，由主持人签名。

(9)听证决定。听证结束后，主持人应当依据听证情况制作海事行政处罚听证报告书，连同听证笔录报海事管理机构负责人审查后，依照有关规定作出相应决定。

3. 有关制度

(1)当事人认为主持人与本案有直接利害关系的,有权申请回避。

(2)听证会除涉及国家秘密、商业秘密或者个人隐私外,应该公开举行,接受公众监督。

(3)听证会实行代理制度,当事人可以亲自参加听证,也可以委托1~2人代理。当事人委托代理人参加听证会的,应当向海事管理机构提交当事人签署的授权委托书,并具体列明委托权限。

(4)听证过程中,调查人员对认定的事实负举证责任,当事人对自己提出的主张负有举证责任。

(5)当事人有正当理由要求延期举行听证的,经海事管理机构批准,可以延期一次。

(6)延期、中止听证的情形消失后,由主持人决定恢复听证并将听证的时间、地点通知听证参加人。

(7)听证会的全部过程应当制作听证笔录,笔录应当交由当事人审核无误后由当事人签字盖章。

四、执行程序

海事行政处罚的执行主要包括以下制度和规则:

(1)行政处罚决定不因当事人申请行政复议或提起行政诉讼而停止执行,但法律另有规定的除外。

(2)作出处罚决定的海事管理机构应当与收缴罚款的机构分离。作出行政处罚决定的海事管理机构执法人员不得自行收缴罚款。当事人应当自收到行政处罚决定书之日起15日内,到指定的银行缴纳罚款。银行应当收受罚款,并将罚款直接上缴国库。但依法当场作出的行政处罚决定有下列情形之一的,执法人员可以当场收缴罚款:①依法给予20元以下的罚款的;②不当场收缴罚款事后难以执行的;③在边远、水上、交通不便地区,当事人向指定的银行缴纳罚款确有困难,当事人主动提出当场交纳罚款的。

海事行政机构及其执法人员当场收缴罚款的,必须向当事人出具省、自治区、直辖市财政部门统一统发的罚款收据,否则当事人有权拒绝缴纳罚款。执法人员当场收缴的罚款,应当在收缴罚款之日起2日内,交至行政机关,在水上收缴的罚款,应当自抵岸之日起2日内交至行政机关;行政机关应在2日内将罚款缴付指定的银行。

(3)无正当理由逾期不缴纳罚款的,海事管理机构依法每日按罚款数额的3%加处罚款。

(4)被处以扣留证书的,当事人应当及时将被扣留证书送交作出处罚决定的海事管理机构。扣留证书期满后,海事管理机构应将所扣证书发还当事人,也可以通知当事人领取被扣证书。

被处以扣留证书,当事人拒不送交被扣留的证书的,海事管理机构可以延长扣留证书期限或者吊销证书。

被处以吊销证书,当事人拒不送交被吊销的证书的,海事管理机构应当公告该证书作废。

(5)海事管理机构对船员处以海事行政处罚后,应当记入该船员的《船员服务簿》。

(6)对当事人处以没收船舶处罚的,海事管理机构应当依法处理所没收的船舶。

(7)当事人在法定期限内不申请复议或提起诉讼,又不履行海事行政处罚决定的,海事管理机构依法申请人民法院强制执行。

(8)海事行政处罚案件执行完毕后,应当填写海事行政处罚结案表,并将全部案件材料立卷归档,交海事管理机构负责法制工作的内设机构登记并妥善保管。

五、监督程序

这是《海上海事行政处罚规定》为了充分保证当事人权利得以实现的而设立一项海事行政法律制度。有关规定如下:

(1)自然人、法人或其他组织对海事管理机构作出的行政处罚有权申诉或检举。

自然人、法人或其他组织的申诉或检举,由海事管理机构负责法制工作的内设机构受理和审查,认为海事行政处罚有下列情形之一的,经海事管理机构负责人同意后,予以改正:

①主要事实不清、证据不足的;②适用依据错误的;③违反法定程序的;④超越或滥用职权的;⑤具体行政行为明显不当的。

(2)海事管理机构负责法制工作的内设机构发现本海事管理机构作出的海事行政处罚有上述情形之一的,应当向海事管理机构负责人提出建议,予以改正。

(3)上级海事管理机构发现下级海事管理机构作出的海事行政处罚有上述情形之一的,应当责令其改正。

(4)海事管理机构和海事行政执法人员违法实施行政处罚的,按照《行政处罚法》有关规定追究法律责任。

第七节　海事行政处罚的法律文书

海事行政处罚法律文书是根据有关行政法律规范的要求,遵循一定的程序和方式制定的具有特定形式并适用于海事行政处罚程序的法律文书。主要有:用于调查阶段的《询问笔录》、《勘验笔录》、《现场笔录》、《海事行政处罚证据登记保存清单》;用于审理和执行阶段的《当场海事行政处罚决定书》、《海事违法行为调查报告》、《海事违法行为通知书》、《海事行政处罚决定书》、《海事行政文书送达回证》、《听证会通知书》等。

上述海事行政处罚法律文书,有各自不同的用途和要求,下面分别对这几种法律文书的用途和要求加以说明。

一、询问笔录

询问笔录是指在处理海事行政案件的活动中,海事管理机构向当事人、见证人等进行调查时所做的文字记载。它是海事行政执法文书之一,具有法律上的效力。其主要作用是为案件处理提供事实依据。《询问笔录》应写明被询问人,询问人和记录人的姓名以及询问时间、地点,《询问记录》的每一页纸必须有被询问人的签名或手印,最后一页还须有被询问人对所有记录的认可。

二、勘验笔录

在海事行政案件中，海事管理机构为了查明事实，对案件现场及有关场所进行勘查检验，或指行政执法人员进行拍照、测量或录像，称为勘验。然后把勘验的情况和结果制成笔录，称《勘验笔录》，它是一种能够证明案件情况的证据性文书。

《勘验笔录》是勘验人对现场的某些事物的直接观察和反映，是固定和保全证据的方法。海事执法人员在勘验有关物品和现场时，必须出示"海事行政执法证"，邀请当事船舶、设施的相关人员或相关单位的当事人参加。当事人或船舶、设施的相关人员拒绝到场，并不影响勘验工作，最后把勘验情况和结果制成笔录，由负责勘验的海事执法人员、当事人或相关人员及被邀请人员签名或盖章。

三、现场笔录

海事行政案件的《现场笔录》是海事管理机构及其执法人员在实施具体行政行为时，对某些事项当场所作出的能够证明案件事实的记录，也是对当事人、知情人、见证人等的调查记录。对于案件涉及的现场，不仅包括违法行为发生场所，还包括作出海事具体行政行为的场所（如办公室）以及案件事实发生的其他场所。在这些场所，海事行政执法人员将海事行政执法行为、相对人陈述或其他有关活动情况做成笔录，即为《现场笔录》。它是海事行政机构用以证明其具体行政行为合法的一种重要的证据材料。

这种《现场笔录》，大多由多人参加，海事执法人员作为主持人，应对案件有一个了解，引导当事人、知情人、见证人等把案件的真实情况说出来。制作《现场笔录》，必须准确、客观、实事求是。笔录中记载的必须是现场看到的客观情况，而听人转述介绍的有关情况，经查明后才能记入。任何分析判断、估计推断、主观臆测的内容，都不能记录笔录。制作笔录，文字要简练，记述要详实、具体，要做到客观全面、繁简得当。最后还要让在场人员签字或盖章。

四、海事行政处罚证据登记保存清单

海事行政处罚证据登记保存是海事管理机构为了防止与案件有直接或间接联系的证据灭失、被转移或被涂改而采取的一项证据保存措施。《海事行政处罚证据登记保存清单》是海事管理机构采取这种措施时交给船方的证据保存明细单和通知。

《海事行政处罚证据登记保存清单》应列明当事人有关情况、案件情况，载明在7日内不得销毁或者转移证据，并登记有关证据物品名称、规格、数量等。在清单的最后要有被取证当事人和两名海事行政执法人员签名及加盖海事管理机构的印章。

五、当场海事行政处罚决定书

《当场海事行政处罚决定书》适用于海事管理机构及其执法人员对违反海事行政规范的相对人处以50元以下罚款的情况。处罚书中应注明当事人的有关情况（附姓名、性别、职业等）、违法时间、地点、主要违法事实、处罚的法律依据、处罚款等。另外，处罚决定书须有执法人员和当事人签字，并告之当事人不服处罚申请复议或向人民法院提起诉讼的途径和期限。

六、海事违法行为调查报告

《海事违法行为调查报告》是指海事执法人员对违反海事行政规范的行为，经调查取证后，认为有必要将处罚向上级报告时填写的文书。报告中包括对违法事实的认定，证据清单，提出的处理意见即适用的法规条款和处罚建议，并有两名具有执法资格的调查人员签字。然后是海事管理机构负责法制工作的内设机构的审核意见，最后是海事管理机构负责人的审批意见。

七、海事行政违法行为通知书

《海事行政违法行为通知书》是海事行政机构对违反海事行政规范应按一般程序进行处罚的当事人进行处罚时，告知该当事人有关事实和法律依据的一种法律文书。通知中应包括以下内容：行政处罚认定的事实，依据的法律、法规和规章的条款，告知申辩或听证的权利和有关权利使用的期限等。

八、海事行政处罚决定书

《海事行政处罚决定书》是海事行政机构在查证有关违法事实后对有关当事人作出处罚决定的法律文书。处罚决定书上应包括以下内容：当事人的姓名、名称；主要违法事实和所依据的法律、法规和规章；处罚的种类，履行处罚决定的方式和期限；不服处罚决定申请复议或提起行政诉讼的途径和期限；不履行处罚决定的后果。

九、行政处罚文书送达回证

《行政处罚文书送达回证》是行政处罚程序的最后一道手续，是证明处罚决定已送达当事人的证明文书。它标志着行政处罚已到了执行阶段。该文书上要载明案由、受送达人的姓名、送达地点、送达单位的名称、送达文书名称、送达人、收到送达文书时间等内容。并要求受送达人签名。受送达人拒绝签名的，要在备注中注明原因。

十、听证会通知书

《听证会通知书》用于海事行政机构通知听证申请人及其他有关当事人参加听证会的法律文书。通知书上应注明听证的时间、地点、事项，并告知当事人可以委托代理人、无正当理由不按期参加听证的法律后果、有权申请听证会主持人回避等内容。

第八节　海事行政处罚有关问题的探讨

一、海事行政处罚越权问题

任何行政职权都是有限制的，其行使都被赋予各种条件，其中包括范围上的限定。无限制的行政职权为当代的行政法制所不允许。行政处罚权也不例外。行政处罚权被限制的结果便是行政处罚权限。行政处罚权限是指行政主体行使行政处罚权时所不能逾越的法定范围的界限,它是行政处罚权的限度。从行政隶属关系角度,行政处罚权限一般分为纵横两大类。纵向行政处罚权限是指有隶属关系的上下级行政机关之间权力行使范围的划分。横向权限是指无隶属关系的行政机关之间权力行使范围的划分。控制行政主体的行政处罚超越权限,是依法行政的基本要求。越权无效是依法行政的基本原则;不得超越行政权限,也是行政主体的行政职责的内容之一。因此,遵守处罚权限,不越权处罚是各级海事机构必须遵守的原则。

行政处罚越权是行政违法中严重的违法行政行为,是指行政主体超越行政处罚权限,对不属于其职权范围内的行政违法行为进行处罚,或者超越了法律法规所设立的限度进行处罚。它的基本特点是:第一,行政处罚越权是以行政主体的行政处罚权限为衡量标准,这个标准是客观的。法律、法规对特定行政主体的行政处罚权限大小的规定直接关系到行政处罚越权的构成与否;而且,不论行为主体的行政行为动机、目的是否正当合法,只要客观上超越了权限,都构成行政处罚越权这种违法行为。第二,行政处罚越权是一种作为形式的行政违法。它违反的是不作为的法定职责,与行政失职正好相反,并因此与行政失职相区别。第三,行政处罚通过行为主体的转换便可能使违法转换为合法。例如,《海上海事行政处罚规定》第八十五条对各级海事机构的处罚权限做了明确规定,如果某直属海事局下属某海事处对行政相对人进行了一万元以上的行政处罚,按规定,海事处的处罚权限在一万元以下,显然该项处罚是越权处罚。但该项处罚若改为某直属海事局处罚,那么这一行政处罚行为在处罚权限方面就变得合法了。这一特点使行政处罚越权与主要证据不足,适用法律、法规错误,违反法定程序,滥用职权和行政处罚显失公平等作为形式的违法行为相区别开来,因为后者都不可能通过行为主体的转换使违法行为转换为合法行为。

我国法律、法规大都明确规定了行政主体对行政违法人员实施行政处罚的手段和幅度即处罚的上限和下限。超越了法定的权限,行政处罚将是无效的行政行为,将可能被行政复议或行政诉讼撤销。所以在执法实践中一定要注意,不要超越处罚权限。

二、海事行政处罚违反程序问题

我国《行政诉讼法》第五十四条第 2 项第 3 目明确规定,具体行政行为违反法定程序的判决撤销或部分撤销,即将符合法定程序作为具体行政行为的有效要件之一。行政处罚是具体行政行为之一,如果违反法定程序,同样将会被判决撤销或部分撤销,所以必须引起注意。

行政处罚程序是法律规范预先加以设立的,它实质上是对行政主体行使行政处罚权过程设置的一种制约,要求行政主体在行政处罚执行过程中必须履行相应的步骤,而不得任意加以变更或者省略。但在当前行政处罚执法中,存在的突出问题就是重实体、轻程序,认为程序可有可无,按程序办事束缚了手脚。有的在作出行政处罚决定时武断专横,根本不听取相对人的陈述或意见,不给当事人答辩的机会,随意剥夺当事人的申诉权;还有的在处罚当事人时不制作《违法行为通知书》等,都是违反程序的,其结果将影响行政处罚行为的效力,最终对行政主体不利。例如:某海事行政机构在对船舶处以一万元罚款的行政处罚时,在《违法行为通知书》中,按照罚款一万元以下的习惯做法,划掉了行政相对人有权请求听证的条款,剥夺了行政相对人有权请求听证的权利。如果发生行政诉讼,行政主体将面临败诉的局面。笔者结合多年的行政处罚执法的实践，认为行政主体在作出行政处罚时，应注意如下几点：

(1)要注意表明身份。这是海事行政主体及其工作人员在进行行政行为之始，向相对人出示履行职权证明的制度。因为任何行政处罚的作出，一般是经过行政监督检查的行为引起的，行政执法人员表明身份是必需的。表明身份有两种：一是佩戴标记着装；二是出示证件，监督检查必须向行政相对人出示海事行政执法证以表明身份。

(2)必须做到先取证、查明事实后再作出决定。切忌先决定后取证。这是行政执法程序最基本的要求。

(3)注意事先说明理由。海事行政主体在针对特定人作出行政处罚之前，应当向其说明将要作出的行政处罚的事实依据、法律依据以及其他理由，不要搞神秘主义。行政处罚的告知程序是一种处罚决定之前的说明，行政处罚主体必须履行。

(4)注意事中听取相对人的意见。行政主体在作出行政处罚之前，应给予被处罚的行政相对人表达意见、提供证据的机会，行政主体应当听取接受所提供的证据。没有事中听取意见，事先告知就没有任何意义。事先告知和事中听取意见是行政公开的基本要求，也是处罚程序中不可缺少的一步。

(5)注意事后告知权利。行政主体在作出行政处罚决定之后，应告知被处罚的行政相对人在何时、以何种方式、向何机关提出不服行政处罚而要求救济的请求，以引发对行政权事后监督程序。

(6)注意收集已履行完每一法定程序的证据。符合法定程序是行政处罚合法有效的要件之一。根据《行政诉讼法》的规定，被告对作出的具体行政行为的合法性负有举证责任。因此，行政主体应当举证证明行政处罚已履行法定程序。实践中，相对人一般对行政主体执法人员执法时是否表明身份，行政处罚通知书等处罚文书是否向相对人送达，是否告知复议或起诉期间等发生争议。行政主体对这些程序问题，应当采取各种不同的方式收集相应有效的证据，如送达签名、制作笔录等。

三、海事行政处罚的自由裁量权的行使

滥用行政处罚自由裁量权违背了法律授权的目的和意愿，干扰和破坏了法制秩序，带来的负面效应主要有：①不利于社会秩序的稳定。因为行政主体滥用行政处罚自由裁量权，处理问题随意性很大，畸轻畸重，反复无常，不同情况相同对待，相同情况不同对待，引起管理相对人怀疑、不信任，产生对立情绪，不配合行政主体的管理，导致社会秩序的不稳定；②助长特权思想，滋生腐败，影响党和政府的形象。当前腐败得不到有效遏制，在很大程度上与滥用行政处罚自由裁量权有关。

1.自由裁量权在海事行政处罚中的体现

自由裁量权在我国的海事行政处罚中显得尤为重要。这是因为：首先，海事违法行为涉及的内容广泛，情况复杂、变化迅速，而法律、法规又不可能对所有情况下的行政处罚都规定得明确具体，详尽无遗；其次，海事问题的专业性、时间性、地域性很强，法律、法规不应该对行政处罚作过于僵化的硬性规定；第三，我国目前的海事法制尚不够健全，有些内容不够完备，表现出一定的“概括性”和“模糊性”，有些法律、法规尚无具体的实施细则或实施办法。

一言以蔽之,海事法律、法规应当授予海事机构在行政处罚中以必要的自由裁量权,使之能根据客观情势,权衡轻重,灵活运用,在法定范围内作出合法、合理的行政处罚,以达到依法行政,维护国家权益,确保“航运更安全、海洋更清洁”目标的实现。根据我国海事法律、法规、规章的规定,在具体的海事行政处罚中,自由裁量权主要体现在以下三个方面:

1)对事实要件认定的自由裁量

海事机构对当事人的行为性质和海事管理事项的性质认定酌情裁量。确认其行为是否违反水上安全监督管理秩序,并经过调查决定是否作出海事行政处罚。

2)判定情节轻重的自由裁量

所谓情节是指事物发生、发展的因果关系和演变过程。海事违法行为的情节可以分为主观和客观两个方面。主观方面包括目的、动机、心理状态和态度表现等,客观方面包括时空、对象、方式手段和危害后果等。在实施海事行政处罚时,必须认真考虑上述主观和客观两个方面的违法情节。

在海事法律中,有不少法条规定的是酌定情节。即在量罚时,需由海事部门酌定违法情节的范围、程度和轻重。法条中经常可见“根据不同情节、视情节严重、造成严重后果”等模糊语言来概括、规定,其本身没有明确的内涵和外延,又缺乏认定情节轻重的法定条件,具体理解和适用,只有听凭海事执法人员去判定。如《海上海事行政处罚规定》第七十二条:“违反《防止拆船污染环境管理条例》规定,有下列情形之一的,依照《防止拆船污染环境管理条例》第十七条的规定,除责令其限期纠正外,还可以根据不同情节,处以 1 万元以上 10 万元以下的罚款”。

3)选择处罚的对象、种类和幅度的自由裁量

我国现行海事法律、法规、规章规定,海事行政处罚有警告、罚款、撤销船舶检验资格、吊销船舶国籍证书或临时船舶国籍证书、没收船舶登记证书、扣留船员职务证书、吊销船员职务证书、吊销海员出境入境证件、没收违法所得、没收船舶以及法律行政法规规定的其他海事行政处罚。

对某一应受海事行政处罚的违反水上安全监督管理秩序行为,应如何决定处罚的对象、种类,根据处罚法定原则,当然要依据法律、法规的规定来决定。现行海事法律规定了三种类型:

(1)确定型。即对某种海事违法行为,海事法律明确规定了处罚对象、种类,应给予某种行政处罚。如《船舶登记条例》第四十九条:“假冒中华人民共和国国籍,悬挂中华人民共和国国旗航行的,由船舶登记机关依法没收该船舶。中国籍船舶假冒外国国籍的,悬挂外国国旗航行的,适用前款规定。”

(2)选择型。即对某一海事违法行为,海事法律规定了可以选定处罚对象、幅度。如《海上海事行政处罚规定》第二十八条:“违反《船舶登记条例》规定,擅自雇用外国籍船员或使用他人业经登记的船舶烟囱标志、公司旗的,依照《船舶登记条例》第五十三条的规定,责令其改正;拒不改正的,可以根据船舶吨位对船舶所有人或船舶经营人处以《船舶登记条例》第五十条规定的罚款数额的 10%;情节严重的,并可以吊销其船舶国籍证书或临时船舶国籍证书。”

(3)混合型。即对某一海事违法行为,海事法律规定了可以选定处罚对象,又规定了可

同时选定另一种行政处罚或不处罚。如《海上海事行政处罚规定》第八十三条："违反《海事调查处理条例》规定，有下列行为之一的，依照《海事调查处理条例》第二十九条的规定，对船员处以警告或200元以下罚款；对船舶所有人或经营人处以警告或5 000元以下罚款"。

此外，在对罚款数额的具体规定中，有的只规定了上限，有的既规定了上限，又规定了下限。如《海上海事行政处罚规定》第四十七条："船舶违反《航标条例》第十四条第2款的规定，触碰航标不报告的，依照《航标条例》第二十一条的规定，可以根据情节处以2万元以下的罚款；造成损失的，应当依法赔偿。"；又如《海上海事行政处罚规定》第七十八条："违反《海洋环境保护法》第三十九条第2款的规定，船舶经中华人民共和国管辖沿海水域，转移危险废物的，依照《海洋环境保护法》第七十九条的规定，责令非法运输该危险废物的船舶退出中国管辖沿海水域，并处5万元以上50万元以下的罚款。"从现有的海事法律规定中可以看出，罚款是所有行政处罚中用得最多、最广的一种，也是海事机构运用自由裁量权最频繁的一种。在此，关键把握两点：①不要超出法定的范围和幅度；②在法定的范围和幅度内不要畸轻畸重，显失公正。

2. 如何保证自由裁量权在海事行政处罚中的合法行使

(1)加强执法人员的道德观念、法制观念建设

执法人员的主观意志是影响行政处罚自由裁量的重要因素。影响执法人员主观意志的因素有两个：①道德观念。在执法实践中有的执法人员道德水平低下，不是以法律事实作为执法的依据，而是以自己的好恶和行政管理相对人对自己的示好来作为处罚的标准。这不仅影响了行政机构在管理相对人的心中的威信，也将损害政府在人民群众心中的形象。所以提高执法人员的道德水准，是行政处罚自由裁量合法、合理的重要保障。②法制观念。法制观念高低是衡量执法人员法制工作能力的标准，执法人员必须掌握相应的法律知识，才能够在法律的框架下按照法律、法规的要求正确的实施行政处罚权和自由裁量权。

(2)不断提高执法人员业务素质

执法人员业务素质的高低是影响行政处罚自由裁量的另外一个重要因素。执法人员对业务知识的掌握程度直接关系到执法人员在执法工作中对客观事实的认定的正确性与否，只有具有较高业务工作能力的执法人员，才能够在工作中做到认定事实准确、分析合理、推理正确，从而保证了裁量的合理。

(3)设立行政处罚自由裁量的控制程序

现代行政的特点是行政权力迅速扩张，行政权力扩张的表现是行政机关拥有巨大的自由裁量权，它的存在是提高行政效率之必需。但要实现行政法治，又必须对行政自由裁量权加以一定的控制。以法的形式设立行政处罚自由裁量控制程序是限制执法人员乱用行政处罚自由裁量权的一种重要手段。行政处罚自由裁量控制程序一旦设定并法律化后，一方面作为行政自由裁量权的享有者、行使者的行政主体的选择行为方式、方法及步骤时必须遵循程序之规定，即按行政处罚自由裁量控制程序规定的方式、方法和步骤去作为，否则就要承担违反程序之法律责任；另一方面，作为权利主体的行政相对人，有权要求行政主体合理行使自由裁量权。行政处罚自由裁量控制程序的设定可以防止行政主体滥用行政处罚自由裁量权，扼制行政主体行使自由裁量权的主观随意性。

(4)建立行政处罚自由裁量监督机制

除了行政复议机关的监督外,要强化执法责任制。行政执法责任制的核心是责任追究,不仅要追究违法行政的责任,也要追究行政不当的责任,不能因为行政不当不属于违法就不予追究。规范海事行政处罚自由裁量权,完全可以靠海事机构内部操作来解决。海事机构可在内部建立一定的惯例作法,以一定规章或规范性文件的形式确定本行政机构在行政处罚中具体应考虑的一些因素以及这些因素的具体标准。《行政处罚法》第四条规定的基本因素有“违法行为的事实、性质、情节以及社会危害程度”,海事机构可根据上述基本因素、各因素之主次情况及所占比重等,以综合评定的方式来确定一个可操作的有关本单位行政处罚的标准。这样,不仅便于执法人员操作,也便于实现本单位行政的统一。海事机构还可以在内部形成一个公开行政处罚案件的制度,以优秀的行政处罚案例约束本单位的执法行为,起到教育和警示的作用。

(5)实施处罚信息公开制度

信息公开是指凡涉及相对人权利、义务的行政信息资料,除法律规定应予保密的以外有关机构应依法向社会公开,任何公民或组织均可依法查阅或复制,这是行政公开原则的重要体现和必要保障。信息公开制度公开了行政主体据以作出行政处罚的相关材料,使公众知晓哪些是行政主体该做的,哪些是不该做的,什么是自己能做的,什么是自己不能做的,从而有利于公众行使和实现自己的权利,有利于扼制自由裁量权的滥用。

第九章 海事行政强制

第一节 概 述

由于海运业在国家的经济中起着举足轻重的作用,为此各国都把发展航运业和预防海事发生放在十分重要的位置上。国家对航运的管理主要体现在两个方面。其一,为了鼓励和保护本国海运业的发展,都制定了若干国家保护政策,常见的有:保留货载、差别税率制、沿海国领海救助优先权、运费税收制、航运劳务市场的保护、造船补贴、防止海运欺诈等政策❶。其二,由于船舶发生海上事故对国家经济秩序的重大影响,为此各国都制定了许多预防海事、保护人命和财产安全的法律、法规及其他规范性文件。对于前者,由于有利于船舶所有人事业的发展,因而会十分自觉遵守。对于后者,绝大部分在一定程度上制约着其事业的发展,影响着其经济利益。因此,船舶所有人及经营人不会十分自觉遵守,为了达到法律的目的,各国都有一套保证法律、法规执行的体系。不管是大陆法系的国家还是英美法系的国家都授予了海事执法机关一定的强制权,迫使行政管理相对人依法从事海上运输,保证法律、法规等规范性文件的实施。我国从十一届三中全会以来,由于改革开放、航运机制的改变,为航运业带来了勃勃生机,航运业发生了很大变化。时至今日,随着我国《行政强制法》的颁布和实施,我国水上交通安全监督主管机关执法、护法能力,都有了长足进展。

根据《行政强制法》的规定:行政强制措施,是指行政机关在行政管理过程中,为制止违法行为、防止证据损毁、避免危害发生、控制危险扩大等情形,依法对公民的人身自由实施暂时性限制,或者对公民、法人或者其他组织的财物实施暂时性控制的行为;行政强制执行,是指行政机关或者行政机关申请人民法院,对不履行行政决定的公民、法人或者其他组织,依法强制履行义务的行为。

海事行政强制是基于保障国家海事行政法律、法规及其他规范性文件的实施,达到这些规范性文件所调整的海事行政法律关系所要求的状态,一般是由海事行政机关对行政相对人所实施的一种强制行为,它体现了国家的强制力。

海事行政强制包括海事行政强制执行和海事强制措施。海事强制措施也可称为海事即时强制,包括海事行政强制预防和海事行政强制制止。

一、海事行政强制执行的概念及特征

海事行政强制执行存在广义和狭义两种不同解释。从广义的角度上讲,海事行政强制

---

❶ 司玉琢.新编海商法学.大连:大连海事大学出版社,2006.

执行中的“行政”是指海事行政义务，因此凡是对海事行政义务的强制执行，无论是由海事行政机关实施还是由人民法院实施，都属于海事行政强制执行的范畴。但从狭义的角度上讲，海事行政强制执行中的“行政”，仅指海事行政机关，即由海事行政机关实施的才是海事行政强制执行。但从较为普遍的理解上，海事行政强制似乎应以广义的解释为宜。

所谓海事行政强制执行是指一定国家行政机关对客观上能够履行而逾期不履行海事行政法上设定义务的行政相对人，依法采取强制性措施，迫使其履行义务或达到与履行义务相同状态的行政行为。从上述定义看，海事行政强制执行具有以下特点：

(1)海事行政强制执行以海事行政相对人逾期不履行海事行政机构依法设定的行政义务为前提。这也是实施海事强制执行行为最为客观的条件。海事强制执行的目的是保证海事行政义务的实现。它与海事行政许可、海事行政处罚不同，海事行政处罚在于对海事行政相对人的违法行为以制裁，是给海事行政相对人设定了某种义务，而海事行政强制执行并没有给海事行政相对人设定新的义务，仅是为了设定义务的实现。例如，违反《内河交通安全管理条例》，在内河通航水域的航道内养殖、种植植物、水生物或者设置永久性固定设施的，由海事管理机构责令限期改正。这对是海事行政相对人设定了一种义务，如果海事行政相对人逾期不改正的，海事行政机关可予以强制清除，因清除发生的费用由其所有人或者经营人承担。海事行政机关采取的强制清除，就是一种强制执行行为。其目的在于海事行政相对人义务的实现。即如果海事行政相对人在海事行政机关规定的期限内履行了义务，或义务人没有履行义务尚未超过规定的期限，则海事行政机关是不能采取强制清除的强制执行措施的。

(2)海事行政强制执行的内容是海事行政法规上规定的义务，而不是其他的义务。这是行政强制区别于民事强制执行、刑事强制执行的根本所在。所谓海事行政法上的义务是指海事行政法律、海事行政法规或规章做出的海事行政处理决定中要求海事行政相对人所履行的义务。通常情况下，海事行政强制执行都需要以海事行政机关依法做出的行政处理决定为前提，只有海事行政相对人逾期没有履行义务，才能采取海事行政强制行为。个别情况下，海事法律、法规规定海事行政机关可以直接依法采取行政强制执行行为。例如，根据《内河交通安全管理条例》第八十二条规定，违反本条例的规定，船舶不具备安全技术条件从事货物、旅客运输，或者超载运输货物、旅客的，由海事管理机构责令改正，处2万元以上10万元以下的罚款，可以对责任船员给予暂扣适任证书或者其他适任证件6个月以上直至吊销适任证书或者其他适任证件的处罚，并对超载运输的船舶强制卸载，因卸载而发生的卸货费、存货费、旅客安置费和船舶监管费由船舶所有人或者经营人承担。其中规定对超载运输的船舶强制卸载，就是可以直接采取的海事行政强制执行措施。

另外，并不是所有的海事行政处理决定都产生海事行政强制执行的必要。首先，如果海事行政相对人在规定的期限内履行了海事行政法律义务，当然不会产生海事行政强制执行。其次，如果海事行政机关依法做出的免除、确认和赋予权利的行政决定，则通常不会产生海事行政强制执行的问题。

(3)海事行政强制执行的主体是海事行政法律规定的特定的国家行政机关。根据我国海事法律的规定，海事行政强制执行的主体主要是海事机构和人民法院。但应该注意的是，海事行政强制执行的标的，只能是海事行政法律所规定的标的。海事行政强制执行的标的，绝对不包括对人身的强制执行。

(4)海事行政强制执行的对象是公民、法人或其他组织。作为一种对外部的行政行为，其强制执行的对象只能是公民、法人或其他组织，而不是海事行政机关内部的人员。然而，并不是所有的公民、法人或其他组织都是海事行政强制执行的对象。只有那些具备了承担海事行政法律义务的条件和资格，并在具体的海事行政管理过程中进入特定的海事行政法律关系的公民、法人或其他组织，才能够成为海事行政强制执行的对象。例如，根据《内河交通安全管理条例》第七十四条规定，违反条例规定，在内河通航水域的航道内养殖、种植植物、水生物或者设置永久性固定设施的，由海事管理机构责令限期改正；逾期不改正的，予以强制清除，因清除发生的费用由其所有人或者经营人承担。并不是说，所有在内河航道内进行养殖、种植植物、水生物或者设置永久性固定设施的所有人或者经营人都是海事行政强制执行的对象，只有那些违反条例规定，并且由海事管理机构责令限期改正，而不改正的所有人或经营人才是海事强制执行的对象。另外，对于构成了特定海事行政法律关系的公民，在采取海事行政强制执行时，还要注意其是否具有独立的法律行为能力，若不具有独立的法律行为能力，通常也不构成海事行政强制执行行为的对象。

上述四个方面全面地概括了海事行政强制执行概念的内涵。在采取海事强制执行行为时，全面地综合上述四个方面是十分重要的，它是保证海事强制执行行为是否合法及合理的重要条件。

二、海事行政强制措施

如前所述，海事行政强制措施包括海事行政强制预防和海事行政强制制止。

1. 海事行政强制预防的概念

所谓海事行政强制预防是指海事行政机构对将危害水上交通安全法律秩序的人、行为或物，依法采取强制措施，以预防危害水上交通安全秩序事件发生的行政行为。

2. 海事行政强制制止的概念

海事行政强制制止是指海事行政机构对正在危害水上交通安全秩序的人或物依法采取强制措施，以制止危害水上交通安全秩序事件继续存在的行政行为。

三、海事行政强制的特征

1. 海事行政强制执行的特征

海事行政强制执行的特征主要体现在以下几方面：

(1)行政性。行政性是海事行政强制执行的首要特征。这一特征使它与民事强制执行区别开。海事行政强制执行发生于海事行政管理过程中，海事行政机构的职责是维护水上交通安全秩序、保护水上人命财产安全、保护水域不受污染，为了达到这一要求，制定的海事行政规范性文件中，给海事行政管理相对人设定了许多义务，只有行政管理相对人履行了这些义务，才能保证水上交通安全秩序和国家管理目的的实现。如，《内河交通安全管理条例》第七十五条规定："违反本条例的规定，内河通航水域中的沉没物、漂流物、搁浅物的所有人或者经营人，未按照国家有关规定设置标志或者未在规定的时间内打捞清除的，由海事管理机构责令限期改正；逾期不改正的，海事管理机构强制设置标志或者组织打捞清除；需要立即组织打捞清除的，海事管理机构应当及时组织打捞清除。海事管理机构因设置标志或者打捞清除发生的费用，由沉没物、漂流物、搁浅物的所有人或者经营人承担”。在该条中，赋予海事管理机构行政强制执行权，保证了一旦行政管理相对人逾期不履行义务时，水上交通安全秩序的实现，保证了海事行政管理机构行政决定的实现，体现了行政管理的行政性。然而，在我国海事行政强制执行的这一特征并没有完全体现出来，将大部分的行政强制执行权赋予了人民法院，产生了行政权与执行权的分离，使得行政机关执法、护法不力，在一定程度上加剧了部分群众中关于执法只有公、检、法的错误观念❶。而行政机关的执法则处于相对较为软弱的境地。

(2)强制性。海事行政强制执行与一般海事行政措施不同，海事行政强制执行是具有强制性的措施，它不是主观上的威慑力量，而是客观上的采取的实际手段。所采取海事行政强制执行的地方总是存在着应为而不为或应不为而为的情况，对此，海事行政机构可依法强制行政管理相对人达到法律、法规规定的要求。

(3)执行性。海事行政强制执行的标的是对那些需要执行的，采取行政强制执行措施，是以海事行政管理相对人逾期不履行海事行政法上的义务为前提，而海事行政强制的目的是为了实现所要求的状态，两者有内在的联系。强制的目的在于执行。所以说执行性是海事行政强制执行的最本质的特征。正是由于这一特征，使海事行政强制执行与其他海事行政措施区分开。如行政处罚中的罚款与行政强制执行中的强制金，两者都是使违法人遭受一定的经济损失，但罚款是为了对违法行为的惩戒，而强制金是以相对人应履行义务的时间起每天加罚固定数额的货币，以罚款的方式给行政管理相对人造成一种心理上的压力，促使其履行义务。这也表明了强制金对同一违法行为可重复使用，而行政处罚则需要遵守“一事不再罚”的原则。

2. 海事即时强制的特征

(1)行政性。行政性是海事即时强制的最基本特征。它发生于行政管理过程中，而且只能由被授权的海事行政机构行使，是在海事行政管理中由于海事行政管理相对人的行为危害或正在危害海事行政法律所保护的秩序，为了使海事行政管理活动顺利进行、尽快排除这种危害或防止危害事件的发生，而采取的行政法律行为。因此它是海事行政机构享有的，海事行政管理必不可缺少的管理手段。

(2)强制性。其强制性不同于其他海事行政措施，其实施条件并不以预选依法设定的具体海事行政义务为前提，或者有时是海事行政管理相对人违法或虽没有违法但其行为或状态将会或正在危及法律所保护的秩序，不管海事行政相对人有无过错而采取强制措施制止或预防危害法律秩序事故的发生或产生更大的影响，体现了法律的尊严，体现了国家的强制力。

(3)即时性。这是海事即时强制最本质的特征，它体现为海事行政机构一经发现正在发生或将会发生危害海事法律秩序的事件就立刻采取制止或预防行为，使海事法律秩序不受冲击或将影响降低到最小限度，最大限度地保障海事行政管理活动的顺利进行。因此，它在实施的程序上相较海事行政强制执行不十分严密。

---

❶ 邵诚，杨斐. 执法在法的实施中的地位和作用. 法律科学，1990，(3).

四、海事行政强制执行与海事行政强制预防及强制制止的区别

(1)实施的条件不同。海事行政强制执行一般以海事行政机构的行政处理决定为直接内容和依据,是由于海事行政管理相对人逾期不履行海事行政处理决定所设定的义务而产生执行要求。而海事行政强制预防和海事行政强制制止通常是海事行政机构直接依据法律和法规的规定而实施的,它并不是以海事行政处理决定海事行政管理相对人不履行而引起的。它是海事行政机构为排除当时迫切的危害,在没有特定的海事行政处理决定的情况下,对海事行政管理相对人施加强制力,以实现行政管理的目的的手段,因此称之为即时强制措施。

(2)实施的时间和目的不同。在海事行政强制预防中,危害事件尚未发生,预防措施实施在危害发生之前,旨在预防危害水上交通安全秩序事件的发生;在海事行政强制制止中,危害事件已经发生但尚未结束,制止措施实施于危害事件存在期间,用以制止危害事件的持续;而在海事行政强制执行中,海事行政机关对危害事件已作了处理,危害行为一般已经结束,但行为的状态可能仍然存在危害,强制执行措施一般实施在危害行为结束之后,目的是保证处理决定的执行。

(3)实施的机关不同。如前述海事行政强制执行存在广义和狭义的理解。从广义的角度上讲,海事行政强制执行根据我国的执行模式,可以由人民法院实施,也可由海事行政机构实施,这主要是根据海事法律、法规的规定;而海事即时强制是海事行政机构依海事法律、法规采取的强制措施,只能有海事行政机构依法实施,人民法院不能行使这种权利。

(4)实施的程序不同。海事行政强制执行作为一种要式行政行为,必须严格依照法定的程序进行。执行程序上的违法就可能会导致强制执行行为的无效或执行违法;而海事即时强制由于是在紧迫情况下采取的一种即时强制措施,所以对其实施的程序无严格要求,只要在法定的权限范围内就可实施。

五、海事行政强制执行的原则

海事行政强制执行的原则其实与一般行政强制执行的原则大同小异,虽然在行政法上,专家学者对行政强制执行的原则说法不完全相同,但我们认为它首先应符合做出具体行政行为的原则。除了遵守的一般原则外,海事行政强制执行的原则还包括:执行适当原则、目的实现原则、告诫执行原则。

1. 执行适应原则

对该原则也称为“合理强制原则”、“公正强制原则”、“从轻从优原则”、“比例适应原则”等。该原则要求海事行政机构在保证行政目的能够实现的前提下,应当选择最为适当的强制措施,迫使海事行政管理相对人履行义务,而不是为了实现目的不择手段。这一原则主要体现在两个方面:其一,海事行政强制执行的目的要合理,即实施海事行政强制执行只能以实现行政义务为唯一目的,而不能以国家赋予海事行政强制执行特权去实现与法律规定目的不相关的其他目的,更不能以此对义务人采取惩罚、制裁性措施。其二,执行的手段要得当,即实施海事行政强制执行在方式和具体手段上要适当,应和义务人应履行的义务相当。

2. 目的实现原则

目的实现原则是海事行政强制执行的根本目的,该原则的基本内涵可概括为以下几个

方面：

(1)海事行政强制执行以实现海事行政法规的目的为宗旨，不实现目的，不应该轻易放弃，只有在法律规定的特殊情况下，如确认该义务不能继续履行的情况下，海事行政强制执行才应当终止。

(2)当义务得到履行或达到了与履行义务相同的状态后，海事行政机构应当立即停止强制执行。

(3)即时海事行政强制措施以达到法定状态为限。

3. 告诫执行原则

海事行政强制执行的目的在于海事行政法律义务的实现，因此海事行政强制执行常常关系到义务人的重大经济利益，不告诫而采取海事行政强制执行措施，不利于保护义务人的合法权利。在实施海事行政强制执行前采取告诫程序，让海事行政相对人知道不履行义务的后果，同时体现了强制执行与教育相结合，若能够促使海事行政管理相对人履行义务，也就减少了使用强制性手段，从而充分地体现了海事行政强制执行的潜在功能。因此告诫执行是海事行政强制执行的重要原则之一。

第二节　国外海事行政强制状况

关于海事行政强制制度，不同的法系采取的原则不同。英美法系采用以司法强制为主，而以行政强制为例外的原则，即海事强制权只能由法院行使，而海事行政机关一般无海事行政强制权。大陆法系的国家则采用以海事行政强制为主，而以司法强制为例外的原则，即海事行政机关可自行强制执行其行政决定，而不需借助司法机关。但是不管英美法系，还是大陆法系，在水上安全管理的立法中毫不例外地授予了海事执法机构较为广泛的海事行政强制权。下面以英国为英美法系的代表，以日本为大陆法系的代表，分析其海事行政机构享有的海事行政强制权，以提高我国的立法技术并合理地授予我国海事行政机构相应的权力，提高海事行政机构执法和护法的能力。

一、英国海事行政机构所享有的海事行政强制权及其内容

英国的行政强制制度，采用以司法强制为主，而以行政强制为例外的原则，即行政机关基本上不享有行政强制权。然而，英国的《1894 年航运法》虽然多次修改，但是其中海事行政机构所享的强制权条款不但没有取消，反而越来越多。英国航运法赋予其海事行政机关行政强制权的目的主要在于：确定船舶是否违法、促使或保证行政相对人履行法律义务、保护法律规定的秩序等。在其海事行政机关所享有的行政强制权中，以扣留或滞留船舶的方式为最多，其次是行政强制执行中的强制金。而且绝大部分强制的标的是物。而扣留或滞留船舶的目的，有的是为了迫使海事行政管理相对人履行义务，有的是为了实现即时强制。

英国海事行政机关所享有的行政强制执行权：

英国航运法赋予其海事行政机关的行政强制执行权具有其广泛性，行政强制执行措施的实施不都以行政机关的行政处理决定行政相对人逾期不履行为前提，都是依法院实施，有

的是只要行政相对人没有履行法律上设定的义务,有的是超过了法律上设定的履行义务期限,其海事行政主管机关即可实施法律赋予的行政强制执行措施;其二,海事行政机关所享有的行政强制措施都作了具体方式上的规定,根据1894年《航运法》,其主要条款如下:

第二条:要求进行登记的船舶,如没按该法的要求登记,船舶将被扣留,直到船舶出示了登记证书。

第七条:由于英国籍船舶的船舶所有人或船长的疏忽,使得船舶没按法令的要求勘划或保持勘划的船舶标志,或任何人隐瞒、移动、改变、损坏或除去或允许任何人对船舶标志的上述作为,除了规定的外,该船的船舶所有人、船长或上述行为的人员将被处以不超过100磅的罚款。如认为船舶勘划不适当或不正确,船舶将被扣留,直到符合规定为止。

第十条:船员的适任证书,在船舶出海前船长应向海关关长出示,否则船舶将被扣留,直到出示为止。

第四十七条:任何人或其允许其管理的任何人违背船名规则或忽略了遵守船名规则,将被处以不超过100磅的罚款外,船舶将被扣留,直到船舶遵守为止。

第四十八条:船舶登记事项改变后,应重新进行登记,否则将被处以不超过100磅的罚款,如超过规定的重新登记时间,每超过一天加罚5磅。

第六十八条:船舶驶出英国时,如船长不向海关官员报告船籍国的国名,将不予结关或不发给货物准运单,如船舶不结关或无货物准运单而出海,船舶将被扣留,直到船长报告了船籍国的国名为止。

第二百十一条:船员的居室应满足一定要求,不允许非船员物品占用,否则从船员向船长提出时起每天罚金1先令和向船员支付1先令。该条在《1970年航运法》中增加了关于违背居室规定,船长或船东将被处以200磅以下罚款,如果船在英国将被扣留。

第二百七十一条:客船应至少每12个月检验一次,否则扣留企图出海的船舶,直到检验为止。

第二百七十三条:客船检验后,船东应在收到检验报告的14天内将此报告呈贸易部,否则超过期限每天罚金10先令。

第三百七十三条:英国渔船登记时,应将船上打上字母和编号并将这些情况进行登录,否则,船将被扣留。

第四百二十条:如船舶没按检查人员的要求对船舶的号灯、声号的装备加以改正,船舶在结关或获得货物准运单时,将被扣留,直到改正达到要求为止。

第四百三十一条:如果船舶配备的救生设备,经检查不符合要求,提出要求后仍没达到,船舶将被扣留,直到合格。

第六百五十条:为收取灯塔费可扣留船舶,如果船东或船长没有依被授权者的要求支付灯塔费,收费者可上船扣押船上的货物、枪支、属具或属于船舶的或船上的任何物品,直到支付为止。如扣押财产后3天内,灯塔费仍未支付,收费人在3天后未交付的任何时间,可让两名有丰富知识的估价人估价并卖掉扣押的财产,从价中收取应收的费用和在执行扣押。卖船中的合理费用,如有剩余,可根据船东或船长的要求归还之。

第四百五十九条《扣留不安全船舶的权力和滞留船舶的程序》规定:如一艘英国籍船在任何英国港口是一艘不安全船,即其船体、船舶设备或船舶机器有缺陷或由于不确定的原因或由于超载或装载不适当的原因，以至于不适合在不危及人员安全下出海，这种状态下的船舶会被临时滞留。滞留的目的是为了检查船舶或确定船员数量是否足够。最终扣留船舶或释放船舶程序如下……同时该条第 1 款规定：贸易部根据投诉或其他理由相信一艘英籍船是不安全的，可命令该船作为不安全船舶被临时滞留，以检验船舶。第 3 款规定：贸易部在接到检验报告后可释放船舶，如其认为船不安全可最终扣留船舶，也可经过船舶修理或状态改变后，或缺陷载后或重装后或船舶配备足够人员后，释放船舶，为了保护人命的需要，贸易部要改变或增加扣留或滞留船舶。

第四百六十二条《使用于滞留外籍船的规定》规定：一艘外国籍船不管是否在英国港口装货，由于船体或设备，或机器有缺陷或由于超载、装载不当或人员配备不足，此船将被视同英籍船一样被滞留。

第七百三十条规定：海事调查中，如任何人故意阻碍贸易部调查人中或任何拥有贸易部调查员执行其职务权利的人，不管在船上还是在其他地方，此人将被处以 10 磅以下罚款，而且此人将被调查员或具有调查员权利的人逮捕或扣留，或被调查员要求协助的人逮捕或扣留，直到其能顺利进行调查。

除了 1894 年《航运法》赋予其海事行政机关的行政强制权外，对其修改的有关航运法令中还有：

1970 年《渔业法》第四条：登记为渔船的船长应向英国海关官员或贸易部的官员出示所要求的一切证书，否则船将被扣留，直到出示所要求的证书。

1970 年英国《航运法》除了 1894 年规定的强制权外，还有：

第一条规定：船舶所有人与船员的雇用合同应随船携带，合同应符合规定的要求，如在违背要求下船舶出海或企图出海，船长或船员的雇用人将被处以 200 磅以下罚款，如船在英国将被扣留。

第二十一条规定：关于船舶给养淡水的规定，如检查人员认为船舶配备的保证水质和供水量的称量或测量设备不符合规定，以及水质或供水量不符合规定，船在英国将被扣留。

第二十四条规定：船舶应按英国贸易部的规定配备医药备用品，如果检查官员认为船舶的配备不符合规定，船在英国将被扣留。

第四十五条规定：如果船舶没遵守第四十四条关于船舶高级船员或其他海员配备的有关规定下出海或企图出海，船长或船东将被处以 200 磅以下罚款，而且如果船在英国将被扣留。

第四十八条规定：《海员的英语知识》对本部分适用的船舶，根据管理者或适当官员的意见认为，船上人员由于缺乏英语知识，而不明白对其下达的英语指令且缺乏将英语指令转换成其能够理解的语言指令的安排时，船在英国将被扣留。

在《船舶无线电规则》中，如船舶违背关于船舶无线电设备的装置和配备操作人员规定时，船在英国将被扣留。

二、日本水上安全主管机关的行政强制权

日本是属于大陆法系的国家，在行政强制执行方面，实行的是以行政机关强制执行为主，而以司法强制执行为例外的原则。为了实现以行政机关自行强制执行者目的，日本订有

《行政代执行法》。日本的《行政代执行法》共七条,其第二条规定:依法直接下达的命令,或行政机关依法所为的处分命令(限于他人能够代替的处分)如义务人不履行,且依其他方法难于确保其履行,如任由其不履行显然违反公益时,该行政机关应自行履行行为人的行为,或使第三者为之,其履行费用向义务人征收。第三条第3款规定:“在情况非常或急迫危险时,对该行为的迅速实施有紧急之必要,而无时间办理前正常情况下规定的程序时,应不经过前述程序而代执行。”当然《行政代执行法》所适用的相对人应履行的义务或行为,仅限于他人能够代替可达到法律所要求的状态的义务或行为。这一行政强制执行权,其水上安全主管是享有的。同时根据该法第一条的规定,日本水上安全主管机关还享有其他广泛的行政强制权。

由于日本水上安全主管机关是日本海上保安厅,其具有准司法警察权,享有对管辖水域内船舶和船员的搜查、警告、罚款、拘留人员或扣留船舶的权利。《日本海上保安厅法》第十八条总则中规定:海上保安厅官员,因执行其职责,在周围环境确实不得已的情况下,除其执行公务所依据的有关法律的规定外,可以做出如下强制的处理:

(1)停止船舶的航行,或禁止其出航;

(2)改变船舶的航路,或让船舶驶到指定的地点;

(3)令船员、乘客等船上人员下船,或限制其下船或禁止其上下船;

(4)让船舶卸货或限制其卸货,或禁止其装卸货;

(5)当船舶接受检疫或调查时,或船被扣留,以及存在人命危险时,限制或禁止当事船舶与其他船舶及与陆上的交通。

由于有了《行政代执行法》和日本海上保安厅的准警察性质,因此其具有较广泛的行政强制权,如《日本安全》第三十二条规定:海上保安厅长官对符合下述行为,有权中止与违法行为有关的施工或作业、清除、移去或改变与违法行为有关的建筑物。为预防和排除与违法行为有关的施工、作业及危害交通的建筑物的设置,可下令采取必要的措施。

第三节　海事行政强制的种类及内容

海事行政强制执行的基本形式包括直接强制执行和间接强制执行两类,后者可分为代履行和强制金两种形式。

目前我国海事行政机构享有在严格条件下极少的海事行政强制执行权。根据《海上交通安全法》第四十五条规定:“当事人对主管机关给予的罚款,吊销职务证书处罚不服的,可以在接到通知书之日起15日内,向人民法院起诉,期满不起诉又不履行的,由主管机关申请人民法院强制执行”。体现了海事行政机构没有执行其所作出行政处罚决定的行政强制执行权,而在无法执行其行政处罚决定时,只能申请人民法院强制执行。但是根据海事行政法律及行政法规的授权,其又享有在严格条件下的极少的行政强制执行权。总结归纳我国海事行政法律和法规,海事行政机构所享有海事行政强制执行权主要包括以下几种。

一、海事行政强制执行的种类及内容

根据《海上交通安全法》及《内河交通安全管理条例》的规定,我国海事行政机构所享有

的狭义上的海事行政强制执行权,即由海事行政机构可强制执行的权力。

1.《海上交通安全法》的规定

根据《海上交通安全法》第四十条规定:"对影响安全航行、航道整治以及有潜在爆炸危险的沉没物、漂浮物其所有人、经营人应当在主管机关限定的时间内打捞、清除。否则,主管机关有权采取措施打捞、清除,其全部费用由沉没物、漂浮物的所有人、经营人承担。"该条实际上是授予海事行政机构在该条的前提下,可使用行政强制执行中的代履行方式,即主管机关或主管机关委托的第三方代为履行海事行政相对人应履行的义务,以达到海事法律所要求状态的实现。该条的适用条件是:

(1)强制执行的标的是处在航道中的沉没物或航道中的漂浮物,且这些标的影响航行安全、航道整治的或有潜在爆炸危险;

(2)标的物的所有人、经营人没在主管机关行政决定中规定的期限内打捞、清除,即没有履行海事行政机构依法做出的行政决定中规定的义务;

(3)海事行政机关强制执行或代履行的目的是为了对限定标的的打捞和清除,以消除对海事法律保护秩序的影响,而不是要达到其他的目的。

2.《内河交通安全管理条例》的规定

根据《内河交通安全管理条例》的规定,涉及行政强制执行的条款有七条。其中有海事行政机构采取行政强制执行的规定有六条,其中一条是赋予县级以上人民政府的,即第七十二条"违反本条例的规定,未经批准擅自设置或者撤销渡口的,由渡口所在地县级人民政府指定的部门责令限期改正;逾期不改正的,予以强制拆除或者恢复,因强制拆除或者恢复发生的费用分别由设置人、撤销人承担。"

第六十四条规定:"违反本条例的规定,船舶、浮动设施未持有合格的检验证书、登记证书或者船舶未持有必要的航行资料,擅自航行或者作业的,由海事管理机构责令停止航行或者作业;拒不停止的,暂扣船舶、浮动设施;情节严重的,予以没收。"

第六十九条:"违反本条例的规定,船舶未在码头、泊位或者依法公布的锚地、停泊区、作业区停泊的,由海事管理机构责令改正;拒不改正的,予以强行拖离,因拖离发生的费用由船舶所有人或者经营人承担。"

该条赋予的海事行政机构的行政强制执行权,也是一种代履行。该条的适用条件是:

(1)船舶未在码头、泊位或依法公布的锚地、停泊区或作业区停泊,违反了《内河交通安全管理条例》的规定。但应该注意的是:因为港口被定义为一个商业区域,并不是说船舶在港口的任何地方停泊或锚泊,海事行政机构都可以做出责令改正的行政决定,这要看船舶的这种锚泊或停泊是否影响内河交通安全、是否会影响内河助航设施等的安全,即是否违反《内河交通安全管理条例》的相关规定,若没有违反条例的规定,海事行政机构就不能责令船舶改正,当然也就不会产生采取强制拖离的强制执行措施了。

(2)海事行政管理义务人拒不服从海事行政机构责令改正的行政决定。

(3)海事行政机构或者海事行政机构可以委托第三方,对标的强制拖离。但应该注意,由于采取强制执行的目的是消除违反条例的船舶对内河交通安全秩序的影响,当将船舶强行拖离后,还应注意船舶的安全。

第七十四条:"违反本条例的规定,在内河通航水域的航道内养殖、种植植物、水生物或者设置永久性固定设施的，由海事管理机构责令限期改正；逾期不改正的，予以强制清除，因清除发生的费用由其所有人或者经营人承担。”

该条赋予的海事行政机构的行政强制执行权，也是一种代履行。该条的适用条件是：

(1)海事管理行政相对人在内河通航水域的航道内养殖、种植植物、水生物或设置永久性固定设施，并且这种行为是违反《内河交通安全管理条例》的。一方面强调了海事行政管理相对人的四种行为，即养殖、种植植物、种植水生物、设置永久性固定设施；另一方面强调上述四种行为发生在内河通航水域；三是强调了行为的违法性。

(2)海事管理机关作出行政处理决定，要求海事行政管理相对人在限定的期限内改正违反条例的行为。

(3)海事管理行政相对人超过期限没有改正其违反条例的行为。海事行政机关可采取强制执行的措施。

第七十五条：“违反本条例的规定，内河通航水域中的沉没物、漂流物、搁浅物的所有人或者经营人，未按照国家有关规定设置标志或者未在规定的时间内打捞清除的，由海事管理机构责令限期改正；逾期不改正的，海事管理机构强制设置标志或者组织打捞清除；需要立即组织打捞清除的，海事管理机构应当及时组织打捞清除。海事管理机构因设置标志或者打捞清除发生的费用，由沉没物、漂流物、搁浅物的所有人或者经营人承担。”

该条赋予的海事行政机构的行政强制执行权，也是一种代履行。该条的适用条件是：

(1)内河通航水域中的沉没物、漂流物、搁浅物的所有人或者经营人，未按照国家有关规定设置标志或者未在规定的时间内打捞清除的，并且是违反条例规定的。

(2)海事管理机构依法作出要求行政管理相对人限期改正的行政决定。

(3)海事管理行政相对人超过期限没有改正其违反条例的行为。海事行政机关可采取强制执行的措施。

另外在该条中，根据对水上交通的危害情况，海事行政机构可以采取即时强制的措施，即可以立即组织对内河通航水域中的沉没物、漂流物、搁浅物打捞清除。

3.《海事调查处理条例》的规定

根据《海事调查处理条例》第十九条规定：“根据海上交通事故发生的原因，港务监督可责令有关船舶、设施的所有人、经营人限期加强对所属船舶、设施的安全管理。对拒不加强安全管理或在限期内达不到安全要求的，港务监督有权责令其停航、改航、停止作业，并可采取其他必要的强制性处置措施。”该条实际上也是授予海事行政机关行政强制执行权。即若有关船舶、设施的所有人、经营人在限期内达不到安全要求的或拒不加强安全管理的，主管机关除有权责令其停航、改航、停止作业外，还可采取强制执行的措施，以达到保证安全的要求。然而在该条中赋给海事行政机关的行政强制执行权的种类是不明确的，因此，海事行政机关的选择范围可能很大，但根据行政法的基本原则，也可能要求海事行政机关在确定海事行政强制的种类时，非常慎重地确定，要求根据行政合理性原则，确定即能够实现管理目的，同时又对海事行政管理相对人最轻的强制措施。

二、海事即时行政强制及其内容

目前，我国海事行政机构所享有的海事行政即时强制权，主要是《海上交通安全法》和

《内河交通安全管理条例》等法律和法规所授予的。

1.《海上交通安全法》的规定

《海上交通安全法》第三十一条规定:“船舶、设施发生事故,对交通安全造成或者可能造成危害时,主管机关有权采取必要的强制性处置措施。”该条中包括了两层含义:一、当发生事故的船舶、设施对交通安全造成危害时,主管机关有权采取必要的强制性处置措施,是指危害的事实已经存在,但未结束,而主管机关有权所采取的是强制制止的即时强制措施。二、该条款下的船舶、设施对交通安全还未造成危害,但是根据事实推断可能造成危害时,有权采取强制预防危害发生的措施,属于强制预防。如一艘船舶发生事故,导致舱底进水,随时有沉没的危险,如果沉没将危害其他船舶的安全通行,主管机关有权立刻将其拖离中心航道,使沉没在对航行安全无危害或危害较小的航道边缘水区域,该条的适用条件是:

(1)即时海事强制措施所指向的标的是发生事故的船舶、设施,而且这种标的危害或可能危害的是交通安全,而且这种标的危害的或可能危害的不是其他方面的东西。

(2)采取的即时强制措施的目的是为了消除事故船舶或设施对交通安全的危害或可能危害,而不是其他目的。但是,在采取即时强制措施时,也应充分考虑相对人的利益。

在使用和理解该条时,以上两个条件必须同时满足,这是行政合法性和行政合理性原则的要求,否则所采取的即时强制措施可能是无效的或是违法的。

使用《海上交通安全法》第三十一条时应注意它与第四十条使用条件上的区别和联系,它们的区别是:

(1)《海上交通安全法》第三十一条主要是授权主管机关在该条的前提下采取即时强制措施,而第四十条是授权主管机关在该条的前提下,有权采取行政强制执行的代履行,这主要是即时强制与行政强制执行的区别,见前述。

(2)《海上交通安全法》第三十一条和第四十条授权主管机关采取强制性措施所指的标的范围不同。第三十一条适用的标的是对交通安全造成或者可能造成危害的事故的船舶或设施;而第四十条适用的标的是影响安全航行、航道整治或有潜在爆炸危险的沉没物或漂浮物。

(3)强制性处置措施所指向的标的物的状态不同。第四十条的标的物所处的状态是影响航道整治、航行安全或有爆炸危险;而第三十一条的标的物是发生事故的船舶或设施,对交通安全造成危害或可能造成危害。第四十条中在主管机关采取强制措施前,标的物对安全航行或航道整治的不利因素已确实存在,而在第三十一条中,在主管机关采取必要的强制措施前,标的物对交通安全的不利因素(危害)也许已经存在,也许还未存在。如果危险还不存在,只要主管机关将有关情况综合,经合理预测认为危害将会存在,主管机关即可采取强制措施。

第四,在第四十条和第三十一条的前提下,行政强制措施所指的标的物对法律所维护秩序产生不利程序不同。第四十条使用的是“影响”,而第三十一条使用的是“危害”。

2.《内河交通安全管理条例》的规定

第七十五条规定:“……需要立即组织打捞清除的,海事管理机构应当及时组织打捞清除……。”这是授权海事行政机构对违法行为采取强制制止的行为,也是预防对水上交通安全可能造成的危害。

第八十二条规定:"违反本条例的规定,船舶不具备安全技术条件从事货物、旅客运输,或者超载运输货物、旅客的,由海事管理机构责令改正,处2万元以上10万元以下的罚款,可以对责任船员给予暂扣适任证书或者其他适任证件6个月以上直至吊销适任证书或者其他适任证件的处罚,并对超载运输的船舶强制卸载,因卸载而发生的卸货费、存货费、旅客安置费和船舶监管费由船舶所有人或者经营人承担;发生重大伤亡事故或者造成其他严重后果的,依照《刑法》关于重大劳动安全事故罪或者其他罪的规定,依法追究刑事责任。"这是授权海事行政机构采取强制制止的强制措施,即对于超载的运输的船舶给予强制卸载。

第四节　赋予海事行政机构行政强制权的必要性

一、符合我国管理体制和市场经济体制建设的要求

马克思主义的法学观点认为:一切特定的法律制度都是特定社会物质生活条件的反映,归根到底决定于社会经济关系的发生的特点❶。海事行政机构目前所享有的行政强制权是与我国过去航运业的计划经济、水上交通安全监督管理与航运企业不分,以及以行政手段管理航运经济的模式相适应的。表现在企业上,货物的远洋运输主要由国家经营和管理下的五大远洋公司承担的,较小一部分也由国家所有的各省远洋公司运输的。沿海运输也是由交通运输部所拥有的、管理和经营下的各海运局、海运公司所承担的。交通运输部掌握着其所拥有的远洋运输公司和沿海运输公司的人事调动、资金的分配以及物资的调配权,拥有足够的内部行政手段去控制各种运输公司、企业。而这些海运企业承担的国家下达给交通运输部的计划运输指标或完成的是国家临时下达的运输任务。运输的货物都是国家计划经济中的一部分、一旦任务完不成都将影响国家整个经济的发展。因此在这种情况下,既抓生产经营,担负着国家计划完成或发展的交通运输部同时又是水上交通安全监督管理的海事局机关,在处理生产和安全的矛盾时,就必须要综合平衡,当运输任务繁重时,则趋向于重生产,而轻安全。而且为了达到安全的目的或达到法律的要求通过内部行政手段就足够了。在这种前提下,不可能赋予其太多的行政强制权,而且即使赋予其行政强制权,在实际的管理中也用不上,因此内部行政手段就足以实现目的了,同时也不可能自己强制自己拥有、经营和管理下的船舶。再者,如果真的由于安全方面的问题,需采取强制措施,如对船舶强制扣留,则可能由于船期方面的损失而导致影响国家计划经济任务的完成。而且存在使用即时强制的场合时,也会综合考虑本身的经济利益等,在综合均衡后采取的应急措施也不是行政法上的即时强制行政法律行为,而完全是行政管理中上级要求下级所立刻采取某种措施的行政命令。可见,在过去的体制和经济模式下,海事行政机构不可能享有较为广泛的行政强制权。

然而,从我国改革开放、管理体制和市场经济体制改革到现在,我国的航运业和航运管理体制发生了实质性的变化。而且经济体制也由单一的计划经济向建立社会主义市场经济体制发展。根据马克思主义的法学观点,水上交通安全监督管理所依据的法律、法规中的行

❶ 于安. 政府行政法律行为. 成都:四川人民出版社,1992.

政强制制度也必须与航运业的这种改变相适应。而这种相适应的结果,就是应该赋予海事行政管理机构较为广泛的海事行政强制权。

二、我国目前水上交通状况也迫切需要赋予海事行政机关行政强制权

1. 赋予其必要的行政强制的执行权

对于我国保障水上交通安全的立法,已基本形成了以《海上交通安全法》为龙头,还包括许多行政法规、行政规章的法律体系。虽然这一法律体系还不十分完善,但是为了保障安全,从船舶建造、检验、丈量、发证;船员的培训、考试、发证、值班;交通事故调查、统计,搜救以及船舶防污等方面都作出了较为严格和全面的规定,以及为了吸收国际上水上安全管理的成功经验、达到与国际相一致也参加了许多国际公约。制定的规范性文件和参加的国际公约基本是吸取前面事故的经验和教训,而将这些经验和教训以法或规范性文件的形式体现出来,目的在于要求船舶所有人、经营人和船员严格遵守,达到预防海事,保护水上人命和财产的安全,保护国家的经济秩序。如果制定的许多规范性文件不能被全面遵守,而海事行政机关又无足够的执行权,保证其实施或没有其他手段保证实施,那么制定的法律等规范性文件和参加的国际公约就形同废纸,法律所维护的法律秩序就会荡然无存,也体现不出法律的威严和国家的强制力。我国从20世纪80年代到现在制定了许多规范性文件,又于20世纪90年代发布了两个处罚规定,这些规定一直处于不断完善中。然而在新的形势下,海事法律、法规和规章的遵守情况如何呢？根据2000年广东省水上交通安全统一执法资料,在所检查的17 203艘内河小于600总吨及沿海小于500总吨船舶中,存在的缺陷数高在这30 430项,对所有被检查的船舶,平均单船存在的缺陷为1.77项。其中船舶超载现象尤为严重,占被检查船舶数的13.3%;其次为船舶配备不足,占被检查船舶数的8.7%。

在“2000年水上统一执法行动”中,“主要以小型船舶为重点,突出检查乡镇客渡船及危险品船,严厉打击‘三无’船舶非法营运、船舶超载,严厉查处水上交通安全违法行为。”“统一执法期间”,“检查船舶182 341艘次,查处‘三无’船舶6 765艘次,制止船舶超载23 242艘次,共查处各类船舶缺陷160 712项,滞留船舶2 049艘次,强制拆解“三无”船舶246艘。”[1]

在2000年7月6日至31日,对沿海及长江、珠江、黑龙江干线载客12人以上的客船和危险品运输船,开展的集中检查中,共检查船舶7 146艘,查处缺陷船舶4 845艘,占检查船舶的67.8%;查出并责令整改缺陷22 200项,滞留船舶178艘次。

当前船舶的状况不能不令人担忧,应该说每天航行在我国内河、沿海及港口水域的各种船舶中有一半以上的船舶或多或少地存在着各种问题。发生水上交通事故的危险正时刻威胁着航行、停泊和作业的每艘船舶,威胁着我国港口设施、助航设施及人命、财产安全,以及内河及海上环境。当然造成船舶违章或存在问题的原因是多方面的,如有船舶所有人重效益,轻安全,船舶所有人和船员法制观念淡薄等原因,但这不能不说是由于海事行政机关护法不力的原因造成的。在现有的体制下,违章率高或存在问题多与海事行政机关基本上没有必要的行政强制执行权有着密切的联系。因为,除了部分海事行政相对性(船舶所有人或经营人)自觉守法,使其船舶符合法律、法规及规章制度的要求外,总有一部分海事行政人由

---

[1] 刘功臣.标本兼治,狠抓落实,全面推进新世纪水上交通安全管理工作.2000.

于各方面的原因违章从事船舶营运，对于这部分违章的船舶，海事行政机关一经发现，从保障水上交通安全、保护水上人命、财产安全以及为维护法律秩序的目的出发，给行政相对人依法设定行政义务，只有这些行政义务或海事行政机关的行政决定得到了完全履行才能消灭违章或避免事故，才能实现海事法律的目的及其所要求的状态。然而实际上，总有一部分海事行政管理相对人拒不履行海事行政机关依法设定的义务，而海事行政机关又不能强制执行。因此违法乱纪章的现象就不能避免。有人或许说，可用行政处罚去纠正或制止违章，但实际上行政处罚和行政强制执行之间也有着密切的关系，而且行政强制执行是行政处罚决定按要求执行的有力保障。按照有关保障水上安全的法律、法规的规定，海事行政机关对违法的行政相对人只能给予以下三种行政处罚的一种或几种：警告、扣留或吊销职务证书、罚款。下面具体分析一下这三种处罚方式对海事行政相对人的影响。

(1)警告。这种处罚方式对于以违法而追求经济效益的船舶所有人、经营人或船员及其他相对人的影响是非常小的，即对制止或预防相对人的违法基本上是无效果的。

(2)扣留或吊销职务证书。这种行政处罚仅对持适任证书的高级船员而言。这种行政处罚对于我国目前许多本来就没有职务证书而驾驶船舶的小型船舶的驾驶或轮机员没任何作用。而且在实际中吊销职务证书的处罚相对较少，对国际航行船舶的船舶所有人或船员影响较大。

(3)罚款。罚款或者与罚款并处的行政处罚是对违法行为或制止以后违法较有力的制裁和惩治戒性的措施。但是如使罚款成为有力的行政处罚措施，必须具备至少以下两个条件：其一，罚款的数额应该与违法所得或与违法的程度相适应或大于违法所得或违法的程度。只有这样才体现出了罚款的制裁性和惩戒作用，使违法者得到了制裁而以后不敢再违法，同时又起到了警告其他海事行政相对人的作用。否则，就会产生反而的后果，客观上鼓励了违法人再次违法；鼓励了其他海事行政相对人以违法而追求高额的利润。其二，要起到罚款的应有作用，除数额方面应合适外，被罚的款应能按要求收上来。即行政处罚的决定能被按要求执行。在实际工作中，对于大型船舶特别是国际航行的船舶，违法相对人基本上能按要求交付罚款，但是对于众多的违法小型船舶，要想收上罚款绝非易事。扬言“要钱没有，要命有一条”的违法小型船舶的船主绝非少数，遇到被罚款人拒不交纳的情况下，由于海事行政机关对处罚决定无行政强制执行权，常常无计可施，而且客观上鼓励了一批法律观念淡薄的人竞相效仿。也就是说，为使罚款能收上来，对拒不交纳被罚款者，行政强制执行是保障。

有人说，对于拒不交纳罚款的海事行政相对人，海事行政机关可申请人民法院强制执行。是的，根据有关海事法律的规定是可以申请人民法院强制执行，但是申请人民法院强制执行的方式，在我国体制下有其缺陷，而且也不能完全满足海事行政执法的要求。这是因为：

(1)当前限于人民法院的人力和物力，其自己所作的判决和其他司法文书还不能得到有效的执行和妥善的处理，根本谈不上执行海事行政机关的行政决定了。据有关资料，有关经济案件判决后不能执行的达到30%左右，且由于地方保护主义等各种原因，其本身的执行职务阻力很大。

(2)由于对违法水上交通安全法规的罚款额相对较小，法院在其需要执行的各种判决等决定中,也不会因小失大。即使法律执行海事行政机关的行政决定,由于数量众多,也不能都得到有效的执行。

(3)按照有关海事安全法律、法规的要求,申请人民法院强制执行的,仅是行政处罚中的吊销职务证书和罚款,这远远不能满足海事法律、法规的执法要求。虽然最高人民法院《关于贯彻执行行政诉讼法若干问题的意见》中第八十四条规定:"…公民、法人或者其他组织对具体行政行为在法定期限内不提起诉讼又不履行,行政机关依法没有强制执行权,申请人民法院强制执行的,人民法院应予执行。"这种规定解决了海事行政机关行政决定的执行问题。但是根据海上安全立法的要求,有些情况下,这种执行制度是不适应安全管理要求的。例如,根据《海上交通安全法》第十九条规定:对处于不适航的船舶,主管机关有权令其停滞不前航。那么当主管机关的工作人员在"堵口"(部分少线路机构采用的一种检查监督方式)检查中,发现船舶严重超载、显然是不适航的,其有权令船舶停航,而船长拒不遵守,在此情况下,由于船舶正在航行中,如果申请人民法院强制执行主管机关令船舶停航的决定,但是由于时间方面的限制,申请人民法院需要时间,人民法院审查行政决定需要时间,不适航的船舶可能早已溜之大吉了。因此,即使法院能够执行海事行政机关的行政决定,也不能满足海上执法的要求。

2. 即时强制权

目前,我国船舶违章率高,存在问题多,导致事故率相对较高,在实际管理中,有相当一部分严重违章的船舶是海事行政机关工作人员在现场发现的。对于这些船舶的违法乱纪行为都应得到尽快的纠正和制止,这既保证了法律秩序,又能杜绝事故隐患,符合水上安全管理"以预防为主"原则,最终保障了水上人命、财产安全,保护了水域环境,实现了法律的目的,这正是即时强制措施的作用所在。当前国际航行的船舶违章而我国法律又规定海事机关有权令船停航的,海事行政机关一般采用不给予签证,不签发出口许可证的方法得以实现法律的要求。但是由于船舶的出口许可证一般是船舶开航前由海事行政机关签发的,而对于刚开航的船舶不存在重签的问题,同时根据我国保证水上安全的立法,没有任何一条法律规范授权海事行政机关对已获得出口许可证的船舶,扣留其许可证,这就产生了在实际中具体行政行为不合法但合理的矛盾。而对于许多国内航行的船舶,特别是小型船舶要达到使船舶停航的法律规定,相对较难。

即时强制不但实现了法律的目的,而且对纠正违法行为和制止以后违法也能起到巨大作用。因为在法律规定的前提下,扣留或滞留船舶可能给违法的行政相对人带来一定的经济损失。船舶是船舶所有人、经营人盈利的主要工具,限制了船舶的运行就等于杜绝了其财源,而且可能导致船舶所有人因违背与船上货主之间的货物运输合同导致船舶所有人对货主承担的民事赔偿责任,同时由于船舶的正常维持费用较高以及船舶所有人的船期损失,也会使其守法或及时纠正存在的问题和立即执行行政决定,促使船舶所有人、经营人依法经营船舶,减少并杜绝了船舶所有人或经营人的不合理航运竞争,整顿了航运秩序,使目前船舶违章率高或问题多的局面得到明显的改善。因此,赋予海事行政机关必要的行政即时强制权不但是执法的需要,而且也是改善我国目前船舶违章率高、事故率高这种状况的需要。

综上所述,从我国目前船舶违章的情况表明,海事行政机关执法、护法能力差,其享有的行政强制权已不适应新形势下船舶的安全管理;不符合制定的海事法律的要求,而要改变这种局面,赋予海事行政机关必要的和较为广泛的行政强制权是有力的措施之一。

三、根据我国参加的有关公约的规定,也应赋予海事行政机关必要的行政强制权

例如,根据经1995年IMO缔约国大会通过修正的《1978年海员培训、发证和值班标准国际公约》第Ⅰ条第2款规定:"各缔约国承担义务颁布一切必要的法律、法令、命令和规则,并采取一切必要的其他措施,使本公约充分和完全实施,以便从海上人命与财产的安全和保护海洋环境的观点出发,保证船上的海员是合格的并适于履行其职责。",同时在第Ⅹ条[监督]第3款中还规定:"在根据第(1)段的规定执行监督时,如果考虑到船舶的尺度和类型以及航程的长短和性质,规则Ⅰ/4第(3)段中所述的缺陷未能纠正并判定将危及人员、财产或环境时,执行监督的缔约国应采取措施,以保证船舶在消除危险并符合要求后才可开航。关于所采取行动的实情,应立即报告秘书长。"以上的"采取措施"就包括了授权有关缔约国政府当船舶出海前如不纠正缺陷将危及船上人命、财产安全或危及海洋环境时,强制船舶的含义。

除了《1978年海员培训、发证和值班标准国际公约》的规定外,在《1974年SOLAS公约》、《1966年船舶载重线公约》、及以《MAPPOL 73/78公约》等公约中,都授权缔约国政府,在一定情况下"采取措施"保证船舶遵守有关规定。这些规定已具体体现为各国对船舶在一定条件下采取强制性措施。例如,在当前的各区域港口国管理(PSC)中,如果船舶带着缺陷开航会危及船上人命、财产安全,或危及海洋环境,则船舶会被扣留或滞留。

我国新颁布实施的《内河交通安全管理条例》和废除的旧《条例》相比,在很多方面,赋予了海事行政机关行政强制权,说明了以后的立法趋势。我们相信在修订《海上交通安全法》时,也会体现出这一趋势。

四、从我国法制建设的外部环境及海事行政机关内部执法情况看,已具备了授予其必要行政强制权的条件

行政强制的作用在于保障行政机关政党行使职权;保证行政相对人及时完全履行义务;保证最佳的社会管理效果;保护行政相对人的合法权益;保证法律秩序不受破坏,为社会经济服务。它体现了国家的强制力,它是行政管理中最严厉的行政手段,如果该权力使用不当,极易造成对行政相对人权利的侵害。也正是为了防止这种侵害的发生,国家法律、法规在授予行政机关强制权时,都持非常慎重的态度。是否授予行政机关必要的强制权除了由行政机关的工作性质决定外,又常常取决于对行政强制措施可能造成损害的救济措施是否足够,以及行政机关执法水平的高低。由于我国改革开放,促进了法制建设,为了保障行政相对人的合法权益,保障行政机关依法行政和行政合理性,制订了一系列的法律救济措施。

(1)《行政复议条例》第一条规定:"为了维护和监督行政机关依法行使职权,防止和纠正违法或者不当的具体行政行为,保护公民、法人和其他组织的合法权益……制定本条例。"表明了条例制订的目的。同时第九条第2款规定:"对限制人身自由或者对财产的查封、扣押、冻结等行政强制措施不服的,行政相对人可提起行政复议。"行政议复议补充了行政系统内层级监督的不足。这一制度的行使促进了行政机关依法行政,提高了行政效率和行政效

益。同时,由于行政机关对其作出的或由下层行政机构作出的行政决定的审查,可加深对法律的认识和对行政相对人意愿的理解。它与行政诉讼相比具有程序简便,易于迅速纠正错误,范围广泛和经济有效的特点。它不但审查行政机关的违法行政行为,还可纠正行政机关在自由载量权限内的不当行为。这一制度在水上安全管理中的实施,对于海事行政机关实施的行政强制行为起到了合法、合理的监督作用,防止了行政强制的滥用。

(2)我国《行政诉讼法》的颁布和实施,与防止海事行政机关滥用行政强制权,保护海事行政相对人的合法权益,提供了司法救济的途径。该法第二条规定:“公民、法人或者其他组织认为行政机关和行政机关工作人员的具体行政行为侵犯其合法权益,有权依照本法向人民法院提起诉讼。”同时该法第十一条第二款规定:“对限制人身自由或者对财产的查封、扣押、冻结等行政强制措施不服的,人民法院受理。”即《行政诉讼法》已将行政机关实施的行政强制措施列入了行政诉讼范围。目的是给行政相对人提供了防止行政强制措施带来损害的司法救济。

(3)对于行政机关违法强制行为所造成的行政相对人的损失和损害,根据《国家赔偿法》的规定,行政相对人可提起国家赔偿,同时,该法还规定了对具体行政为人的追偿,在这样情况下,不论是执法者还是行政相对人的法律意识,都有了很大提高。客观上也防止了海事行政机关及其工作人员对行政强制权力的滥用。

(4)《公务员条例》对规范海事行政机关及其工作人员的行政行为起到了很大作用。

(5)从海事行政机关及其工作人员的素质看,也基本具备了享有海事行政强制权的条件。

第五节　海事行政强制在立法和执法中存在的问题

一、抽象行政行为中存在的问题

所谓抽象行政行为是指海事行政机关的行政立法行为。在我国海事管理中,除了我国颁布实施的极少数法律、法规和我国参加的国际公约外,海事执法是依据我国交通运输部颁布的规章和交通运输部海事局颁发的有关规定、办法、规则或通知等。交通运输部或交通运输部海事局制定或颁布规章等规范性法律文件的行为统称为抽象行政行为。

二、行政强制在海事执法中存在的问题

为了广泛地了解我国海事机关在执法中对行政强制权的运用情况,我们向全国各级海事机构及其工作人员发送了有关行政强制权情况的《调查问卷》。根据《调查问卷》返回情况及我们在调研中掌握的天津海事局、辽宁海事局、山东海事局、上海海事局、广东海事局及深圳等海事局的情况,基本反映了我国目前海事机构对行政强制权的运用。

《调查问卷》和调研情况反映出,各级海事管理机构在运用行政强制权方面,基本情况较好,但存在如下几方面的问题。

1. 对行政强制措施的特点理解不深

如《调查问卷》第1题问:根据《海上交通安全法》第三十一条规定,当船舶发生交通事

故，危害或可能危害交通安全时，海事机构采取的强制性处置措施有哪些？

有56%的《调查问卷》回答：仅下令事故船舶驶离危害水域。有89%的《调查问卷》同时回答“可下令可能被危害的船舶驶离可能发生危害的水域”。回答包含着关于行政强制措施的两个问题。如前所述，行政强制措施包括了行政强制执行措施和即时强制措施。

第一个问题是混淆了即时强制执行与行政决定的区别。“下令事故船舶驶离危害水域”是一种行政命令，它属行政决定的范畴，它使特定的行政相对人产生义务或形成权利。而在该行政命令中，它给特定的行政相对而言人设定了“行为——驶离”的义务，而在《海上交通安全法》第三十一条所规定的条件下，法律赋予海事行政机关的即时强制权是不以海事行政机关的行政决定或给行政相对人设定行政义务为前提的，表现为不经命令而直接采取消除危害或预防危害发生的具体强制行为，它不考虑相对人的意志，例如在第三十一条的前提下，海事机构可直接派拖轮将事故船拖离航道等，而不仅仅是下令船舶驶离航道等。

第二个问题是即时强制措施所针对的是产生危害或可能产生危害的事故船舶，而非被危害的船舶。当然在该条的前提下海事机关有权令可能被危害的船舶驶离可能被危害的水域，但这种权力不是本条所指的强制性处置措施。

2. 关于即时强制的执行程序方面存在的问题

在《调查问卷》第1题(3)中，是关于即时强制的程序问题的。《调查问卷》回答中，有89%回答：“先令事故船舶消除已存在的危险或可能产生的危害，如事故船不执行命令时，然后采取强制措施。”由于即时强制措施目的的特殊性，因此在具体行使即时强制措施时，先下令后采取强制措施与直接采取强制性措施而不下命令，应该都是可以的，这主要看当时情况是否许可。但应正确区别行使即时强制措施和行政强制执行措施程序上的区别。两都是区别之一就是行政强制执行措施在实施前，必须有依法给行政相对人设定的具体义务，而有行政相对而言人逾期不履行该项法定义务为前提，然后才可实施行政强制执行措施。

3. 具体实施行政强制措施上的违法

《调查问卷》第3题问：根据《海上交通安全法》第十九条规定或《内河交通安全管理条例》的相关规定，当船舶满足该条规定的条件时，海事行政机构可令船舶停航、改航或停止作业。如海事行政机构令船舶停航，而船舶不服从命令时，海事行政机关可行政哪些权力？

《调查问卷》回答中，选择“扣留船舶的某些证书”的达90%，同时选择“扣留船舶开航所必需的机件”的有10%，同时选择或选择“扣留或滞留船舶”的有45%。首先，在上述情况下，对船舶证书的扣留，对船舶机件的扣留或对船舶的扣留或滞留可能都是不合法的。这是因为，第一，根据行政法的观点，行政强制权只有法律和法规才能给行政机关设定。我国《行政诉讼法》第五十二条规定：人民法院审理行政案件，以法律和行政法规、地方法规为依据。这说明了规章中规定的行政强制权当与法律、法规规定不一致时，即是违法的。而在《海上交通安全法》中，没有赋予海事行政机关扣留船舶的权力，扣留船舶机件或船舶证书的行政强制权。因此是违法的，当海事行政机关行使这种行政强制权后，如果行政相对人依《行政诉讼法》第十一条提起行政诉讼，海事行政机关可能要承担由此而引起的全部法律责任。第二，我国的司法实践也证明了在前述条件下，扣留船舶是违法的。某市法院曾于1988年10月受理了一起某个体船户祝某诉某县航管站一案。案情如下：原告祝某于1987年5月与本县郑某未经县航管站同意,私自达成"黄伞"号拖船买卖协议。县航管站发现后,告诫祝某,船在郑某经营期间尚欠养河费4 000元,如不缴纳,该船不准买卖,祝某表示愿在5日内付情欠的全部养河费。祝某于1988年1月,以愿代郑某交纳费用办理船的过户手续时,请求减免50%的养河费,县航管站根据规定未同意祝某请求。1988年3月祝某又出具欠条,要求延期半年还清,后被同意延期3个月,并于4月办理了买船过户手续和有关证书,但事后并未交纳,并又欠养河费1 200元。为此某县航管站于同年10月依《内河交通安全管理条例》第二十一条和第四十九条规定,给予祝某以200元罚款,并扣留船舶。祝某不服,向某市人民法院起诉。经人民法院依法审理,认为对原告的200元罚款,事实清楚,证据充分应予维持,而扣留船舶缺乏法律依据,给予返还撤销。

以上说明,各级海事机构及其工作人员应认真学习有关行政强制的基本理论,以法行政,杜绝越权违法。

4. 关于对《海上交通安全法》中第十九条是否属行政强制权的认识

《海上交通安全法》第十九条规定:"船舶、设施有下列情况之一的,主管机关有权禁止其离港、或令其停航、改航、停止作业……"

对该条中的"禁止其离港"是否包括了海事行政机关可采取强制性措施,禁止符合该条规定条件的船舶离港,对此,目前海事系统对这一问题有不同的认识,就我们看来,它似乎不应包括采取强制性处置措施。主要是由于:

(1)根据上述某市中级法院于1988年关于"黄伞"号拖船的判例,法院否定了航管站扣留船舶的行为。因为该船是由于违背已被废止的《内河交通安全管理条例》第二十一条第4款的规定,未交纳规定的费用。而在该条例的第二十一条中也同样规定主管机关对此有权禁止船舶离港。虽然在我国不承认判例的法律效力,也不承认它对以后法院审理案件的拘束作用,但至少通过判例可以看法院对该条款的理解和认识。

(2)从我国的一些行政法专著的观点看,有相当一部分认为海事行政执法部门是属于基本上不享有行政强制权,或享有在严格条件下极少的行政强制权的,例如,由参加我国行政法法规(包括行政复议、行政赔偿、行政处罚、行政强制执行)起草和论证工作的于安等几位同志编写的《政府行政法律行为》一书中,将海事行政执法部门列为基本上不享有行政强制执行权的行政部门。如果《海上交通安全法》的第十九条包含授权海事行政机构可采取行政强制权的含义的话,那么海事行政机构所享有的行政强制权,在我国各行政机关中,可能是最多、最广泛的了。

(3)这种"禁止船舶进港"只是海事行政机关采取的一种禁止性行政行为,它同该条第4款后的"或令船其停航、改航、停止作业"等是并列的,仍属于海事行政机关可作出的一种行政命令。同时,它与该法第18条的"禁止船舶进港"、第15条的"禁止船舶进入或穿越禁航区"等的性质完全相同,都是赋予海事行政机关可作出禁止性行政行为命令的权力,只是各条的适用条件不同。如果说所有包括"有权禁止船舶"的条款都含有授权主管机关可采取强制性措施而强制禁止船舶不作为,这显然是不正确的。

我们认为这种禁止船舶离港,应包括以下的含义:一种是只向船舶下达禁止离港的命令,是一种仅下达行政命令的授权;另一种是根据如《船舶签证管理规则》等,在规定的条件下,不给船舶签证或不签发出口许可证等。但无论如何不能成为海事行政机关采取强制性处置措施的一种授权。

三、完善海事行政强制的程序

没有一定的程序任何执法行为的合法和有效都是不可能的。行政强制执行中的程序是保障行政强制执行活动合法、正常,提高其执行效率和合理性,也是保障行政强制执行活动的合法性。目前海事立法中,虽然赋予了海事行政机构在严格条件下的有限行政强制权,但对其执行程序没有具体规定,而且在我国其他法律、行政法规中也未作出规定。就我国行政法而言,关于行政强制执行的程序主要在三种意见:第一种认为,执行程序分为三个阶段:行政强制决定、告诫和执行决定的实施。第二种认为,应分为四个阶段,即调查、审查、通知和告诫执行。第三种观点认为,应分为执行案件、受理和审查,命令相对人限期执行、执行。

我们认为结合海事执法的特点、行政效率、目前实施的状况及保护行政相对人的合法权益,而又防止海事行政强制权力的滥用,执行程序如下:

1. 海事行政强制执行的程序

第一步,行政决定通知书附带法定的行政强制执行的有关规定。行政决定中除了行政决定的内容外,还要包括履行行政决定通知书设定的期限,超期海事行政机构将采取行政强制执行措施和可能的方式、义务的人权利等。将行政强制执行的程序延伸到从作出行政决定就开始了。将行政强制执行的通知、告诫等设置在行政处理决定中,它有助于给义务人造成心理上的压力,迫使其全面地按处理决定履行义务。但注意,行政处理决定必须在一位主管领导的带领下作出。如果处理决定是在行政相对人违法现场作出的,则执法人员返单位后,应立即向主管领导报告,经过主管领导的审查。处理决定有问题的应立刻纠正。

第二步,如果义务人没按规定履行义务,处理决定中的行政强制执行就发生了执行力,海事行政机构在实施行政强制执行时,应形成行政强制执行通知书,由负责实施人员在执行的同时交给义务人,同时再次告诫。该通知书包括实施强制执行的具体方式、义务人的权利等。递交通知书时,负责人应出示身份证,并说明有关情况,如行政相对人不在现场时,应邀请相应的执行见证人,并让见证人在证明执行情况和有关记录的文件上签字。执行完毕,执行人员应形成执行报告,回单位立即汇报并递交有关资料、记录等。由主管领导审核执行中的合法性与合理性。如有问题,应立刻纠正。在执行时如有妨碍执行情况时,应采用适当方式加以排除,如属代履行,执行完毕,发出收费通知书。

2. 即时强制执行程序

第一步,实施。当执行公务的机关人员发现应依法实施即时强制措施的情况时,根据情况需立刻依法采取强制措施的,应立刻采取。采取即时强制措施后,实施人员应立刻向有关行政相对人递交实施即时强制措施通知书。该通知书应包括采取即时强制措施的法律事实、法律依据、解除即时强制措施的方法(如存在)、行政相对人的权利、实施机构、日期等。

第二步,审查。实施人员回单位后,应立刻向主管领导汇报关于即时强制情况,接受领导对法律事实、依据等事项的审查,经审查有问题的应立刻采取相应的措施,并通知行政相对人。

第十章　海事行政诉讼

第一节　海事行政诉讼概述

一、概念

海事行政诉讼，是指相对人认为海事管理机关具体行政行为侵权其合法权益，依法向人民法院提起诉讼，请求人民法院对该具体行政行为的合法性进行审查并做出裁判的活动。这个概念包括以下含义：

(1)在海事行政诉讼活动中，原告恒定为海事管理机关具体行政行为的相对人，包括公民、法人和其他组织，而被告则恒定为海事管理机关。

(2)海事行政诉讼由人民法院主管，人民法院依据法律、法规对所诉的行政行为的合法性进行审查。

(3)诉讼权是赋予海事行政相对人的一种程序性权利，它的宗旨是保护公民、法人或其他组织的合法权益免受行政机关滥用行政权的损害。

(4)原告只能对海事管理机关做出的具体行政行为不服提起行政诉讼，而不能对抽象行政行为提起诉讼。

二、基本原则

海事行政诉讼基本原则，是贯穿于海事行政诉讼整个过程，对海事行政诉讼活动起主导、支配作用的行为规则，体现行政诉讼的基本精神和价值取向。海事行政诉讼基本原则属法律原则，是支配行政诉讼活动的基本行为准则。无论是人民法院还是诉讼当事人、其他诉讼当事人都要遵循。所有的海事行政诉讼行为都必须遵守这些原则。而且海事行政诉讼基本原则贯穿于海事行政诉讼的主要过程。海事行政诉讼基本原则除了对法院和诉讼参与人的诉讼活动有约束力外，还对海事行政诉讼的法律解释问题有指导作用。海事行政诉讼是《行政诉讼法》的一个分支，它具有以下基本原则：

1. 人民法院依法独立行使行政审判权原则

人民法院依法独立行使行政审判权，是我国《宪法》规定的一项重要原则，海事行政诉讼活动必须遵循。《行政诉讼法》第三条1款规定：“人民法院依法对行政案件独立行使审判权，不受行政机关、社会团体和个人的干涉。”这条原则具体包括以下内容：第一，行政审判权由人民法院独立行使，任何其他机关或机构不能代行，任何机关、团体和个人都不能进行干涉；第二，人民法院依法独立审判，是指人民法院作为一个整体独立行使行政审判权，而不是指审判人员个人的独立，也不是指合议庭的独立；第三，人民法院依法独立审判行政案件，是指一个法院在审理行政案件时是独立的。第四，人民法院依法独立行使审判权与接受权力机关和法律监督机关的监督并不矛盾。我国法律规定，人民法院审查各类案件时，应依法受上级人民法院、同级或上级人民代表大会及其常委会、同级或上级人民检察院的监督。所以，人民法院依法独立行使行政审判权，是不受行政机关、社会团体和个人的干涉的，而不是不受任何机关的监督。但必须注意的是，任何监督都不能代替人民法院行使行政审判权。最终的判决或者裁定仍然由人民法院作出。

2. 以事实为依据、以法律为准绳的原则

《行政诉讼法》第四条规定："人民法院审理行政案件，以事实为依据，以法律为准绳。"这条原则包括以下含义：以事实为依据，是人民法院依照法定程序调查、认定海事管理机关据以作出具体行政行为的事实是否符合客观情况，证据是否充分确实。以经过合法程序收集和认定的事实作为适用法律的基础。以法律为准绳，是人民法院以法律、法规为根据，查明海事具体行政行为的适用法律是否正确，判断海事具体行政行为是否违法。而不能凭审判人主观认识来判定海事具体行政行为是否合法。

3. 合法性审查原则

《行政诉讼法》第五条规定："人民法院审理行政案件，对具体行政行为是否合法进行审查。"与刑事诉讼和民事诉讼相比，具体行政行为合法性审查原则是行政诉讼最有特色的基本原则。这条原则的意义在于明确了行政机关与人民法院之间的制约关系，具体化了公民、法人或者其他组织的行政诉讼权利，对诉讼当事人、人民法院等诉讼主体具有指导意义。依据该原则，人民法院只能对海事具体行政行为的合法性进行审查，既审查海事抽象行政行为的合法性，也不能审查海事行政行为的合理性。人民法院的具体审查内容仅限于：被告是否享有作出具体行政行为的权力；据以作出该行政行为的事实依据是否确凿充分、事实是否清楚、证据是否合法有效；具体行政行为适用法律是否正确；被告是否有违反法定程序的行为；被告是否存在不履行或拖延履行法定职责的情形。

4. 当事人法律地位平等原则

《行政诉讼法》第七条规定："当事人在行政诉讼中的法律地位平等。"该原则包括以下内容：第一，虽然在海事行政法律关系中，海事管理机关与行政相对人之间存在管理和被管理模式的不平等关系，但在行政诉讼中当事人的地位平等。第二，人民法院应当保障当事人平等地享有参与行政诉讼的机会，防止行政机关给公民、法人或者其他组织施加压力，同时也应当防止原告滥诉，无理纠缠。第三，人民法院作出裁判时应当同等情况同等对待，对当事人在适用法律上一律平等，不能因人而异。

5. 使用本民族语言文字进行诉讼原则

《行政诉讼法》第八条第 1 款规定，各民族公民都享有使用本民族语言文字进行行政诉讼活动的权利。这是任何人不得以任何理由予以限制的绝对权利，也是一项宪法权利（第一百三十四条）。而且，在少数民族聚居或者多民族共同居住的地区，法院还要承担积极的义务，即法院应当用当地民族通用的语言、文字进行审理和发布法律文书，应当为不通晓当地民族通用语言、文字的诉讼参与人提供翻译。

6. 辩论原则

《行政诉讼法》第九条规定，当事人在行政诉讼中有权进行辩论。当事人的辩论权利，也是不得以任何理由予以限制的、基本的诉讼权利,且可以由其法定代理人或者委托代理人自由行使。辩论有口头和书面两种形式,在行政诉讼一审过程中,必须进行口头辩论,而在法院认为事实清楚、采取书面审理的二审过程中,辩论就转变为书面形式。辩论不仅有利于澄清事实、凸显争议点,有利于法院充分听取当事人在事实和法律问题上的各自立场、从而作出公正裁判,更为重要的是它体现了当事人尊严利益的保护。

7. 合议、回避、公开审判、两审终审原则

(1)合议制原则

人民法院审理行政案件实行合议制。合议制是合议原则的具体体现,它要求人民法院审理行政案件一律组织合议庭进行审理。合议原则是人民法院在行政审判工作中实行民中集中制原则的具体体现。由于行政案件案情一般都比较复杂,审理难度大,因此不适用独任制审判,需要组成合议庭,依靠集体的智慧,集思广益,保证办案质量。

(2)回避制原则

承办案件的人员,遇有法律规定的情况不再参加案件的审理及承担相关任务的,称为回避。回避制度是法律赋予当事人的一项重要的诉讼权利。实行回避的意义在于:保证人民法院公正审理案件,维护当事人的信任感,使行政诉讼具有客观公正的外在形式,使行政诉讼能够顺利进行。

(3)公开审判制度

公开审判是我国《宪法》所确认的一项原则。公开审判,是指人民法院在行政案件的审理和宣布判决时,除法律规定的特殊情况外,一律公开进行。公开审判是原则,不公开审理是例外。

(4)两审终审制度

两审终审,是指一个行政案件经过两级人民法院审理即告终结的诉讼制度。根据这一原则,案件经过第一审人民法院审理后,当事人对判决、裁定不服的,有权依法向上一级法院提出上诉。第二审人民法院对上诉案件进行审理后作出的判决、裁定是终审的判决裁定。当事人必须执行,不得再次提起上诉。最高人民法院是国家最高审判机关,它作出的第一审行政案件的判决、裁定为终审判决、裁定。这是两审终审制度的例外。

两审终审原则并非要求每一个行政案件都必须经过两级人民法院的审理才告终结。例如,当事人对一审判决、裁定,在法定期限内没有上诉,一审判决即发生法律效力,案件宣告终结。两审终审原则的意义在于用法律的形式肯定了当事人享有上诉权。只要当事人在法定期限内提出上诉,上级人民法院就必须审理,并负责在法定期限内作出判决和裁定。

8. 人民检察院法律监督原则

按照我国《宪法》和《人民检察院组织法》的规定,检察机关是我国的法律监督机关,它对人民法院的审判活动有权实施法律监督。《行政诉讼法》第十条规定,人民检察院对行政诉讼实施法律监督,对于保障行政审判权的正确行使,保护公民、法人和其他组织的合法权益,维护和监督行政机关依法行使职权,确保社会主义法制的统一有着重大的意义。由于行政诉讼活动是以人民法院审理行政案件,确定被诉具体行政行为的合法性为核心的,因此,检察监督的核心和重点亦是对人民法院的行政审判活动是否合法的监督。

根据《行政诉讼法》第十条的规定,人民检察院有权对行政诉讼实施法律监督,它意味着

人民法院的行政审判活动的全部过程都将受到人民检察院的法律监督,也意味着诉讼各方当事人的活动都应受到人民检察院的监督。

第二节　海事行政诉讼范围和管辖

一、海事行政诉讼受案范围

行政诉讼的范围,也称法院的主管范围,是指人民法院受理行政案件的范围,即法律规定的、法院受理审判一定范围内行政案件的权限。目前,各国对受案范围的确定方式主要有三种:概括式、列举式和混合式。①概括式是由统一的行政诉讼法典对受案范围作了原则性、概括性的规定,通常是总体地规定为:公民等一方认为行政机关的违法或不当行政行为侵犯自己的合法权益时,有权向法院提出行政诉讼。概括式规定的优点是简单、全面、不致发生遗漏。但可能出现规定过于宽泛和不易掌握的问题。②列举式有肯定的列举和否定的列举两种方法。肯定的列举是由《行政诉讼法》和其他单项法律、法规对属于行政诉讼受案范围的行政案件加以逐个列举,凡列举的都在行政诉讼的受案范围之内;否定的列举也称排除式,是对不属于行政诉讼受案范围的事项加以逐个列举,凡列举的都排队在行政诉讼的受案范围之外,未作排除列举的则都是行政诉讼的受案范围。列举式的优点是具体、细致,受案或不受案的界限分明,易于掌握。但是,却有烦琐且又难以列举全面的弱点。③混合式是将上述两种方式混合使用,以发挥各种方式的长处,避免各自的不足,相互弥补。因此,混合式不失为确定行政诉讼受案范围的较好方式。

我国《行政诉讼法》选择了混合式的方法。按照第二条的规定,公民、法人或者其他组织认为行政机关和行政机关工作人员的具体行政侵犯其合法权益,有权依照本法向人民法院提起诉讼。在第二条的基础上,《行政诉讼法》第十一条对行政诉讼的受案范围作了具体的列举。按第十一条的规定,人民法院受理公民、法人和其他组织对下列具体行政行为不服提起的诉讼:

(1)对拘留、罚款、吊销许可证和执照、责令停产停业、没收财物等行政处罚不服的;

(2)对限制人身自由或者对财产的查封、扣押、冻结等行政强制措施不服的;

(3)认为行政机关侵犯法律规定的经营自主权的;

(4)认为符合法定条件申请行政机关颁发许可证和执照,行政机关拒绝颁发或者不予答复的;

(5)申请行政机关履行保护人身权、财产权的法定职责,行政机关拒绝履行或者不予答复的;

(6)认为行政机关没有依法发给抚恤金的;

(7)认为行政机关违法要求履行义务的;

(8)认为行政机关侵犯其他人身权、财产权的;

(9)除上述外,人民法院受理法律、法规规定可以提起诉讼的其他行政案件。

《行政诉讼法》所列举的上述9种情况,包含了所有行政机关具有可诉性的具体行政行为,范围比较广。但具体到海事管理机关,上述部分具体行政行为在海事管理机关执行法定的职能时是不可能出现的，例如：上述关于责令停产停业的行为，关于侵犯经营自主权的行为，没有依法发给抚恤金的行为等。归纳起来：具有可诉性的海事具体行政行为大概可分为以下几类：

（1）侵犯相对人财产权行为；

（2）侵犯相对人身权行为；

（3）行政处罚行为；

（4）不履行法定职责；

（5）侵犯相对人合法权益的其他具体行政行为。

二、海事行政诉讼管辖

行政诉讼管辖是指人民法院之间受理第一审行政案件的职权分工。从受理和审理的角度，它解决的是法院内部的分工和权限；从起诉的角度，它解决的是公民、法人或者其他组织认为属于法院受案范围的具体行政行为侵犯了自己的合法权益时，向哪一级哪一个人民法院起诉的问题。属于人民法院受案范围的行政争议，并不是每一级及每一个人民法院都有管辖权。《行政诉讼法》对行政案件的管辖权作出具体规定，便于公民、法人或者其他组织提起诉讼，有利于人民法院系统内部的合理分工及明确人民法院的内部职责，便于有关国家机关及全体人民对法院的工作进行监督。

行政诉讼管辖分为级别管辖、地域管辖和裁定管辖三类，其中级别管辖和地域管辖是由法律明确规定的，又合称为“法定管辖”。

1.级别管辖

级别管辖是指上下级人民法院之间受理第一审行政案件的分工和权限。换言之，级别管辖是在人民法院系统内，从纵向上解决哪些第一审行政案件应该由哪一级法院审理的问题。当然，级别管辖仅仅解决管辖法院的级别，在具体案件中确定具体管辖的法院，尚且需要与地域管辖结合起来考虑。我国一共设有四级人民法院，即最高人民法院、高级人民法院、中级人民法院和基层人民法院。《行政诉讼法》关于级别管辖的规定是：

（1）基层人民法院管辖第一审行政案件。

（2）中级人民法院管辖下列第一审行政案件。

①确认发明专利权的案件、海关处理的案件；

②对国务院各部门或者省、自治区、直辖市人民政府所作的具体行政行为提起诉讼的案件；

③本辖区内重大、复杂的案件。

（3）高级人民法院管辖本辖区内重大、复杂的第一审行政案件。

（4）最高人民法院管辖全国范围内重大、复杂的第一审行政案件。

根据《行政诉讼法》的规定，一般情况下，对海事管理机关作出的具体行政行为提起诉讼的案件由基层人民法院管辖。

2.地域管辖

地域管辖是指同级人民法院之间在其各自辖区内受理第一审行政案件的权限划分。地域管辖是横向地确定同级人民法院在审理第一审行政案件方面的分工，所解决的问题是案件应由哪个地方法院管辖的问题。如上所述，地域管辖规则必须和级别管辖规则结合，方能确定某个案件究竟应该由哪个法院管辖。

根据《行政诉讼法》的规定，海事行政诉讼地域管辖的规则如下：

(1)被告所在地法院管辖。根据《行政诉讼法》第十七条，在一般情况下，海事行政诉讼案件由最初作出具体行政行为的海事管理机关所在地的法院管辖，也就是被告所在法院管辖。

(2)复议机关改变原具体行政行为的，也可以由复议机关所在地法院管辖。根据《行政诉讼法》第十七条，如果在当事人提起海事行政诉讼之前，该案已经经历复议，而复议机关改变原具体行政行为的，那么，当事人既可以选择向最初作出具体行政行为的行政机关所在地法院提起诉讼，也可以向复议机关所在地法院提起诉讼，二者选其一。

(3)因不动产提起的行政诉讼，由不动产所在地法院管辖。

(4)共同管辖。根据《行政诉讼法》第二十条规定，两个以上人民法院都有管辖权的案件，原告可以选择其中一个人民法院提起诉讼。原告向两个以上有管辖权的人民法院提起诉讼的，由最先收到起诉状的人民法院管辖。

3. 裁定管辖

(1)移送管辖

根据《行政诉讼法》第二十一条规定，人民法院发现受理的案件不属于自己管辖时，应当移送有管辖权的人民法院。受移送的人民法院不得自行移送。

(2)指定管辖

根据《行政诉讼法》第二十二条规定，有管辖权的人民法院由于特殊原因不能行使管辖权的，由上级人民法院指定管辖。

人民法院对管辖权发生争议，由争议双方协商解决。协商不成的，报它们的共同上级人民法院指定管辖。

(3)管辖权转移

根据《行政诉讼法》第二十三条规定，上级人民法院有权审判下级人民法院管辖的第一审行政案件，也可以把自己管辖的第一审行政案件移交下级人民法院审判。

下级人民法院对其管辖的第一审行政案件，认为需要由上级人民法院审判的，可以报请上级人民法院决定。

第三节　海事行政诉讼参加人

一、行政诉讼参加人的概念

行政诉讼参加人，是指起诉、应诉或与被诉具体行政行为有利害关系，在整个或部分诉讼过程中参加行政诉讼活动的人。简言之，就是当事人和类似当事人地位的诉讼代理人[1]。

根据《行政诉讼法》规定，行政诉讼参加人具体包括原告、被告、第三人和诉讼代理人四

---

[1] 应松年. 行政诉讼法学. 北京：中国政法大学出版社出版，2002.

种。行政诉讼参加人与行政诉讼的参与人是不同的,后者比前者的范围要宽。参与人包括参加人和证人、鉴定人、翻译人、勘验人等。后一类参与人与前一类参加人不同,他们在法律上与本案没有利害关系,他们也参与行政诉讼活动,并在诉讼中享有相应的诉讼权利、承担诉讼义务。

行政诉讼当事人在这里是指狭义的当事人,即行政诉讼每一审程序中的原告和被告、第二审程序中的上诉人和被上诉人、审判监督程序中的申诉人和被申诉人以及在执行程序中的申请执行人和被申请执行人。本节主要讨论原告、被告、共同诉讼人和第三人的相关问题。

二、原告

原告是指认为行政机关的具体行政行为侵犯其合法权益,而依法以自己的名义向人民法院起诉的公民、法人或者其他组织。公民,指具有中华人民共和国国籍的人。但《行政诉讼法》第七十条规定,外国人、无国籍人、外国组织在中华人民共和国进行行政诉讼,适用本法。法律另有规定的除外。在一般情况下,外国人、无国籍人、外国组织在我国进行行政诉讼,在外国法院没有对我国公民进行资格限制的情况下,也具有原告资格。法人,是指依法成立并具有民法权利能力和民事行为能力,依法独立享有民事权利、承担民事义务的组织。法人包括企业法人、机关事业单位和社会团体法人。其他组织,即法人以外的组织,或称为"非法人组织",指不具备法人条件,没有取得法人资格的社会组织或者经济组织。

关于原告法律有明确的规定,《行政诉讼法》第二条规定,公民、法人或者其他组织认为行政机关和行政机关工作人员的具体行政行为侵犯其合法权益,有权依照本法向人民法院提起诉讼。《行政诉讼法若干问题的解释》第十三条规定,有下列情形之一的,公民、法人或者其他组织可以依法提起行政诉讼:被诉的具体行政行为涉及其相邻权或者公平竞争权的;与被诉的行政复议决定有法律上利害关系或者在复议程序中被追加为第三人的;要求主管行政机关依法追究加害人法律责任的;与撤销或者变更具体行政行为有法律上利害关系的。

通过以上可以看出,并不是任何公民、法人或组织都可以充当,它必须具备一定的资格。这些资格的构成要件可以概括为:起诉人须是自己的合法权益受到侵害的人;起诉人与具体行政行为之间具备法律上的利害关系。当然,在特殊情况下,原告还可以是其他公民、法人和组织。比如:有权提起诉讼的公民死亡,其近亲属可以提起诉讼;有权提起诉讼的法人或者其他组织终止,随其权利的法人或者其他组织可以提起诉讼。

依照上述关于原告资格构成要件的要求,及《行政诉讼法》和《行政诉讼法若干问题》的解释,可以确定海事具体行政诉讼案件的原告。以自然为行政相对人的海事行政诉讼案件,该自然人为原告。该自然人死亡的,其近亲属可以提起诉讼。相比之下,以法人或其他组织为行政相对人的海事行政诉讼案件,以谁的名义起诉,谁是诉讼代表人则是一个相对复杂的问题。根据《行政诉讼法》若干问题的解释的规定,可以列举出以下几种情况:

(1)法人或组织对海事具体行政行为不服的,可以以法人或组织的名义提起诉讼,该法人的法定代表人作为诉讼代表人。不具备法人资格的其他组织,由该组织的主要负责人为诉讼代表人。

(2)合伙企业对海事具体行政行为不服向人民法院提起诉讼的,应当以核准登记的字号为原告，由执行合伙企业事务的合伙人作诉讼代表人；其他合伙组织提起诉讼的，合伙人为共同被告。

(3)联营企业、中外合资企业或者合作企业的各方，认为联营、合资、合作企业权益或者自己一方的合法权益受海关具体行政行为侵害的，可以以各方自己的名义起诉，并且以各自的法定代表人作为诉讼代表人。

三、被告

行政诉讼的被告，是指由原告指控其具体行政行为违法侵犯原告的合法权益，并经人民法院通知应诉的行政机关或经法律、法规、规章授权的组织。

在特定案件中，原告必须确定适合的被告，其所提起的诉讼才有可能被人民法院受理。《行政诉讼法》第二十五条对行政诉讼被告的认定问题作出了规定，而在对行政诉讼实践经验予以总结的基础上，行政诉讼法司法解释第十九条至第二十二条又指出了行政诉讼被告的其他情形。据此海事行政诉讼被告的认定规则如下：

(1)海事行政相对人直接向法院提起诉讼的，作出具体行政行为的海事管理机构是被告。

(2)经上级海事管理机构批准的具体行政行为，在对外发生法律效力的文书署名的海事管理机构为被告。

(3)两个以上海事管理机构共同作出同一具体行政行为的，各海事管理机构是共同被告。

(4)经复议但复议机关维持原具体行政行为的，作出原具体行政行为的海事管理机构是被告。

(5)经复议且海事复议机关改变原具体行政行为的，复议海事机关是被告。

(6)海事管理机构被撤销的，继续行使其职权的海事管理机构是被告。

四、共同诉讼人

共同诉讼人是共同诉讼中人数多于一人的一方或几方的诉讼参加人。一般而言，共同诉讼，是指当事人一方或者双方为二人以上的诉讼。行政诉讼的共同诉讼则是指当事人一方或者双方为二人以上，因同一具体行政行为发生的行政案件，或者因同样的具体行政行为发生的行政案件，人民法院认为可以合并审理的诉讼。其中，二个或两个以上当事人对同一具体行政行为不服，向人民法院提起诉讼的，是共同原告；二个或两个以上行政机关作出同一具体行政行为，各行政机关为共同被告。当然还有共同第三人。以上统称为共同诉讼人。

构成共同诉讼必须具备以下条件：①当事人双方至少有一方是两人以上，且各为独立的诉讼主体。②客观方面，诉讼标的须为共同。要么是标的同一，要么标的是同样。③属同一人民法院辖区，如若分别由不同辖区法院管辖，同样失去共同诉讼的基础。④在程序上，人民法院进行合并审理。

在海事行政诉讼中，共同诉讼存在以下几类情形：①两个以上海事行政管理相对人受到同一具体行政行为的影响。②两个以上海事管理机构作出同一具体行政行为。③同一海事具体行政行为的双方当事人都在两个以上，亦即共同原告和共同被告同时存在。④两个以上海事行政相对人分别受到同一海事管理机构作出的性质相同的具体行政行为影响。

五、第三人

行政诉讼的第三人，是指因与被提起行政诉讼的具体行政行为有利害关系，通过申请或法院通知形式，参加到诉讼中来的除原告、被告以外的其他公民、法人或者其他组织。理论上指原告与被告之间的诉讼称之为本诉，把第三人参与的诉讼，称之为参加诉讼。

在海事行政诉讼中，第三人通常有下列情形：①应当追加而原告不同追加的被告，法院可通知相应的海事管理机构以第三人的身份参加诉讼。②同一具体行政行为涉及两个以上相对人，其中一部分人作为原告提起诉讼，另一部分人不起诉的，不起诉的那一部分人可以作为第三人。③民事争议一方当事人对行政机关对民事争议所作的处理或者裁决不服提起诉讼，争议另一方当事人不起诉的，不起诉的另一方当事人可以作为第三人。

六、诉讼代理人

海事行政诉讼代理人，是代理人的一种，是指以当事人名义，在代理权限内，代理当事人进行诉讼活动的人。海事行政诉讼代理人有三类：法定代理人、指定代理人和委托代理人。

法定代理人，是指根据法律规定而直接享有代理权限，代替无诉讼行为能力的公民进行行政诉讼的人。这种代理权直接根据法律设定而产生，它不以任何人包括被代理人的意志为转移。当然法律规定是有一定条件的，这就是：①被代理人须为公民。而且被代理公民是属于无行为能力人，即未成年人、精神病人等。②代理人与被代理人之间业已存在亲权或监护关系，如父母、配偶、子女、兄弟姐妹等。如果被代理人没有作为监护人的亲属，则由其所在单位或者依据地居委会、村委会作为其监护人，即法定代理人。

指定代理人，是指由人民法院代理无诉讼行为能力的当事人进行行政诉讼的人。其要点在于：被代理人属于无诉讼行为能力的公民；在诉讼上无法定代理人。或者是被代理人事实上确已无法定代理人，或者是虽有法定代理人，但法定代理人互相推诿代理责任；或者是法定代理人不能行使代理权，如丧失行为能力等。鉴于上述情况，则由法院依职权指定诉讼代理人。这种指定从法律效力上看，无须被指定人同意而直接生效，但从实际效果考虑，则须征得被指定人的同意，以便作为代理人能够更好地维护被代理人的权益。

委托代理人，是指受当事人、法定代理人委托，代为进行行政诉讼的人就是委托代理人。这是在实践中运用最广泛的诉讼代理制度。《行政诉讼法》规定，委托代理人的范围是广泛的：一是律师；二是被告机关的工作人员；三是原告或第三人的亲属、所在单位推荐的人或社会团体；四是经法院许可的其他公民。但是，无论是上述哪一种人，每个当事人、法定代理人都可以委托 1 人至 2 人为委托代理人。

第四节　海事行政诉讼起诉与审理程序

一、起诉与受理

1. 起诉

起诉是指公民、法人或者其他组织认为行政机关的具体行政行为侵犯其合法权益、依法请求人民法院行使国家审判权给予司法救济的诉讼行为。它是原告单方面行使法律赋予的起诉权的行为。诉讼的一般原则是不告不理,因此,原告的起诉是行政诉讼程序发生的前提条件。起诉一旦成立,即标志着行政程序的开始。为了保证人民法院正确、及时地审理行政案件,既保证当事人诉讼权利的充分行使,又防止当事人不负责任的"滥诉"现象的发生,《行政诉讼法》规定了提起诉讼的条件。即当事人提起行政诉讼,必须符合法律规定的条件,即起诉条件。

1)提起海事行政诉讼的一般要件

(1)原告是认为海事管理机构具体行政行为侵犯其合法权益的公民、法人或者其他组织。

(2)有明确的被告。相对人是提起海事行政诉讼时,必须明确指出实施具体行政行为的海事管理机构。

(3)有具体的诉讼请求和事实根据。诉讼请示是当事人通过人民法院对被告提出希望获得人民法院司法保护的实体性权利的主张。事实依据是指原告向法院起诉所依据的事实和根据,包括案件和案情事实和证据事实。诉讼请求和事实依据都应当具体明确,只有这样,人民法院才能及时、准确地对该案做出审查,提高办案效率,并保证良好的办案秩序。

(4)属于人民法院的受案范围和受诉人民法院管辖。符合海事行政诉讼的受案范围和管辖。

2)提起海事行政诉讼的时间要件

相对人提起海事行政诉讼,还应符合一定的诉讼时效的要求。诉讼时效是指相对人在法定的时间内不提起诉讼,就丧失了通过诉讼途径请求救济的权利。根据《行政诉讼法》及其若干问题的解释的规定,海事行政诉讼的诉讼时效包括以下具体内容:申请人不服复议决定的,可以在收到复议决定书之日起 15 日内向人民法院提起诉讼;复议机关逾期不作决定的,申请人可以在复议期满之日起 15 日内向人民法院提起诉讼;公民、法人或者其他组织直接向人民法院提起诉讼的,应当在知道做出具体行政行为之日起 3 个月内提起;海事管理机构作出具体行政行为时,未告知公民、法人或者其他组织诉权或者起诉期限的,起诉期限从公民、法人或者其他组织知道或者应当知道诉权或者起诉期限之日起计算,但从知道或者应当知道具体行政行为内容之日起最长不得超过 2 年;相对人不知道海事管理机构作出的具体行政行为内容的,其起诉期限从知道或者应当知道该具体行政行为内容之日起计算。对涉及不动产的具体行政行为从作出之日起超过 20 年、其他具体行政行为从作出之日起超过 5 年提起诉讼的,人民法院不予受理;法律另有规定的,按照法律的规定。这里所说的另有规定主要是指诉讼时效的延长:公民、法人或者其他组织在不可抗力或者其他特殊情况耽误法定期限的,在障碍消除后的 10 日内,可以申请延长期限。是否准许,由人民法院决定。

3)提起海事行政诉讼的方式和诉状的内容

相对人提起海事行政诉讼,以书面起诉方式为原则,以口头起诉为例外。一般情况下,原告应以递交起诉状的形式起诉,但在原告书写起诉状确有困难的,也可以以口头方式起诉,由人民法院工作人员将有关事项详细记入笔录,并告知被告。

我国《行政诉讼法》未对起诉状的内容作严格规定,按照行政诉讼的特点,参考我国司法实践经验,行政诉讼的起诉状应包括以下主要内容:(1)当事人的情况。原告的姓名、性别、年龄、民族、籍贯、职业、工作单位和住址。原告是法人或者其他组织的，写明法人或组织的名称、所在地和法定代表人的姓名、职务；被告行政机关的名称、所在地、法定代表人的姓名、职务；有诉讼代理人的，还应写明代理人的姓名、所在单位、职业。(2)诉讼请求和所根据的事实和理由。(3)证据和证据来源、证人姓名和住址。此外，起诉状还应写明接受起诉状的人民法院名称和起诉的具体日期，并由原告签名或者盖章。如果对代理人有特别授权的，应当出具委托授权书，载明委托权限。起诉状所载事项若有欠缺，接受起诉状的人民法院可要求限期予以补正。原告起诉时，应按被告人数提出起诉状副本，由受诉人民法院逐一送达被告。

2. 受理

海关行政诉讼案件的受理是指人民法院对公民、法人或者其他组织的起诉进行审查，认为符合法律规定的起诉条件而决定立案并予以审理的诉讼行为。人民法院应当组成合议庭对原告的起诉进行审查，经过审查认为起诉符合法定受理条件的，应当在7日内立案，并通知原告；认为不符合起诉条件的，应当在7日内作出裁定，通知原告不予受理。7日内不能决定是否受理的，应当先予受理；受理后审查不符合起诉条件的，裁定驳回起诉。原告对不予受理和驳回起诉的裁定不服，可以在接到裁定之日起10日内向上一级人民法院提起上诉。

受理人民法院在7日内既不立案，又不作出裁定的，起诉人可以向上一有人民法院申诉或者起诉。上一级人民法院认为符合受理条件的，应予受理；受理后可以移交或者指定下级人民法院审理，也可以自行审理。

应当受理的特殊情形——从理论上说，无论是否符合行政诉讼法关于起诉条件的规定，人民法院都应当予以受理。在实践中，在受理方面存在一些特殊情形：

(1)原告或者上诉人未按规定的期限预交案件受理费，又不提出缓交、减交、免交申请，或者提出申请未获批准的，按自动撤诉处理。在按撤诉处理后，原告或者上诉人在法定期限内再次起诉或者上诉，并依法解决诉讼费预交问题的，人民法院应予受理。

(2)人民法院判决撤销行政机关的具体行政行为后，公民、法人或者其他组织对行政机关重新作出的具体行政行为不服向人民法院起诉的，人民法院应当依法受理。

(3)行政机关作出具体行政行为时，没有制作或者没有送达法律文书，公民、法人或者其他组织不服向人民法院起诉的，只要能证明具体行政行为存在，人民法院应当依法受理。

不予受理的情形——有下列情形之一的，人民法院应当裁定不予受理；已经受理的，裁定驳回起诉：①请求事项不属于行政审核判范围的；②起诉人无原告诉讼主体资格的；③起诉人错列被告且拒绝变更的；④法律规定必须由法定或者指定代理人、代表人为诉讼行为，未由法定或者指定代理人、代表人为诉讼行为的；⑤由诉讼代理人代为起诉，其代理不符合法定要求的；⑥起诉超过法定期限且无正当理由的；⑦法律、法规规定行政复议为提起诉讼必经程序而未申请复议的；⑧起诉人重复起诉的；⑨人民法院裁定准许原告撤诉后，原告以同一事实和理由重新起诉的；⑩诉讼标的为生效判决的效力所羁束的；⑪起诉不具备其他法定要件的。

上述所列情形可以补正或者更正的，人民法院应当指定期间责令补正或者更正；在指定期间已经补正或者更正的，应当依法受理。

二、第一审程序

1. 审理前的准备

(1)组成合议庭

合议庭是人民法院行使行政审判权、审理行政案件的基本组织形式。合议庭的领导体制是,审判长组织领导合议庭的审理工作,合议庭全体成员集体审理、共同评议,按少数服从多数的原则表决案件审理工作中的重大事宜。海事行政案件不适用独任审判员制度。人民法院审理海事行政案件,应由审判员组成合议庭,或者由审判员、陪审员组成合议庭。合议庭的成员应当是3人以上单数。

(2)诉讼文书传递

人民法院应当在立案之日起5日内,将起诉状副本发送被告,同时通知被告应诉并提供答辩状。被告应当在收到起诉状副本之日起10日内向人民法院提交作出具体行政行为的有关材料,主要是指被告作出被诉具体行政行为的证据和所依据的规范性文件;同时,被告应向法院提出答辩状。但被告不提供答辩状的,不影响案件的审理。人民法院应当在收到答辩状之日起5日内,交答辩状副本发送原告。

(3)处理管辖异议

当事人应在接到人民法院应诉通知之日起10日内以书面形式向发送应诉通知书的法院提出管辖异议;逾期不提出管辖异议的,视为无异议,各当事人亨有并承担出庭应诉的权利与义务,拒不出庭应诉的,不影响案件的审理。对当事人提出的管辖异议,人民法院应当进行审查。异议成立的,裁定将案件移送有管辖权的人民法院;异议不成立的,裁定驳回。

(4)合议庭阅卷及补充调查、取证

合议庭阅卷的目的是为了使合议庭组成人员全面了解案情,为开庭审理做好准备;补充调查、取证则是在合议庭组成人员认为行政机关提供的证据不够确凿、充分时,为了提高行政审判质量而自行组织的调查、取证工作。

(5)审查、调整诉讼参加人

合议庭在诉讼文书及其他材料比较充足,对案情的了解比较全面的基础上,可以根据案件的实际情况对原告、被告、共同当事人、第三人的资格进行全面审查,对应当追加的当事人通知其参加诉讼,让不符合条件的当事人退出诉讼或予以变更。原告资格不合格、令其退出诉讼而不同意退出的,则裁定驳回起诉;合格的原告不愿起诉的,诉讼程序随即终止。

(6)被诉具体行政行为的执行

在诉讼阶段,不停止执行是原则,停止执行是例外,具体由人民法院裁定。

(7)其他准备活动

主要是决定诉的合并与分离、确定审理的形式、决定开庭审理的时间、地点、决定是否采取诉讼保全措施等问题。

在以上工作的基础上,承办案件的合议庭成员,应拟好开庭审理的询问提纲。合议庭认为各项准备工作已经就绪,应确定开庭审理时间、地点、场所,准备开庭审理。

2. 庭审方式

行政诉讼的审理方式是诉讼程序的重要内容,主要有开庭审理与书面审理、公开审理与不公开审理之分。

开庭审理,是指对所有的当事人开放的审理方式,是合议庭全体成员、当事人及诉讼参与人等行政诉讼主体汇集法庭,共同参与案件审理的活动。开庭审理包括公开审理和不公开审理。公开审理,是指向社会、公众及舆论公开的开庭审理,允许利害关系人及一般公众到庭旁听、允许记者采访、报道。不公开审理,是指人民法院经审查认为案件涉及国家机密、个人隐私及商业秘密,不宜公开审理而决定不公开进行的开庭审理。

书面审理,即不开庭审理,审判人员仅以案卷为审理对象,无需当事人到场的审理形式。书面审理适用于事实清楚、证据确凿,仅需对本案涉及的法律问题进行裁判的案件。因此,书面审理有时又称法律审理,行政诉讼第二审程序中时采用。

3. 庭审程序

庭审程序是人民法院在当事人、诉讼参加人及其他诉讼参与人的参加下,以法定程序审理海关行政案件的过程。庭审阶段是全部审理活动的中心环节,其主要任务是审查核实证据,查明案件,准确适用有关法律,确定当事人之间的权利义务关系。完整的庭审程序一般由如下程序组成:

(1)宣布开庭

开庭的当日,书记员应于开庭前查明当事人及必须到庭的诉讼参加人的到庭情况,宣读法庭纪律,宣布审判长入庭。审判长宣布开庭,宣布案由,依法核对当事人身份,宣布合议庭组成人员和书记员及本案鉴定人、勘验人、翻译人员名单,告知当事人诉讼权利和义务,交代申请回避权,询问当事人是否申请回避等。

(2)介绍案情

先由被告宣读被诉具体行政行为决定书,并提出作出该决定的事实根据及法律依据;随后由原告宣读起诉书,提出自己的诉讼请求及事实根据。

(3)法庭调查

在审判长主持下,根据所了解的案件事实,对已经清楚的事实当庭核查、落实,对合议庭成员不甚清楚的事实及证据向当事人、证人、鉴定人进行询问和调查。法庭调查阶段是行政诉讼程序中进行事实审的主要形式,所有与本案有关的证据必须向法庭出示,并经当事人验明、确认后方可作为本案的定案证据。

(4)法庭辩论

法庭辩论是指各方当事人及其诉讼代理人之间就案件的事实问题、证据问题及法律问题展开的辩驳、质证。法庭辩论的基本顺序如下:原告及诉讼代理人发言;被告及诉讼代理人发言;第三人及诉讼代理人发言;双方相互辩论。在辩论中发现新的情况需要进一步调查时,审判长可以宣布停止辩论,恢复法庭调查或决定延其审理。待事实查清以后,再继续法庭辩论。法庭辩论终结时,当事人有最后陈述的权利。

(5)合议庭评议

法庭辩论结束后,审判长宣布休庭,由合议庭全体成员对本案进行评议。评议秘密进行,经全体成员民主表决,形成合议庭对本案的判决意见。

(6)宣读判决

判决可以在合议庭评议后当庭宣布,也可以择定日期另行开庭宣布。但判决书通常在判决宣布后送达当事人，或者在宣其宣判时当场交与当事人。

4. 审理期限

行政诉讼的审理期间为3个月，即人民法院应当在立案之日起3个月内宣告一审裁判；但鉴定、处理管辖争议或者异议以及中止诉讼的时间不计算在内。有特殊情况需要延长的，由高级人民法院批准，高级人民法院审理第一审案件需要延长的，由最高人民法院批准。

5. 回避

回避有两种，主动回避和依申请的回避。审判人员认为自己与本案有利害关系或者有其他关系，应当申请回避；当事人认为审判人员与本案有利害关系或者其他关系可能影响公正审判的，有权申请审判人员回避。当事人申请回避，应当说明理由，在本案开始审理时提出；回避事由是在案件开始审理后才知道的，应当在法庭辩论终结前提出。有关审判人员是否回避，由人民法院决定。在法院做出决定前，被申请回避的人员应当暂停参与本案的工作。

6. 案件的撤回

案件的撤回有两种：申请撤回和自动撤回。

申请撤回。《行政诉讼法》第五十一条规定，人民法院对行政案件宣告判决或者裁定前，原告诉讼的，或者被告改变其所作的具体行政行为，原告同意并申请撤诉的，是否准许，由人民法院裁定。该规定包含以下含义：原告提出诉讼后，感觉理由不充分或者原认为有误的，可以申请撤诉；被告人认为自己的行为确实侵犯了原告的合法权益，可以及时改变原具体行政行为。这种情况下，原告有权选择是否撤诉；撤诉的请求是否准许，必须由人民法院裁定。人民法院在做出裁定前，应对撤诉申请进行审查，查明是否有违法或违背自愿原则的情况。

自动撤回。行政诉讼法及有关解释规定，原告提起行政诉讼，应当预缴案件受理费。原告或者上诉人未按规定的期限预缴案件受理费，又不提出缓交、减交、免交申请，或者提出申请未获批准的，按自动撤诉处理。

7. 审理依据

行政诉讼是对具体行政行为的合法性进行审查的司法活动。行政审判机关在查明案件事实之后，必须明确应以什么样的标准和尺度来判断具体行政行为的合法性的问题。为此，《行政诉讼法》第五十二条规定，"人民法院审理行政案件，以法律和行政法规、地方性法规为依据。地方性法规适用于本行政区域内发生的行政案件。人民法院审理民族自治地方的行政案件，并以该民族自治地方的自治条例和单行条例为依据。"第五十三条规定，"人民法院审理行政案件，参照国务院部、委根据法律和国务院的行政法规、决定、命令制定、发布的规章以及省、自治区、直辖市和省、自治区的人民政府所在地的市和经国务院批准的较大的市的人民政府根据法律和国务院的行政法规制定、发布的规章。人民法院认为地方人民政府制定、发布的规章与国务院部、委制定、发布的规章不一致的，以及国务院部、委制定、发布的规章之间不一致的，由最高人民法院送请国务院作出解释或者裁决。"

依据这一规定，人民法院审理海事行政案件，应以法律、法规为依据，以规章为参照。

而对于其他规范性文件，根据我国《宪法》和法律的规定，行政机关制定的规范性文件，包括行政法规、规章和其他规范性文件。其他规范性文件，行政诉讼法中有时称为"具有普遍约束力的决定、命令"，有时称为"规范性文件"。规章之下的其他规范性文件，指部、委以下的行政机关和省、市、自治区人民政府,较大的市的人民政府以下的地方各级行政机关制定的行政规范性文件。《行政诉讼法》没有规定其他规范性文件在行政诉讼中的法律地位,但其他规范性文件的效力肯定低于规章。人民法院在进行司法审理时,不能“依据”也不能“参照”,而只是参考的作用。人民法院在适用其他规范性文件时,应该有较多对待规章的取舍权力。在其他规范性文件发生冲突时,不必送有关机关予以裁决,人民法院可以直接决定适用与否。根据《最高人民法院关于执行中华人民共和国行政诉讼法若干问题的解释》第六十二条第2款的规定,人民法院审理行政案件,可以在裁判文书中引用合法有效的其他规范性文件。

此外,根据《宪法》和有关法律规范,国务院可以对法律进行解释,其行政解释相当于行政法规,最高人民检察院和最高人民法院也可以对法律进行司法解释,《行政诉讼法》没有规定行政解释和司法解释的法律地位,但是,根据我国《宪法》和法律的有关规定,司法解释和行政解释应当是人民法院司法审查的依据。

8.举证责任

“举证责任倒置”是《行政诉讼法》的一个重要原则,这个原则充分体现了依法行政的精神。在行政诉讼中采用该原则有以下两个理由:首先,行政机关在实施行政行为的过程中,应当充分、全面地掌握了证据,弄清了事实真相之后,才能对照法律、法规的规定,作出行政决定,也就是说,行政机关必须遵循“先取证、后决定”的规则。第二,在行政法律关系中,被告行政机关处于主导地位,使得原告无法或难以获取证据。

具体运用到海事行政诉讼中,“举证责任倒置”原则主要体现在以下三个方面的相关规定,“作为被告的海事管理机构,有义务在诉讼中提供做出原具体行政行为的证据和所依据的规范性文件;被告不能提供上述证据和规范性文件的,原具体行政行为视为没有证据、依据;在诉讼过程中,被告不得自行向原告和证人收集证据。”

另外,在海事行政诉讼中,海事管理机构将行政证据提交给法院,但这些证据在法律上均无预决力,所有证据都必须经法院审理属实,才能作为定案的根据。能够被法院认定、最终作为定案根据的证据则必须有以下特征:第一,合法性和可采用性。所谓合法性,是指可定案证据是经合法程序、运用合法手段取得的,而且符合法定形式。所谓可采用性,是指证据只有在按规定可以采用的情况下,才能作为定案的根据。第二,客观性。即指作为定案证据,必须是依赖于人们的意志为转移的真实的事实。第三,相关性。指即指作为可定案证据,必须同案件的事实,也就是同时争议的具体行政行为以及与这一行为所依据的事实存在一定的联系。

海事管理机构提供的行政证据,是否能作为法院审理案件的依据,即定案的根据,关系到海事行政诉讼的胜败,因此根据可定案证据的以上几个特征,海事管理机构及其工作人员在作出具体行为时要严格遵循“先取证、后决定”的原则,在采用证据时在紧密结合可定案证据的特征,采用合法的方式、程序获取证据,注意收集一切与违法行为或所要作出具体行政行为相关的证据,同时注意证据的关联性和逻辑性,保证证据的合法、有效和相互证明性。以此保证海事具体行政行为的合法性。

三、第二审程序

第二审程序,是指上级人民法院对下级人民法院,就第一审案件所作的判决、裁定,在发生法律效力以前，基于当事人的上诉，依据事实和法律，对案件进行审理的程序。我国《行政诉讼法》第六条规定，人民法院审理行政案件实行两审终审制度。除了最高人民法院所作的第一审判决、裁定是终审判决、裁定外，当事人不服地方各级人民法院所作的第一审判决、裁定，都有权依法向上一级人民法院提起上诉，从而引起第二审程序的开始。第二审程序是一种独立的审判程序，但并非是每一个行政诉讼案件都必须经过的程序。只有当事人不服一审判决、裁定，在法定期间内，以合法的形式提出上诉的案件，才经过第二审程序。因此，第二审程序又称为上诉审程序。第二审程序有以下阶段：

1. 上诉

上诉是当事人不服人民法院的一审判决、裁定，依法要求第二审人民法院审理的诉讼行为。我国《行政诉讼法》第五十八条规定，当事人不服人民法院第一审判决的，有权在判决书送达之日起 15 日内向上一级人民法院提起上诉。当事人不服人民法院第一审裁定的，有权在裁定书送达之日起 10 日内向上一级人民法院提起上诉。

上诉原则上应以书面方式进行，当事人必须向人民法院递交上诉状。上诉状应当载明以下内容：上诉人的姓名或者名称；案件编号和案由；上诉的请求与理由。上诉的请求与理由是上诉状的主要内容，上诉人应当写明要求撤销还是变更每一审判决、裁定以及请求所依据的事实根据和法律根据。

上诉既可以通过原审人民法院提出，也可以直接向二审人民法院提出，上诉人必须按照对方当事人的人数提出副本。

2. 受理

当事人的上诉先由原审人民法院审查，但这种审查只能是形式审查，即对上诉状的形式是否合乎一般要求、内容是否齐全、上诉有没有超过上诉期限等进行审查。经过上诉初步审查后，原审人民法院收到上诉状、答辩状后，应当在 5 日内连同全部案卷和证据报关这第二审人民法院。已经预收诉讼费用的，一并报送。

上诉的受理标志着海关行政诉讼案件进入第二审程序，在该程序中有一项重要的原则，即被告海事管理机构不得改变其原具体行政行为。具体行政行为是行政机关代表国家所实施的能产生法定效果的行为，一经作出，本身就具有确定力，不得随意改变。况且，在第一审程序中，行政机关的具体行政行为已经人民法院审查，无论合法、违法均已经国家审判权确认（尽管这种确认尚非最终结论），行政机关对此完全失去处分权。因此，在二审程序中，行政机关无论是作为上诉人还是作为被上诉人，均不得改变原具体行政行为。

3. 审理

第二审人民法院审理上诉案件，除《行政诉讼法》对第二审有特别规定外，均适用每一审程序。这是仅就第二审程序中审理的特别之处作一些说明。

(1)审判组织

第二审人民法院审理行政案件必须由审判员组成合议庭，合议庭的成员必须是 3 人以上的单数，这与第一审程序中合议庭可以由审判员组成，也可以由审判员和陪审员组成不同，这是因为第二审程序是对第一审程序所实施的监督，其所作的判决、裁定是终审的判决、裁定。合议庭由审判员组成，有利于提高办案质量和加强上级人民法院对下级人民法院的监督。

(2)审理方式

第二审人民法院审理行政案件可以实行书面审查。《行政诉讼法》第五十九条规定,人民法院对上诉案件,认为事实清楚,可以实行书面审理。所谓书面审理,是指人民法院只就当事人的上诉状及其他书面材料进行审理,作出判决或裁定,不需要诉讼参加人出席法庭,也不向社会公开的一种审理方式。书面审理的核心是法律审,即在案件事实清楚,各方当事人对事实问题不存在争议,而仅对法律适用问题意见相左时所采用的审理方式。采用书面审理方式时,二审合议庭的组成人员应在进一步阅卷的基础上,重点就本案所涉及的法律问题进行讨论,并按少数服从多数的原则表决对本案的最终意见。

(3)审理对象

第二审法院审查上诉案件,应当对原审法院的裁定和被诉具体行政行为是否合法进行全面审查,而不受上诉范围的限制。该原则包含以下两方面含义:第二审法院审理行政案件,既要对原审法院的裁判是否合法进行审查,又要对被诉具体行政行为的合法性进行审查;第二审法院审理行政案件,对被诉具体行政行为的合法性进行全面审查,不受上诉范围的限制。

(4)审理期限

第二审人民法院审理上诉案件,应当自收到上诉状之日起2个月内作出终审判决,在特殊情况需要延长的,由高级人民法院批准,高级人民法院审理上诉案件需要延长的,由最高人民法院批准。

四、审判监督程序

审判监督程序又称再审程序,是指人民法院对已经发生法律效力的判决、裁定,发现违反法律、法规的规定,依法再次审理的程序。行政诉讼实行二审终审制,审判监督程序并不是每个行政诉讼案件的必经程序,而只是对发生法律效力的违反法律、法规的判决、裁定,确实需要再审时所适用的一种特殊程序。

1. 审判监督程序的提起

根据《行政诉讼法》第六十三条、第六十四条的规定,提起再审程序应当具体以下条件:

(1)提起审判监督程序的主体,必须是有审判监督权的组织或专职人员。

首先,最高人民法院对地方各级人民法院有审判监督权;上级人民法院对下级人民法院有审判监督权,他们均可提起再审程序。其次,各级人民法院有审判监督权的专职人员,对本院已经发生法律效力的判决、裁定,发现违反法律、法规规定认为需要再审的,有权提请审判委员会决定是否再审。最后,人民检察院作为国家的法律监督机关,有权对确有错误的人民法院的已经发生法律效力的判决、裁定按照法定程序提起抗诉,人民法院必须提审或指令下有人民法院再审。

(2)提起审判监督程序必须具备法定理由。

提起审判监督程序的根本原因是发现了已经发生法律效力的判决、裁定违反法律、法规的规定,确有错误,否则,不能提起再审程序。在下列情形之一的,属于违反法律、法规规定:判决、裁定认为的事实主要证据不足;原判决、裁定适用法律、法规确有错误;原判决、裁定违反法定程序,可能影响案件正确裁判;其他违反法律、法规的情形。

2. 再审程序

有关再审程序的规定本身非常简单,即原则上适用原审程序。其审理程序包括:

(1)另行组成合议庭。再审如果是原审人民法院审理,则应另行组织合议庭,原审合议庭的组成人员应当全部回避,以避免先入之见影响再审的公正性。

(2)对原审判决、裁定的处置。按照审判监督程序决定再审的案件,应当裁定中止原判决的执行。裁定由院长署名,加盖人民法院印章。上级人民法院决定提审或者指令下级人民法院再审的,应当作出裁定,裁定应当写明中止原判决的执行。情况紧急的,可以将中止执行的裁定口头通知负责执行的人民法院或者作出生效判决、裁定的人民法院,但应当在口头通知后10日内发出裁定书。

(3)正式审理程序。按照审判监督程序再审的案件,发生法律效力的判决、裁定是由第一审人民法院作出的,按照第一审审理,适用一审案件的审理期限(3个月),所作的判决、裁定,当事人可以上诉;发生法律效力的判决、裁定由二审人民法院作出的,按照第二审程序审理,适用二审案件的审理期限(2个月),所作的判决、裁定是发生法律效力的判决、裁定;上级人民法院按照审判监督程序提审的,按照第二审程序审理,所作的判决、裁定是发生法律效力的判决、裁定。

五、判决、裁定和决定

1. 判决

判决是人民法院审理行政案件终结时,根据事实和法律,以国家审判机关的名义,就行政案件作出的处理决定。判决按照作出程序的不同,可以分为一审判决、二审判决和再审判决。

一审判决,是指受理第一审案件的人民法院按照第一审程序审理案件所作的判决。第一审判决非终审判决,当事人不服可以上诉,又称初审判决。

二审判决,是指第二审人民法院按照第二审程序审理案件时所作的判决。第二审判决是终审判决,一经作出,立即生效,因而又称终审判决。最高人民法院受理第一审行政案件所作出的判决,是终审判决,不得上诉。

再审判决,是指人民法院对已经生效的判决、裁定,发现违反法律、法规规定,确有错误,运用审判监督程序所作的判决。再审判决的效力视人民法院所适用的程序不同而不所不同。如果再审适用第一审程序则其判决的效力相当于一审判决的效力;如果再审适用第二审程序则其判决的效力相当于第二审判决的效力。

2. 裁定

裁定是指人民法院在案件审理过程中,或者在判决的执行过程当中,就程序问题所作的处理。

裁定的法律效力有两种情况:①凡审判人员为组织诉讼所作的裁定,一经宣布或者送达,即发生法律效力。②一审法院作出的不予受理的裁定,或者驳回起诉的裁定,可以在一审法院作出裁定之日起的10日内向上一级人民法院提出上诉。逾期不提出上诉的,一审人民法院的裁定即发生法律效力。

3. 决定

决定是指人民法院在诉讼过程中,就有关特殊问题所作的一种决定。

决定无论是什么性质,也不论是由哪一部法律作出,一经宣布或送达,就发生法律效力。规定当事人可以申请复议的,复议期间不停止决定的执行。

第十一章　海事行政复议

第一节　海事行政复议概述

一、海事行政复议的概念

海事行政复议是指海事行政相对人认为海事行政机关的具体行政行为侵犯其合法权益，依法向海事行政复议机关提出复查该具体行政行为的申请，海事行政复议机关依照法定程序对被申请人具体行政行为的合法性、合理性进行审查，并作出行政复议决定的一种法律制度。

海事行政复议作为行政救济方面的一项重要法律制度，对其概念我们可从以下几个方面加以明确：

1.海事行政复议的目的

根据《行政复议法》的规定，海事行政复议的目的可以概括如下：

（1）防止和纠正违法或不当的具体行政行为，保障和监督海事行政机关依法行使职权。海事行政机关在行使其行政职权时，由于故意或过失会出现违法或不当的具体行政行为，海事行政复议法律制度的实施有利于防止和纠正违法或不当的具体行政行为，保障海事行政机关更好地依法行使其职权。

（2）保护公民、法人和其他组织的合法权益。海事行政复议作为行政救济的法律制度，为行政相对人提供了一种保护自身合法权益的途径。

（3）体现监督与服务并举的理念。海事行政复议即是实现海事行政上级行政机构对下级行政机构实施监督的一种手段；也是体现海事行政机关为行政相对人服务的一种法律制度。例如：《行政复议法》第三十九条规定“行政复议机关受理行政复议申请，不得向申请人收取任何费用。行政复议活动所需经费，应当列入本机关的行政经费，由本级财政予以保障。”从本条可以看出：与行政诉讼相比，可以为行政相对人节省开支，同时在工作中也能反映出行政复议机关的工作态度和服务质量。

2.海事行政复议是一种依申请的行政行为

海事行政复议是行政相对人认为海事行政机关的具体行政行为侵犯了其合法权益或具体行政行为不公正不合理时，向有权的海事行政机关提出复议申请，有权的海事行政机关只有在接到行政相对人的复议申请后，才能在此基础上审查针对被申请人作出的具体行政行为，并作出行政复议决定的一种行政行为。如果没有行政相对人的行政复议申请，上级海事行政机关就不能对其下一级海事行政机关行使行政复议职权。因此知晓如何保护行政相对人的申请权，以及设置便于行政相对人行使申请权的法律程序，对于我们理解海事行政复议具有重要的指导作用。

3. 海事行政复议的内容

海事行政复议的内容是海事行政机关所作出的具体行政行为。海事具体行政行为是海事行政机关作出的要求行政相对人履行义务的行政行为，对此行政相对人可以提起行政复议。而与之相对的抽象行政行为，如果属行政立法范畴不能提起行政复议；如果属一般抽象行政行为违法，行政相对人可以在对相应的具体行政行为提起行政复议的同时一并申请复议。

二、海事行政复议的性质

海事行政复议作为国家行政复议制度的一种，其性质同行政复议性质一样，在目前的学术界有以下三种观点：第一种观点认为，行政复议是一种纯行政性活动，属于行政执法。其基本依据是行政复议表现为国家行政机关按照行政职权或者行政上下等级的监督关系，直接地、单方面地行使行政权力的行为。第二种观点认为，行政复议是一种行政救济。这种观点的基本出发点建立在行政复议和行政诉讼应当构成对作为相对人的公民、法人和其他组织合法权益提供救济和保障的认知基础上。第三种观点是把行政复议看成是行政司法活动。此种观点又有"偏行政"和"偏司法"两说，其中"偏行政"的，称行政复议为有一定司法性的行政活动；"偏司法"的，称行政复议为"准司法"活动。此两说都是从行政适用于介于行政程序和诉讼程序之间的程序而引申出的结论。[1] 上述三种观点分别从不同侧面对行政复议的性质进行了阐述，我们认为，行政复议的性质是上述三种观点的综合。即行政复议是具有一定司法性的行政行为；是行政机关内部监督和纠错机制的一种法律制度；是国家行政救济机制的一种。

下面我们来了解一下海事行政复议与海事行政诉讼、海事内部行政监督的区别和联系。

1. 海事行政复议与海事行政诉讼的区别

（1）主体称谓不同

海事行政复议主体有申请人即认为其合法权益受到侵害的公民、法人或其他组织、被申请人作出具体行政行为的海事行政机关、第三人、代理人等；而海事行政诉讼主体为原告、被告、第三人等，称谓明显不同。

（2）受理机关、作出决定的机关不同

海事行政复议申请的受理机关和作出复议决定的机关是作出具体行政行为的上级海事行政机关；而海事行政诉讼的受理机关和作出决定的机关是司法机关。

（3）"法律效力"不同

《行政复议法》第三十一条第三款规定"行政复议决定书一经送达，即发生法律效力"。但当事人对海事行政复议决定不服的，还可以在法定期限内向法院提起海事行政诉讼，即当事人可以先申请海事行政复议，再提起海事行政诉讼，也可以直接向法院提起海事行政诉讼。因此两者的"法律效力"存在不同。

（4）收取费用不同

[1] 应松年. 行政行为法. 北京：人民出版社出版，1993.

海事行政复议机关在受理申请，进行海事行政复议活动时所需的经费列入本机关的行政经费，不得向申请人收取任何费用；而在海事行政诉讼中，原、被告双方均需向法院支付一定的费用。

海事行政复议与海事行政诉讼在很多方面还存在区别，例如管辖范围、作出行政决定等，这里就不再详述了。

2. 海事行政复议与海事行政诉讼的联系

当事人对海事行政机关作出的具体行政行为不服可以采取以下三种方式进行解决：申请海事行政复议，服从海事行政复议决定；申请海事行政复议，但对海事行政复议决定不服，可向法院提起海事行政诉讼；直接向法院提起海事行政诉讼。从此我们可以看出两者存在一定的联系，但却非必然联系。

3. 海事行政复议与海事内部行政监督之间的区别和联系

(1)海事行政复议是一种法律制度，而海事内部行政监督是海事行政机关内部实施的一种行政手段，其目的都是保护公民、法人和其他组织的合法权益，保障和监督海事行政机关依法行使职权。

(2)海事行政复议决定具有法律效力，而在海事内部行政监督中作出的决定没有法律效力，它只是为规范海事行政工作、提高海事工作效率而进行的一种监督检查方式。

(3)海事行政复议工作必须由作出具体行政行为的海事机关的上级海事机关进行，而海事内部行政监督包括内部自查和上级机关核查，即每个海事处都可以对本部门的执法工作进行自查，而各个海事局的法制机构还可以对本局各执法部门和下属的分支海事局的执法工作进行监督检查。

(4)海事内部行政监督工作开展得及时、有效，就可以减少甚至避免海事行政复议案件的出现，而海事行政复议案件的多少也从一定程度上反映出了海事行政机关内部行政监督工作的开展执行情况。

三、海事行政复议的特征

(1)海事行政复议所处理的问题是“行政争议”。这里所说的“行政争议”是指行政相对人认为海事行政主管机关在行政管理过程中所实施的具体行政行为侵犯了其合法权益而发生的争议，这种争议的核心问题是该具体行政行为是否合法、合理。

(2)海事行政复议不适用于调解。这里的不适用于调解是指如行政相对人已向海事行政复议机关申请了行政复议，在行政复议过程中争议的解决不适用于调解。此外海事行政复议不解决民事争议，如海事行政主管机关实施解决民事争议的行为，这种行为即不是行政复议，而是行政调解或行政裁决，比如海事行政主管机关在海上交通事故调查处理中的调解行为是一种行政调解而不是行政复议。

(3)海事行政复议审查对象为具体行政行为，并附带审查部分抽象行政行为。按行政相对人是否特定将行政行为分为具体行政行为和抽象行政行为，前者如海事行政处罚，后者如制定和发布行政法规、规章和其他规范性文件等。海事行政复议中审查的抽象行政行为是除行政法规和规章以外的规范性文件，行政相对人如认为行政法规、规章违法，可以通过其他法制监督途径解决。

(4)海事行政复议主要采用书面审查的方式,主要是为了提高海事行政复议的效率。

(5)海事行政复议的无偿性。海事行政复议机关在行政复议过程中,不得以任何理由向行政相对人收取任何费用。

第二节　海事行政复议的基本原则

《行政复议法》第四条规定:"行政复议机关履行行政复议职责,应当遵循合法、公正、公开、及时、便民的原则……"此条对行政复议的原则进行了全面而系统的规定,海事行政复议也必须遵守以上五条基本原则,下面将分别予以介绍:

一、合法原则

海事行政复议的合法原则是指在海事行政复议过程中,作出具体行政行为的海事行政机关、提起海事行政复议的行政相对人、海事行政复议机关都必须按照法律、法规和规章的规定进行。其主要内容包括下面几个方面:

1. 主体合法

海事行政复议主体合法是海事行政复议合法性的基本前提和基础。其中包括三层意义:即提起海事行政复议的相对人必须是被申请的具体行政行为所指向的海事行政相对人;被申请人必须是作出被申请的具体行政行为的海事行政机关;海事行政复议机关必须是作出被申请的具体行政行为的海事行政机关的上一级机关,法律法规另有规定的除外。

2. 客体合法

客体合法是指海事行政复议机关受理并予以裁决的具体行政行为必须是行政相对人按照有关法律、法规和规章规定所提起的,针对海事行政复议机关的下一级海事行政机关或分支机构、派出机构所作出的具体行政行为。

3. 程序合法

海事行政复议机关在海事行政复议的过程中,必须按照法律、法规、规章和其他相关规范性文件规定的程序进行,如违反程序进行海事行政复议,海事行政复议机关的作出的复议决定将被视为无效。比如行政相对人必须先提起行政复议申请,海事行政复议机关才能根据规定和程序予以受理和裁决,如果没有行政相对人首先提起海事行政复议申请,海事行政复议机关无权对其下一级事行政机关所作出的具体行政行为进行行政复议,如果对下一级海事行政机关的具体行政行为进行监督,属于行政执法监督范畴。

4. 依据的规范性文件或法律规范合法

在海事行政复议的提起——受理——裁决过程中,海事行政复议机关、海事行政复议申请人、被申请人所进行活动必须依法进行,这里的"法"包括《宪法》、法律、法规和规章以及上级海事行政机关依法制定的其他规范性文件,比如《行政复议法》、《交通行政复议规定》等。

二、公正原则

海事行政复议的公正原则是指海事行政复议机关对被申请的具体行政行为既要审查

其合法性,又要审查其合理性。合法性审查是指对作出被申请的具体行政行为主体、内容、程序、法律依据等是否合法进行审查;合理性审查是指对作出被申请的具体行政行为的海事行政机关所行使的自由裁量权是否恰当进行审查。在实践中,海事行政复议机关所进行的行政复议活动大多数是对海事行政机关的自由裁量权行使不当进行的,因此只有在审查被申请的具体行政行为合法性的基础上进行合理性审查才能最大限度地保障行政相对人的合法权益。公正原则,是在审查了具体行政行为合法性的基础上进行的,只有在保证具体行政行为合法性的前提下,对具体行政行为的合理性进行审查才能达到海事行政复议的目的。

三、公开原则

海事行政复议的公开原则是指海事行政复议机关在进行行政复议活动时,除涉及国家秘密、商业秘密、个人隐私外,都应当公开进行。这有利于海事行政复议活动能够得到社会和行政相对人的全面而有效的监督,有利于提高海事行政复议的效率。

四、及时原则

海事行政复议的及时原则是指海事行政复议机关应当在法律规定的期限内,完成海事行政复议的受理、审查和裁决。其包括以下几个方面的内容:

(1)海事行政复议机关应当按照法律规定的期限完成海事行政复议的受理、审查和裁决。例如《交通行政复议规定》第十一条规定"交通行政复议机关收到交通行政复议申请后,应当在五日内进行审查。";第二十条规定"交通行政复议机关应当自受理交通行政复议申请之日起六十日内作出交通行政复议决定……";第十四条第二款规定"被申请人应当自收到前款通知之日起十日内向交通行政复议机关提交《交通行政复议答复意见书》……"。这些都是对被申请人和海事行政复议机关的时限要求。

(2)申请人也应当遵守法定的期限。比如《交通行政复议规定》第八条规定:"公民、法人和其他组织向交通行政复议机关申请交通行政复议,应当自知道该具体行政行为之日起六十日内提出行政复议申请……"。

《行政复议法》、《交通行政复议规定》等相关法律法规和规章中关于行政复议期限的规定是为了提高行政复议的效率,更快地解决行政争议,为了达到这个目的,要求海事行政复议机关、被申请人、申请人和第三人之间应当相互配合,严格按照法律规定期限和程序进行,顺利促进海事行政复议工作的有效及时进行。

五、便民原则

海事行政复议的便民原则是指海事行政复议机关在行政复议过程中,应尽可能为海事行政复议当事人,尤其是为海事行政复议申请人提供必要的便利,从而使海事行政复议达到预期的目的。主要表现在:《交通行政复议规定》第九条规定:"申请人申请交通行政复议,可以书面申请,也可以口头申请。"本条规定所要表明的意思是如果海事行政复议申请人对行政复议的相关法律法规和规章不是很了解,不能提出书面申请时,可以由海事行政复议机关的工作人员予以记录,制作《交通行政复议申请笔录》,再请申请人签名或署印,作为正式的海事行政复议申请。这将极大的方便申请人提起和参加海事行政复议工作。此外在能够通过书面审理解决问题的情况下,尽量不采用其他方式审查行政复议案件,避免让复议当事人耗费不必要的时间、财力和精力。

六、有错必究原则

海事行政复议的有错必究原则是指海事行政复议机关对被申请的行政行为进行全面的审查,不论是违法还是不当,只要有错就予以纠正。这是行政复议不同于行政诉讼的重要之处。有错必究原则的确立要求海事行政复议机关必须秉公执法,通过海事行政复议对下级或所属的海事行政机关的行政执法活动实施全面而有效的监督,纠正海事行政机关违法实施的具体行政行为和海事行政机关及其执法人员不当实施的自由裁量行为,这不仅是海事行政复议的范围也是海事行政机关必须履行的行政执法监督范围。比如营口海事局根据有关规定制定了《营口海事局执法错案和过错责任追究实施细则》,充分体现了有错必究原则。

第三节　海事行政复议的范围及管辖

一、海事行政复议的范围

海事行政复议范围即海事行政机关受理并按法律程序予以裁决的行政争议案件的范围。它决定海事行政机关所作出的哪些海事行政行为可以成为海事行政复议的对象,因而关系到海事执法和海事行政救济的深度和广度。海事行政复议工作作为一种行政救济手段,并不能对所有的行政争议予以处理,它有其自身的适用范围,表述如下:

1. 可申请海事行政复议的具体行政行为

根据中华人民共和国海事局的职责和其日常所要进行的业务工作,可申请的海事行政复议的具体行政行为概括如下:

(1)对海事行政机关所作出的行政处罚决定不服的。根据《海上海事行政处罚规定》的规定,海事行政处罚是指海事行政主管机关对在中华人民共和国管辖沿海水域及相关陆域发生的违反海上海事行政管理秩序的行为的行政相对人,依法给予的一种法律制裁。其种类包括警告;罚款;撤销船舶检验资格;吊销船舶国籍证书或临时船舶国籍证书;没收船舶登记证书;扣留船员职务证书;吊销船员职务证书;吊销海员出境入境证件;没收违法所得;没收船舶;法律、行政法规规定的其他海事行政处罚等。海事行政处罚是海事行政主管机关作出的,对行政相对人影响范围最广的具体行政行为,行政相对人对任何一种海事行政处罚不服,均可提起海事行政复议。

(2)对海事行政主管机关作出的行政强制措施不服的。根据《海上交通安全法》的规定,海事行政主管机关可以采取下列强制措施:对影响安全航行、航道整治以及有潜在爆炸危险的沉没物、漂浮物,其所有人、经营人应当在主管机关限定的时间内打捞清除。否则,主管机关有权采取措施强制打捞清除等强制措施,行政相对人对上述行政强制措施不服的,可以向上级海事行政机关依法申请行政复议。

(3)对海事行政主管机关作出的有关许可证等证书变更、中止、撤销等决定不服的。例如撤销某单位的水上水下施工作业许可证。

(4)认为海事行政机关违法要求履行义务的。行政相对人所要履行的义务是法律明文规定的,海事行政机关要求行政相对人履行法律规定外的义务,其具体行政行为就属于违法行政行为,行政相对人可以向上级海事行政机关提出行政复议。例如向行政相对人违法征收费用;要求复议申请人交纳复议费用等。

(5)认为海事行政机关不依法办理行政许可等事项的。行政相对人认为自己符合法定条件而向海事行政机关申请许可证、资格证等证书,或者申请审批、登记等事项的,海事行政机关不予办理或拒绝办理的,行政相对人可以依法提出行政复议。例如船舶登记,水上水下施工作业许可证等。

(6)认为海事行政机关不履行法定职责。例如海事法院以扣船令要求海事行政机关协助扣押其港口内的某轮,海事行政机关应当予以协助。

(7)认为海事行政机关其他具体行政行为侵犯其合法权益的。由于海事行政机关所实施的具体行政行为有很多种,不可能在复议范围内一一列举,因此,对于海事行政机关实施的前六条以外的具体行政行为,只要行政相对人认为其侵犯了自己的合法权益,均可以向上级海事行政机关提出行政复议。

(8)行政相对人认为海事行政机关的具体行政行为所依据的下列规定不合法,在对具体行政行为申请复议时,可以一并向复议机关提出对该规定的审查申请:

①中华人民共和国交通运输部、中华人民共和国海事局制定的规范性文件;

②中华人民共和国海事局所属的各级海事机构制定的规范性文件。

2. 不可申请海事行政复议的事项

(1)海事行政机关内部行政行为。内部行政行为是指海事行政机关内部的行政行为,比如行政处分等。海事行政机关对其所属人员作出行政处分或其他人事处理决定,当事人不服的,不能提起海事行政复议,但可以根据相关法律法规提出申诉,还可以提起诉讼。

(2)行政法规和规章。行政相对人对海事行政机关制定的规范性文件可以申请行政复议,但对行政法规和规章只能按照有关法律、行政法规的规定处理,不能提出行政复议。

(3)海事行政机关对民事纠纷作出的调解行为。比较典型的就是海事行政机关对海上交通事故的调解行为,只有当事人各方都同意调解的情况下,海事行政机关才予以调解,而且调解的结果不具有法律效力,如当事人一方不同意海事行政机关的调解结果,海事行政机关将宣布调解不成。当事人在这种对行政机关的调解结果不服的情况下,不能提出行政复议,但可以通过其他方法(如双方协商、申请仲裁、提起诉讼等)解决。

二、海事行政复议机关及管辖

海事行政复议机关是指依照法律规定,有权受理海事行政复议申请,并依法对被申请的具体行政行为的合法性、合理性进行审查并作出复议决定的海事行政机关。

1. 交通运输部直属海事行政复议机关的管理权限

1)交通运输部直属海事行政复议机关的管辖权限

(1)对以中华人民共和国海事局的名义作出的具体行政行为不服的,中华人民共和国交通运输部是行政复议机关；

(2)对以中华人民共和国海事局所属直属海事局的名义作出的具体行政行为不服的，中华人民共和国海事局为海事行政复议机关。例如营海事局是中华人民共和国海事局的一个分支局，对由其作出的具体行政行为不服的，海事行政复议机关为中华人民共和国海事局；

(3)对以直属海事局的分支机构和派出机构名义作出的具体行政行为不服的，直属海事局为海事行政复议机关；例如营口海事局作为辽宁海事局的一个分支机构，对由其作出的具体行政行为对不服的，海事行政复议机关为辽宁海事局；

(4)对以直属海事局的分支机构的分支机构和派出机构名义作出的具体行政行为不服的，直属海事局的分支机构为海事行政复议机关。例如辽河口海事局作为营口海事局的派出机构、盘锦海事局作为营口海事局的分支机构，对由他们作出的具体行政行为对不服的，海事行政复议机关为营口海事局。

上述海事行政复议机关，仅仅包括了中央直属的海事系统，而没有包括地方海事系统。

2)我国地方交通海事行政复议机关的管辖权限

根据交通运输部 2000 年 6 月 27 日颁的《交通行政复议规定》，海事行政复议的管辖权限如下：

(1)对县级以上地方人民政府交通主管部门的具体行政行为不服的，可以向本级人民政府申请行政复议，也可以向其上一级人民政府交通主管部门申请行政复议；

(2)对县级以上地方人民政府交通主管部门依法设立的交通管理派出机构依照法律、法规或者规章规定，以自己的名义作出的具体行政行为不服的，向设立该派出机构的交通主管部门或者该交通主管部门的本级地方人民政府申请行政复议；

(3)对县级以上地方人民政府交通主管部门依法设立的交通管理机构，依照法律、法规授权，以自己的名义作出的具体行政行为不服的，向设立该管理机构的交通主管部门申请行政复议；

(4)对下列具体行政行为不服的，可以向交通运输部申请行政复议：①省级人民政府交通主管部门的具体行政行为；②交通运输部直属海事管理机构的具体行政行为；③长江航务管理局、珠江航务管理局的具体行政行为；④交通运输部的具体行政行为。

2. 海事行政复议具体承办机构及其职责

各级海事行政复议机关的法制机构具体负责海事行政复议案件受理、审查和裁决工作。具体职责如下：

(1)受理海事行政复议申请；

(2)向有关组织和人员调查取证，查阅文件和资料；

(3)审查申请行政复议的具体行政行为是否合法与适当，拟订行政复议决定；

(4)处理或转送对《行政复议法》第七条所列有关规定的审查申请；

(5)对海事行政机关违反《行政复议法》、《交通行政复议规定》的行为依照规定的权限和程序提出处理建议；

(6)办理因不服海事行政复议决定提起行政诉讼的应诉事项；

(7)法律法规规定的其他职责。

第四节　海事行政复议参加人

海事行政复议参加人是指与海事行政争议的具体行政行为有利害关系而参加海事行政复议的申请人、被申请人、第三人和代理人。他们参加海事行政复议的原因不同，在海事行政复议是的立场和地位以及法律后果也有很大不同。

一、海事行政复议申请人

海事行政复议申请人是指认为海事行政机关的具体行政行为侵犯了其合法权益，以自己名义向海事行政复议机关提起行政复议申请，要求海事行政复议机关对被申请的具体行政行为的合法性和适当性进行审查并作出裁决的公民、法人或其他组织。

1. 海事行政复议的提起人

作为海事行政复议的提起人，并不是所有的公民、法人或其他组织都可以有这种资格，除满足我国相关法律的规定外，还应具备以下条件：

(1)海事行政复议的申请人必须是行政相对人，包括公民、法人或其他组织，外国人和无国籍人也包括在内。只要认为海事行政机关的具体行政行为侵犯了其合法权益，均可以依法向海事行政机关提起复议申请，来维护其合法权益。

(2)海事行政复议的申请人与被申请的具体行政行为之间必须有利害关系，即对其合法权益的侵犯是由于被申请的具体行政行为所造成的。法律上的利害关系是指相对人的权利义务受到具体行政行为的不利影响。只有与具体行政行为之间存在着利害关系，才存在着申请复议的利益，才有必要通过海事行政复议寻求救济。

2. 申请人资格转移

在一般情况下，具体行政行为侵犯的当事人就是海事行政复议的申请人。但是在特定情况下，海事行政复议申请人资格的也会发生转移，情况如下：

(1)有权申请行政复议的公民死亡的，其近亲属可以申请行政复议。近亲属包括其配偶、父母、子女、兄弟姐妹、祖父母、外祖父母、孙子女、外孙子女。

(2)有权申请行政复议的法人或其他组织终止，承受其权利的法人或其他组织可以申请行政复议。

二、海事行政复议的被申请人

海事行政复议的被申请人是指其作出的具体行政行为被海事行政复议申请人认为侵犯了其合法权益，并由海事行政复议机关通知其参加海事行政复议的海事行政机关。在海事行政复议时，海事行政复议申请人和海事行政复议被申请人是相对的两个概念，是海事行政复议的两个主要参加人。

申请人应当具备一定的资格，被申请人也应当具备一定的条件：

(1)被申请人是行政主体。只有行政主体才能依法行使职权，与行政相对人产生行政争议，并对其实施的具体行政行为承担法律责任。例如《海上海事行政处罚规定》第八十五条规定如下："各级海事局所属的海事处管辖本辖区内的下列海事行政处罚案件：

对自然人处以警告、1 000 元以下罚款、扣留船员职务证书 3 个月至 6 个月的海事行政处罚；

对法人或其他组织处以警告、1 万元以下罚款的海事行政处罚。……”因此对于对自然人处以警告、1 000 元以下罚款、扣留船员职务证书 3 个月至 6 个月的海事行政处罚；对法人或其他组织处以警告、1 万元以下罚款的海事行政处罚的行政复议主体（被申请人）为各级海事局所属的海事处。

（2）被申请人必须实施了被申请海事行政复议的具体行政行为。这将关系到海事行政执法过错和错案的责任担当问题，只有明确了被申请人，才能尽快查清案情，保护当事人的合法权益，追究违法人员和单位的责任，保障海事行政机关行政执法工作的公正。

三、海事行政复议第三人

海事行政复议第三人是指同申请的海事行政复议的具体行政行为有利害关系，申请参加或由海事行政复议机关通知参加的海事行政复议申请人与被申请人之外的其他公民、法人或其他组织。因海事行政行为具有公共性，除涉及双方当事人外，很多时候都会涉及到其他的人，因此有这些人参加行政复议既有利于他们保护自己的合法权益，又有利于海事行政复议机关全面的，准确地查明案件事实，作出正确的复议决定。

其具有如下特征：

（1）第三人是申请人与被申请人以外的公民、法人或其他组织。他具有独立的法律地位，享有与申请人和被申请人同等的权利。

（2）第三人与被申请的海事具体行政行为有利害关系。这种利害关系必须是直接的，即具体行政行为和海事行政复议裁定会直接影响到第三人的利益。这时让第三人参加复议，但应与具体行政行为无利害关系的证人、鉴定人、翻译人员等区别开来。

（3）第三人是以自己的名义，为了维护自己的合法权益，而独立参加海事行政复议。

四、海事行政复议代理人

海事行政复议代理人是指在海事行政复议过程中，接受当事人的委托，以被代理人的名义代理他人进行复议的人。这将有利于海事行政复议工作的高质量进行。

除具有其他法规规定的特征外，其具有如下特征：

（1）复议代理人以被代理人的名义参加海事行政复议，并维护被代理人的利益，他自己与被复议的海事具体行政行为无利害关系。

（2）复议代理人必须在法定代理权限内实施代理行为，后果由当事人（被代理人）负责，如果复议代理人超越代理权限实施的行为，其后果由自己负责。

（3）复议代理人只能代理一方，不能代理双方。

五、海事行政复议的其他参与人

海事行政复议的其他参与人，是指除上述复议参加人以外的证人、鉴定人、勘验人和翻译人员等。他们与被申请的海事具体行政行为和复议结果没有利害关系。他们参与海事行政复议活动都是围绕着查明事实而进行的，在海事行政复议中有一定的法律地位，享有一定的复议权利,承担一定的复议义务。例如某两艘船舶造成碰撞海上交通事故,被海事行政机关以《海上海事行政处罚规定》第三章第十一节关于违反海上交通事故调查处理秩序的相关条款为依据对船舶予以了行政处罚,如船舶不服提起海事行政复议,对碰撞事故的证人、碰撞事故损失鉴定人、勘验人等与被申请的海事具体行政行为和复议结果没有利害关系,他们属于海事行政复议的其他参与人。

第五节　海事行政复议的程序

一、海事行政复议申请

海事行政复议申请是指海事行政相对人对海事行政机关所作出的具体行政行为不服而在法律法规规定的时限内向海事行政复议机关提出的要求撤销或变更该具体行政行为的请求。海事行政复议申请是海事行政复议程序的起点,没有海事行政相对人提起的复议申请,就不存在以下的海事行政复议程序。因此,海事行政复议申请是海事行政复议程序中的一个重要而关键的环节。

1. 申请海事行政复议的条件

对海事具体行政行为不服而申请行政复议,必须具备如下几个条件:

(1)申请人符合条件。申请人应当符合的条件已在本章第四节中进行了详细的阐述。

(2)有明确的被申请人。行政相对人必须在海事行政复议的书面申请或申请笔录中指明被申请人,没有指明被申请人的,海事行政复议机关可以拒绝受理,如果海事行政复议机关在行政复议过程中发现被申请人不合格,则可依法予以更换。但无论在何时,海事行政复议必须有明确的被申请人。

(3)有具体的复议请求和事实根据。行政相对人提起海事行政复议的目的就是维护自己的合法权益,因此他应当在复议申请书或申请笔录中表明具体的复议请求;为了表明其请求合法、合理,行政相对人还应当向海事行政复议机关提供必要的事实根据,以支持其复议请求。

(4)属于受理的海事行政复议机关管辖。海事行政复议机关的管辖范围是法定的,海事行政复议申请人必须向有管辖权的海事行政复议机关提出申请,复议机关对不属于自己管辖的海事行政复议案件应当告知相对人向有权的海事行政复议机关提起申请。

(5)法律法规规定的其他条件。

2. 申请海事行政复议的期限

申请人必须在法律法规规定的期限内提起海事行政复议申请,否则,海事行政复议机关可以拒绝受理,也就达不到海事行政复议的法律目的。《交通行政复议规定》第八条规定:“公民、法人或者其他组织向交通行政复议机关申请交通行政复议,应当自知道该具体行政行为之日起六十日内提出行政复议申请,但是法律规定的申请期限超过六十日的除外。因不可抗力或者其他正当理由耽误法定申请期限的,申请人应当在交通行政复议申请书中注明,或者向交通行政复议机关说明,并由交通行政复议机关记录在《交通行政复议申请笔录》中,经交通行政复议机关依法确认的,申请期限自障碍消除之日起继续计算。”

3. 申请海事行政复议的方式

申请海事行政复议既可以书面申请也可以口头申请,这是方便行政相对人提起行政复议的具体规定。

4. 海事行政复议申请书和行政复议申请笔录

海事行政复议申请书是行政相对人书面提起海事行政复议申请的形式,而行政复议申请笔录是行政相对人口头提起申请的形式。他们的具体内容是一致的,都应当载明如下内容:

(1)申请人的姓名、性别、年龄、职业和住所,法人或者其他组织的名称、住所和法定代表人或者主要负责人的姓名,职务等;

(2)被申请人的名称、地址;

(3)具体的复议请求;

(4)申请复议的理由;

(5)申请的时间;

(6)申请人签名或盖章。如是口头申请,记录人也要签名或盖章。

二、海事行政复议申请的受理

海事行政复议机关在收到复议申请后,应当在5日内进行审查,并作出如下处理:

(1)对于符合申请复议条件的,依法决定受理;

(2)对于不符合申请复议条件的,决定不予受理,并告知申请人不予受理的理由;

(3)对于符合规定,但不属于本海事行政机关管辖的,应当告知申请人向有权的海事行政机关提出申请。

除上述规定外,海事行政复议申请自海事行政复议机关的法制部门即海事行政复议机构收到之日起即为受理。

如海事行政复议机关无正当理由不予受理,上级海事行政机关可以责令其受理,必要时,上级海事行政机关可以直接受理。

三、海事行政复议的审查

海事行政复议的审查是对作出具体行政行为的海事行政机关的主体资格、案件事实、法律依据等进行合法、适当的审查。这是海事行政复议的最主要的环节,也是作出行政复议决定的基础。

1. 审查方式

海事行政复议原则上采取书面审查的办法,所谓"书面审查"是指海事行政复议机关仅就双方所提供的书面材料进行审查后作出决定的一种审查方式。这种审查方式较为简便,可以大大提高海事行政复议的效率,但对较为复杂、影响较大的海事行政复议案件,这种审查方式又显得过于草率,有时达不到行政复议的目的。因此对于那些较为复杂、影响较大的海事行政复议案件,可以采取类似听证程序的审查方式,即依申请人提出的要求或者海事行政复议机关的法制部门认为有必要时,可以向有关组织和个人调查情况,听取申请人、被申请人和第三人的意见,通过各方对争议的事实、法律依据的适用等进行质证、辩论,由海事行政复议机关最终作出行政复议决定的一种审查方式。这种审查方式有利于调查清楚案件的真实情况，但却降低了海事行政复议工作的效率，两种审查方式各有利弊。因此在海事行政复议实际工作中，海事行政复议机关应当根据案件的实际情况和申请人的要求，采取适当的方式对海事行政复议案件进行审查，以达到海事行政复议的最终目的。

2. 审查依据

海事行政复议机关在审查行政复议案件时，以法律、行政法规、地方性法规、规章以及上级海事行政机关制定和发布的具有普遍约束力的决定、命令为依据。这其中存在一个问题，那就是如果海事行政复议机关在对被申请人作出的具体行政行为审查时，认为其依据不合法（上级海事行政机关制定和发布的具有普遍约束力的决定、命令）时，就要由海事行政复议机关或有权机关对依据进行审查。例如《交通行政复议规定》第十七条规定："交通行政复议机关在对被申请人作出的具体行政行为审查时，认为其依据不合法，本机关有权处理的，应当在30日内依法处理；无权处理的，应当在7日内按照法定程序转送有权处理的国家机关依法处理。处理期间，中止对具体行政行为的审查。"

3. 举证责任

《行政复议法》对行政复议中的举证责任作出了明确规定，根据该法第二十三条的规定，被申请人应当自收到申请书副本或者申请笔录复印件之日起10日内，提出书面答复，并提交当初作出具体行政行为的证据、依据和其他有关材料。申请人、第三人可以查阅被申请人提出的书面答复、作出具体行政行为的证据、依据和其他有关材料，除涉及国家秘密、商业秘密或者个人隐私外，行政复议机关不得拒绝。同时规定在行政复议过程中，被申请人不得自行向申请人和其他有关组织或者个人收集证据。

四、海事行政复议的决定

1. 作出海事行政复议决定的种类

海事行政复议机关通过对复议案件进行审查，根据不同情况在受理行政复议申请之日起60日内分别作出不同决定，法律另有规定的除外：

（1）维持决定。对被申请的具体行政行为，海事行政复议机关认为事实清楚，证据确凿，适用法律、法规、规章和具有普遍约束力的决定、命令正确，符合法定程序和内容适当的，应当依法作出维持该具体行政行为的复议决定。

（2）履行决定。海事行政复议机关通过审查认为被申请人不履行法定职责或拖延履行法定职责的，应当责令被申请人在一定期限内履行法定职责的。

（3）撤销、变更和确认违法决定。海事行政复议机关通过审查认为具体行政行为有下列情形之一的，依法作出撤销、变更或者确认该行为违法的决定，同时，可以责令被申请人在一定期限内重新作出具体行政行为的决定：

①主要事实不清、证据不足的；

②适用依据错误的；

③违反法定程序的；

④超越或者滥用职权的；

⑤具体行政行为明显不当的。

此外被申请人在收到海事行政复议申请书副本或者海事行政复议申请笔录复印件后，

未按照规定的时间提出书面答复、提交当初作出具体行政行为的证据、依据和其他有关材料的，视为该具体行政行为没有证据、依据，决定撤销该具体行政行为。

(4)赔偿决定。申请人在申请海事行政复议的同时一并提出海事行政赔偿请求的，如认为符合《国家赔偿法》的有关规定应当予以赔偿的，应当在作出撤销、变更具体行政行为或者确认具体行政行为违法的决定时，同时作出责令被申请人依法给予申请人赔偿的决定。

2. 作出海事行政复议决定的期限

海事行政复议机关应当自受理海事行政复议申请之日起60日内作出海事行政复议决定；但是法律规定的行政复议期限小于60日的除外。对于情况复杂，不能在规定的期限内作出海事行政复议决定的，经海事行政复议机关负责人批准，可以适当延长，并告知申请人、被申请人和第三人，但是延长期限最多不能超过30日。

3. 海事行政复议决定的送达

海事行政复议机关作出复议决定后，应当制作海事行政复议决定书，加盖海事行政复议机关印章，分别送达申请人和被申请人、第三人；海事行政复议决定书一经送达即发生法律效力。其送达方式与海事行政处罚决定书等的送达方式相同，例如，留置送达、邮寄送达等。

4. 海事行政复议决定的执行

海事行政复议决定的执行情况有以下几种：

(1)法律规定海事行政复议为终局决定的，海事行政复议决定书一经送达即发生法律效力。当事人各方必须按照复议决定执行。

(2)除上述规定外，申请人不服海事行政复议决定的，可以依法提起海事行政诉讼。

(3)对于可以提起海事行政诉讼的海事行政复议决定，当事人在法定期间内既不提起海事行政诉讼，又不履行海事行政复议决定的，复议决定具有强制执行的法律效力，可以申请强制执行。

第六节　海事行政复议相关法规及法律文书

一、海事行政复议的相关法规

《行政复议法》于1999年4月29日第九届全国人民代表大会常务委员会第九次会议通过，自1999年10月1日起施行。该法共七章、四十三条，内容包括：总则、行政复议范围、行政复议申请、行政复议受理、行政复议决定、法律责任及附则。该法是进行海事行政复议最基本的法律依据，因此也是在进行海事行政复议时必须遵守的。

与海事行政复议关系最为密切的规章为《交通行政复议规定》，它是经交通运输部于2000年3月29日经第4次部长办公会议通过，并于2000年6月27日发布实施。它是海事行政机关进行海事行政复议工作的主要依据，全文共有二十五条，分别对交通行政复议的目的、适用范围、交通行政复议机关、交通行政复议的申请人、被申请人和第三人、可以申请交通行政复议的具体行政行为、交通行政复议的申请、受理、审理、决定、执行、以及交通行政复议过程中应当遵守的法定期限、交通行政复议的法律文书等作了具体规定。除了《行政复议法》外，《交通行政复议规定》是目前海事行政审查复议案件所依据的唯一一部相关法规。

二、海事行政复议的相关法律文书

虽然《海事行政复议规定》还没有制定，但根据《交通行政复议规定》的有关内容，海事行政复议机关可能应当制作如下法律文书：

(1)《海事行政复议申请笔录》；

(2)《海事行政复议申请受理通知书》；

(3)《海事行政复议申请不予受理决定书》；

(4)《责令受理通知书》；

(5)《海事行政复议调查笔录》；

(6)《海事行政复议答复意见书》；

(7)《撤回海事行政复议申请笔录》；

(8)《海事行政复议终止通知书》；

(9)《规范性文件转送处理函》；

(10)《海事行政复议中止审查通知书》；

(11)《海事行政复议决定书》；

(12)《送达回证》；

(13)《海事行政复议案件复议期限延长通知书》；

(14)《海事行政复议违法行为处理建议书》。

以上是海事行政复议机关在海事行政复议的申请、受理、审查、决定、执行各阶段需要制作的法律文书，具体格式都有具体规定，可以参见《交通行政复议规定》，但随着时间的推移，具体格式中的有关内容将发生变化，因此在这里将不再详细介绍具体格式。

第七节　海事行政复议存在的问题

一、海事行政复议的立法滞后

海事行政复议工作遵循的是《交通行政复议规定》，其是以交通运输部令2000年第5号公布的，是整个交通行业的行政复议规定，海事局作为一个独立的行政主管机关，主管全国的水上交通安全，其具有管理的特殊性，也没有依据《行政复议法》和《交通行政复议规定》制定相关的海事行政复议规定，因此在进行某些行政复议工作时就没有相关的依据，例如，没有海事行政复议文书的标准格式，我们的海事行政复议的档案整理就会显得很乱；没有海事行政复议工作的详细程序，我们就无法高效率地完成海事行政复议工作。只有制定海事行政复议规定，制作标准的海事行政复议文书格式，我们的海事行政复议工作才能在全国范围内得到规范，才能高效地完成海事行政复议工作，达到海事行政复议的最终目的。

二、海事行政复议相关法律法规的宣传力度不高

很多行政相对人不知海事行政复议是怎么进行的、其目的依据是什么，从而造成很多海事行政争议案件不能通过海事行政复议的方式进行解决。在现实海事行政执法工作中，对

于容易出现海事行政争议的海事行政案件，行政相对人的态度有如下两种：

(1)对于影响其自身权益不太大的海事行政案件既不采取申请海事行政复议的解决方式，也不采取诉讼的方式，而是任由海事行政违法和不当执法案件的存在，这是大部分行政相对人的观点。

(2)而对于影响其自身权益较大的海事行政争议案件，他们宁愿向法院提出海事行政诉讼，也不申请海事行政复议。

造成上述两种情况的原因很多，主要表现在以下几个方面：

(1)最主要的原因是海事行政相对人对海事行政复议工作的相关知识缺乏了解，尤其是对海事行政复议的程序、目的、范围和期限等知识的缺乏；

(2)行政相对人观念还停留在"官官相护"上，对海事行政机关的不信任。因海事行政主管机关是全国水上交通安全的主管机关，对于其自身作出的海事行政决定，由其上级机关作出复议决定，可能存在不公平的地方，而且有些行政相对人认为为了一点小小损失而与海事行政机关"翻脸"不值得；

(3)时间问题。以海事行政处罚来说，对于较大的海运公司来说，公司派出船上几名当事人申请并参加海事行政复议，船舶可以由公司另外派人进行营运，参加行政复议工作并不会对公司造成很大的影响，但对于那些私人船务公司尤其是单船公司来说，他们为了获得利润不惜以雇佣不适任的船员进行营运来降低成本，因此，在其船舶受到处罚后，船舶所有人或承租人只要能承受起处罚的金额或是认为行政处罚未对其根本利益造成质的影响，他们就不会浪费时间去申请海事行政复议来维护自己的权益，而是尽快使船舶参加营运，减少不必要的船舶营运损失，因为营运所带来的利润要远远高于其所受海事行政处罚的金额，为了维护自己的一点权益而放弃营运带来的丰厚利润，对船舶所有人或承租人来说是不明智的。

基于以上原因，海事行政机关在法律法规宣传教育上，应当加大力度，在行政执法的同时不断地向相对人宣传相关法律法规知识，改变他们的法律观念，在依法治国的今天，只有严格依照法律办事，才能促进海事行政执法工作的顺利开展，才能对海事行政机关进行最有效的监督，维护自己的合法权益。

三、参加海事行政复议的海事行政机关人员水平不高

首先，海事行政复议机关人员水平不够。海事行政复议机关负责海事行政复议案件申请的受理、对具体行政行为的合法性、适当性进行审查、制作海事行政复议相关文书、按照法定期限作出海事行政决定等工作，如果对海事行政执法的业务知识、《行政复议法》相关知识以及其他相关知识掌握不够，就无法对海事行政复议案件作出正确的决定。其次，参加海事行政复议的作出被申请的具体行政行为的海事行政机关的相关人员的水平不够。包括每名执法人员对法律法规、规章及具有普遍约束力的决定、命令等的相关条款的理解上的偏差；对海事行政复议相关知识掌握不够。海事行政复议申请人、被申请人、海事行政复议机关法制部门的工作人员对相关业务知识、海事行政复议相关知识等的掌握不够，势必会影响海事行政复议工作的顺利、及时、有序进行，因此在对行政相对人进行宣传教育的同时，应当不断对海事行政执法人员进行相关知识培训，才能达到防止和纠正违法或不当的具体行政行为，保护公民、法人和其他组织的合法权益，保障和监督海事行政机关依法行使职权目的的实现。

第十二章 海事行政赔偿

第一节 海事行政赔偿概述

一、海事行政赔偿的概念及特点

海事行政赔偿,是指海事管理机构及其工作人员违法行使职权,侵犯公民、法人或其他组织的合法权益并造成损害,由国家承担赔偿责任的一种法律制度。

海事行政赔偿的主要特点是:

1. 侵权行为主体是行使国家行政职权的海事管理机构及其工作人员

这种侵权行为的特定性,是海事行政赔偿区别于其他赔偿的主要根据。例如,民事赔偿是平等的民事主体之间因民事侵权行为造成的赔偿;另外,同属于国家赔偿的司法赔偿则是行使司法职能的国家机关及其工作人员的侵权造成的。总之,正是由于侵权行为主体的特定性,使得海事行政赔偿在赔偿构成要件、归责原则以及赔偿范围等方面区别于民事赔偿;而在赔偿请求人、赔偿义务机关以及赔偿程序等方面则区别于司法赔偿。

2. 请求赔偿的权利主体是其合法权益受到损害的公民、法人和其他组织

在海事行政赔偿法律关系中,当事人的法律地位是恒定的。赔偿主体是海事管理机构,受害人是在海事行政管理活动中处于被管理地位的公民、法人和其他组织,双方地位不能互换。

3. 引起海事行政赔偿责任的行为是海事具体行政行为或事实行为,抽象行政行为不能直接引起行政赔偿责任

尽管抽象行政行为有时会侵犯特定的群体的利益,但是,根据法律规定这种侵权不属于海事行政赔偿的范围,公民、法人和其他组织不能直接对抽象行政行为提起诉讼、请求赔偿。

4. 国家承担赔偿责任

国家是海事行政赔偿的责任主体,但海事行政赔偿机关为致害的机关。国家作为海事行政赔偿的责任主体是由国家与海事行政赔偿机关及其工作人员的关系所决定的。海事管理机构及其工作人员是代表国家,以国家的名义实施海事行政管理的,因而无论是合法的行为还是违法的行为,其法律后果都归属于国家,违法侵权造成的损害要由国家承担赔偿责任。国家承担赔偿责任表现在两个方面:海事行政赔偿的责任主体是国家,海事管理机构只是代表国家承担赔偿责任;赔偿费用由国家承担。

二、海事行政赔偿责任的归责原则

海事行政赔偿是国家赔偿的一部分,国家赔偿责任的归责原则也为海事行政赔偿责任

的归责原则。国家赔偿的归责原则，是指在法律上确定国家承担赔偿责任所依据的某种标准，国家只对符合此种标准的行为承担赔偿责任。确立归责原则有利于受害人根据法律规定行使赔偿请求权，有利于正确解决赔偿义务机关与受害人之间的赔偿纠纷。

综观各国国家赔偿立法，有代表性的归责原则主要有以下几种：

1. 过错归责原则

所谓过错归责原则是指行为人故意或过失造成他人损害的，应当承担赔偿责任。过错归责原则是民事赔偿的主要归责原则，在民事侵权责任理论中，存在着主观过错和客观过错之分，在《国家赔偿法》中也有主观过错和公务过错之区别：主观过错，指致害行为人具有的一种应受责难的心理状态，包括故意和过失。公务过错，指公务行为欠缺正常的标准。有些国家适用过错归责原则确定国家赔偿责任。如：在英、美、日等国的国家赔偿中，主观过错是主要的归责原则之一，并常和违法要件一起使用。而法国国家赔偿采用公务过错原则，根据法国行政法院的判例，客观过错具体表现为公务过错，即公务活动不符合正常的标准。公务过错的表现形式有：公务实施不良、不执行公务、公务实施延迟等。国家机关由于疏忽、怠惰、笨拙以及对当事人提供不正确的住处所造成的损害也是公务过错。公务过错以公务活动是否达到中等公务活动水平为客观标准确定国家赔偿责任。

2. 无过错归责原则（危险责任原则、结果归责原则）

无过错原则也称危险责任原则、结果归责原则，即在国家公务活动中，只要有损害结果发生，国家就要承担赔偿责任，而无须考虑致害人的过错。无过错责任原则产生的时代背景为19世纪下半叶。当时，随着科学技术的迅猛发展及政府权力的不断扩张，公务活动造成危险的情况剧增。在许多情形下，公务人员即使不存在过错或违法，亦可能导致公民合法权益的损害，而过错责任原则对此种损害的救济则显得力不从心。为弥补过错原则之不足，危险责任原则也就应运而生了。危险责任原则的理论基础为社会连带主义与公共负担人人平等原则。公务危险责任的意旨在于将公务危险造成的风险损失由个人承担转而由社会的全体人员承担，以实现责任的社会化。所以，危险责任原则具有与过错责任原则截然不同的特点，它不评判侵权行为引起的原因、性质与内容，不问其是否违法或有无过错，而是从侵权行为的结果着眼，从结果责任出发，实行客观归责。当然，各国在适用该原则时通常都予以一定限制，仅将其作为过错责任原则的补充。所以，危险责任原则在整个归责原则体系中仅处于辅助或从属的地位。

3. 违法归责原则

违法归责原则是指国家机关及国家机关工作人员执行职务违法法律侵犯公民、法人或其他组织合法权益并造成损害的，国家承担赔偿责任。国家承担赔偿责任，完全取决于执行职务的行为是否合法，对于违法行为造成的损害，国家给予赔偿，对于合法行为造成的损害，通常不予赔偿。至于何谓"违法"，在国家赔偿理论中有两种不同解释：一种为"狭义说"，指致害行为违反了法律、法规的明文规定；另一种为"广义说"，指除违反严格意义上的法律规范外，还包括违反法律的诚信原则、公序良俗原则、尊重人权原则、权力不得滥用原则、尽合理注意原则等。目前，采用违法归责原则的典型国家是瑞士和奥地利。瑞士在国家赔偿中首先采用违法原则。奥地利在1989年新修订的《国家赔偿法》中，亦采用了违法归责原则，放弃了过去主观过错与违法双重归责原则中的主观过错标准。

我国国家赔偿归责原则，根据《国家赔偿法》第二条规定，国家机关和国家机关工作人员行使职权，有本法规定的侵犯公民、法人和其他组织合法权益的情形，造成损害的，受害人有依照本法取得国家赔偿的权利。此条对国家赔偿原则作了“有本法规定”的指代性表述。从其他的法律条件中，可以看出，行政赔偿、刑事赔偿中的部分，民事、行政诉讼司法赔偿中的强制措施、保全措施采用违法归责；刑事赔偿中的另一部分，采用结果归责；而民事、行政诉讼司法赔偿中的执行赔偿采用的则是过错规则。因此，目前我国国家赔偿归责原则多元化，根据不同情形，分别采用了违法、过错、结果归责原则。海事行政赔偿作为行政赔偿的一部分，采用的是违法归责原则。所以采用违法原则，原因在于：首先，违法原则与《宪法》、《行政诉讼法》的规定相一致，与法治原则、依法行政等原则相一致；第二，违法原则简单明了，易于接受，可操作性强；第三，避免了过错责任原则对主观方面认定的困难以及过错违法原则的双重标准；最后，有利于受害人行使国家赔偿请求权，只要证明了国家机关及其工作人员行使职权的行为违法以及因此遭受的合法权益的损害便可依法请求国家赔偿。

三、海事行政赔偿责任的构成

海事行政赔偿责任的构成，即构成海事行政赔偿责任所必须具备的条件的总和。一定的法律责任的构成要件受归责原则的制约，也就是说，一定的归责原则决定了赔偿责任的构成要件。海事行政赔偿采取违法责任原则，根据该原则，海事行政赔偿责任的构成应当具备以下要件：

(1)侵权行为主体是海事管理机构及其工作人员，也包括受海事管理机构委托行使行政职权的组织和个人。

(2)侵权行为必须是上述主体行使海事行政管理职权过程中的行为。

这一要求包括两层含义：侵权行为必须发生在行为主体行使海事行政管理职权的过程中，包括行使海事行政管理职权的行为和与行使海事行政管理职权有关的行为；行为主体行使海事行政管理职权的行为违法。实务中，对违法的判断主要采取客观标准，只有在判断滥用职权时才同时考虑主观标准。

(3)海事行政主体行使行政职权的行为必须给公民、法人和其他组织的合法权益造成了特定的损害。

特定损害事实的发生是海事行政赔偿责任产生的前提条件。根据《国家赔偿法》的规定，构成行政赔偿责任所要求的损害事实包括人身权损害和财产权损害。其中，人身权的损害包括人身自由权的损害和生命健康权的损害和精神损害，财产权的损害仅限于直接损害。

(4)损害事实与海事管理机构及其工作人员行使职权的行为之间具有因果关系。

如果缺少因果关系，责任主体将不承担责任。具备一定的因果关系，是任何一种归责原则下都应具备的赔偿责任的构成要件。如果造成损害结果的原因是多方面的，其中既有海事管理机构及其工作人员在行使职权过程中的违法行为，又有其他原因，受害人可以得到相应的行政赔偿。

第二节　海事行政赔偿范围

在探讨海事行政赔偿范围之前，有必要先明确国家行政赔偿的范围。当后者被明确以后，我们可以结合海事的具体情况和有关的法律、法规和规章，对前者作出更清楚的界定。根据《行政诉讼法》和《国家赔偿法》的有关规定，行政机关及其工作人员在行使职权时侵犯公民、法人和其他组织合法权益，国家应对造成的损害给予相应的赔偿，赔偿的范围既包括对人身权、财产权的损害赔偿，也包括对精神损害的赔偿。同时，对不予赔偿的情况，《行政诉讼法》和《国家赔偿法》也作了明确的规定。归纳起来，海事行政赔偿范围主要有以下内容：

一、侵犯人身权的赔偿范围

人身权包括人身自由权、身体健康权和生命权。行政机关及其工作人员在行使职权时，有下列侵犯人身权情形之一的，受害人有权取得行政赔偿：①违法拘留或者违法采取限制公民人身自由的行政强制措施的；②非法拘禁或者以其他方法非法剥夺公民人身自由的；③以殴打、虐待等行为或者唆使、放纵他人以殴打、虐待等行为造成公民身体伤害或死亡的；④违法使用武器、警械造成公民身体伤害或者死亡的；⑤造成公民身体伤害或者死亡的其他违法行为。

具体到海事行政赔偿，因海事管理机构及其工作人员侵犯人身权可以提起损害赔偿请求的情形，主要有以下几种：

(1)违法拘留或者限制公民人身自由，侵犯当事人的人身权的。

例如：海事管理机构不具有拘留权而拘留管理相对人的。

(2)非法拘禁或者以其他方法非法剥夺公民人身自由的。

(3)以殴打、虐待等行为或者唆使、放纵他人以殴打、虐待等行为造成公民身体伤害或死亡的。

(4)违法使用武器、警械造成公民身体伤害或者死亡的。

(5)造成公民身体伤害或者死亡的其他违法行为。

二、侵犯财产权的赔偿范围

《国家赔偿法》第四条规定，行政机关及其工作人员在行使行政职权时有下列侵犯财产权情形之一的，受害人有取得赔偿的权利：①违法实施罚款、吊销许可证和执照、责令停产停业、没收财物等行政处罚的；②违法对财产采取查封、扣押、冻结等行政强制措施的；③违法征收、征用财产的；④造成财产损害的其他违法行为。

具体到海事行政赔偿，海事管理机构及其工作人员有下列侵犯财产权情形之一的，受害人有权取得行政赔偿：

(1)违法实施罚款，扣留、吊销、没收证书，撤销船舶检验资格，没收违法所得，没收船舶等海事行政处罚。

(2)违法对船舶采取强制打捞、强制拆除、强制清除等海事行政强制。

(3)违法征收、征用财产的。

(4)造成财产损害的其他违法行为。

三、精神损害的赔偿范围

《国家赔偿法》第三十五条规定，有本法第三条或者第十七条规定情形之一，致人精神损害的,应当在侵权行为影响的范围内,为受害人消除影响,恢复名誉,赔礼道歉;造成严重后果的,应当支付相应的精神损害抚慰金。根据此条规定,《国家赔偿法》第三条规定的侵犯人身权的情形,可以获得精神损害赔偿。

具体到海事行政赔偿,主要包括以下几种损害人身权情形:

(1)违法拘留或者违法采取限制公民人身自由的行政强制措施的。

(2)非法拘禁或者以其他方法非法剥夺公民人身自由的。

(3)以殴打、虐待等行为或者唆使、放纵他人以殴打、虐待等行为造成公民身体伤害或死亡的。

(4)违法使用武器、警械造成公民身体伤害或者死亡的。

(5)造成公民身体伤害或者死亡的其他违法行为。

四、不予赔偿的情形

《国家赔偿法》第五条规定,在以下三种情况下,国家不承担赔偿责任:①行政机关工作人员与行使职权无关的个人行为;②因公民、法人和其他组织自己的行为致使损害发生的;③法律规定的其他情形。

关于海事管理机构不予赔偿的抗辩事由,根据《国家赔偿法》和有关法律法规的规定及海事管理的实际,有下列情形之一的,海事管理机构不承担海事行政赔偿责任:

(1)海事管理机构工作人员与行使职权无关的个人行为;

(2)因公民、法人和其他组织自己的行为发生的损害;

(3)国防、外交等国家行为造成的损害;

(4)海事管理机构制定、修改法规、规章或其他规范性文件造成的公民、法人或者其他组织利益丧失;

(5)《民法通则》、《刑法》等法律上的原则和规定,因不可抗力、意外事件造成的损害,海事管理机构不承担赔偿责任。海事管理机构及其工作人员为了公共利益、他人利益和自身的合法权益行使正当防卫权的行为,以及紧急避险行为造成的损害,国家也不承担赔偿责任。

第三节　海事行政赔偿主体

海事行政赔偿法律关系中,存在两类主体。一类是作为权利主体的海事行政赔偿请求权人,一类则是作为义务主体的海事行政赔偿义务机关。明确双方的资格和范围,不仅有利于受害人依法行使海事行政赔偿请求权,而且也便于海事行政赔偿义务机关依法履行赔偿义务。

一、海事行政赔偿请求人

1. 海事行政赔偿请求人的概念

海事行政赔偿请求人,是指受海事违法行政行为侵害,依法有权请求海事行政赔偿的人。我国《国家赔偿法》第六条对行政赔偿请求人作了明确规定,该法律包含下述几层含义:

第一,海事行政赔偿请求人恒定为行政相对人,作为海事行政主体的海事管理机构或其他组织不能作为请求权人;第二,海事行政赔偿请求人是因违法行使海事行政职权的行为损害其合法权益并造成实际损害的人;第三,海事行政赔偿请求权人必须能够以自己的名义请求海事赔偿,凡是代表他人或以他人名义请求海事行政赔偿的是代理人,而不是海事行政赔偿请求人;第四,海事行政赔偿请求人为公民、法人和其他组织。当合法权益受到损害的公民死亡时,其继承人及其他有抚养关系的亲属可作为海事行政赔偿请求权人;当合法权益受到损害的法人或其他组织终止的,承受其权利的法人或者其他组织可作为海事行政赔偿请求权人。

2. 海事行政赔偿请求人的资格

海事行政赔偿请求人资格,是指作为海事行政赔偿请求人所应具备的条件。我国《国家赔偿法》第二条、第六条规定了海事行政赔偿请求人必须是受海事管理机构及其工作人员违法行使职权造成实际损失的公民、法人和其他组织。具体地说,海事行政赔偿请求人的资格有以下三项:

(1)海事行政赔偿请求人必须是海事行政相对人,而不能是海事行政主体。

(2)海事行政赔偿请求人必须是自己的合法权益受到侵害并造成实际损害的人。这里包括四层含义:①请求人受到侵害的权益是合法权益;②请求人必须是自己的合法权益受到侵害的人;③请求人受到的损害已经发生。损害是赔偿的前提,没有实际损害也就无所谓赔偿;④这里的实际损害是行政相对人认为的“实际损害”。“实际损害”是否确实存在,须待海事行政主体受理申请和对申请审查后才能作出结论。只要行政相对人认为其合法权益受到侵害并造成实际损失即可取得申请人资格。

(3)海事行政赔偿请求人必须是其所受损害与海事行政违法行为有因果关系的人。这里的因果关系只要求受害人指出损害系由海事管理机构及其工作人员的海事侵权行为所为即可,至于是否真正存在因果关系,有待于海事行政赔偿义务机关或人民法院的确认。

3. 海事行政赔偿请求人的范围

根据我国《国家赔偿法》第六条的规定,海事行政赔偿请求人包括以下三类:

1)公民

公民是指具有中华人民共和国国籍的自然人。对于公民作为海事行政赔偿请求人,《国家赔偿法》规定了以下几种情况:①受害的公民本人。不具备法定行为能力者,不能有效地行使请求权,要由其法定代理人代为行使。按照《民法通则》的规定,无民事行为能力人、限制行为能力人的法定代理人为其监护人。②受害公民的继承人和其他有抚养关系的亲属。继承人包括遗嘱继承人和法定继承人。继承人有多个的,按民事继承的顺序,前一顺序的继承人未放弃请求权,后一顺序的继承人就不能逾越行使请求权。如果请求人较多时,可委托其中一人或数为人,作为赔偿请求人。有抚养关系的亲属是指在上述继承人之外的,与受害公民有扶养关系的亲属。值着注意的问题是,当有权要求海事行政赔偿的受害公民本人死亡,而同时存在继承人和其他有抚养关系的亲属时,如何确定赔偿请求人,赔偿请求人按下列原则确定:首先是受害人的继承人,其次才是与受害公民本人有抚养关系的亲属。

2)法人

按照《民法通则》的规定,法人是具有民事权利能力和民事行为能力,依法独立享有民事权利和承担民事义务的组织。法人包括企业法人、机关法人、事业法人和社团法人等。法人的合法权益受国家保护，当其合法权益受到海事行政违法行为侵害时，可以请求海事行政赔偿。

受害的法人终止，承受其权利的法人有权要求赔偿。法人终止大致有以下几种：依法被取缔、撤销、破产、合并、合立等。法人合并（含兼并）或分立时，常发生请求人资格转移。但在下列情况下，法人的行政赔偿请求人资格不发生转移：

(1)法人被海事管理机构作出吊销许可证或执照的海事行政处罚后，该法人仍有权请求海事行政赔偿，请求人资格不发生转移。

(2)法人在破产程序中，海事行政赔偿请求人资格也不发生转移，破产企业仍有权请求海事行政赔偿。

(3)法人被海事管理机构撤销、变更、注销，仍有海事行政赔偿请求人资格。受害的法人认为其经营自主权受到侵害，可以请求海事行政赔偿。

3)其他组织

其他组织，指合法成立但不具备法人条件，没有取得法人资格的社会组织或经济组织。合法成立是指经主管机关批准成立或认可。按照最高人民法院的司法解释，其他组织包括依法领取营业执照的合伙组织等。其他组织同公民、法人一样，其合法权益受国家保护，因海事行政违法行为受到损害，可独立请求海事行政赔偿。

受害的其他组织终止，承受其权利的组织有权要求海事赔偿。其资格转移或不转移的适用条件与法人相同。

二、海事行政赔偿义务机关

1.海事行政赔偿义务机关的概念

海事行政赔偿义务机关，是指代表国家接受行政赔偿请求，参加海事行政赔偿诉讼，履行海事赔偿义务的机关。

按照我国《国家赔偿法》的规定，海事行政赔偿义务机关具有如下权利义务：①受理行政赔偿请求，对赔偿请求作出处理；②参加因海事赔偿问题引起的海事行政复议和海事赔偿诉讼。即以海事行政复议被申请人和海事行政赔偿诉讼被告的身份参加因海事赔偿问题引起的海事行政复议和海事行政赔偿诉讼，行使相应的权利和承担相应的义务；③履行相应海事行政复议决定或法院判决；④行使追偿权，即在赔偿受害人的损失后，有权向有故意或重大过失的公务人员及委托的组织和个人行使追偿全部或部分向受害人支付的赔偿金。

2.海事行政赔偿义务机关的范围

按照《国家赔偿法》第七条、第八条的规定，海事行政赔偿义务机关包括：

(1)海事管理机构及其工作人员违法行使职权侵犯公民、法人和其他组织的合法权益造成损害的，该海事管理机构为赔偿义务机关。

(2)两个以上海事管理机构共同行使行政职权时侵权公民、法人和其他组织的合法权益造成损害的，共同行使行政职权的海事管理机构为共同赔偿义务机关。共同赔偿义务机关共同承担赔偿义务，他们之间负连带责任，受害人可以向共同赔偿义务机关中的任何一个赔偿义务机关要求赔偿，该机关应当先予赔偿，但赔偿后可要求其他有责任的海事管理机构负担相应的赔偿费用。但如果引起海事行政赔偿诉讼时,共同赔偿义务机关为共同被告,各自按其侵权损害中的过错大小承担责任。

(3)海事管理机构委托的组织或个人在行使受委托的行政权力时侵犯公民、法人和其他组织的合法权益造成损害的,委托的海事管理机构为赔偿义务机关。

(4)赔偿义务机关被撤销的,继续行使其职权的行政机关为赔偿义务机关;没有继续行使其职权的行政机关的,撤销该赔偿义务机关的行政机关为赔偿义务机关。

(5)经海事复议机关复议的,最初造成侵权行为的行政机关为海事赔偿义务机关,但海事复议机关的复议决定加重损害的,海事复议机关对加重的部分履行赔偿义务。

第四节　海事行政赔偿程序

所谓海事行政赔偿程序,是指海事行政赔偿请求人向海事行政赔偿义务机关请求海事行政赔偿,海事行政赔偿义务机关给予海事行政赔偿以及通过人民法院解决海事行政赔偿纠纷的方式、步骤和时限的总和。从各国国家赔偿法的规定来看,行政赔偿程序通常分为两个阶段:第一阶段是行政程序,即由行政机关内部处理赔偿申请的程序;第二阶段是行政赔偿诉讼程序,即由法院解决行政赔偿纠纷的程序。在我国,由于受行政复议和行政诉讼制度的影响,行政赔偿程序更加复杂。依我国《行政诉讼法》第六十七条和《国家赔偿法》第九条的规定,我国的海事行政赔偿程序实行的是“单独提起”与“一并提起”两种请求程序并存的办法,前者又分为行政程序和司法程序两个阶段。由于“一并提起”的程序与前面相关章节的海事行政复议程序和海事行政诉讼程序相同,因而本章予以简化。本章重点研究“单独提起”的行政程序和司法程序。

一、海事行政赔偿请求的提出

1.提出海事行政赔偿请求的要件

海事行政赔偿请求的提出必须符合一定的要件,只要当具备了这些要件时,海事行政赔偿请求人方可以以一定的请求方式单独提出海事行政赔偿请求,或在行政复议、行政诉讼中一并提出海事行政赔偿请求。

(1)请求人必须具有海事行政赔偿请求权。海事行政赔偿请求权,是指因合法权益受到海事管理机构及其工作人员的违法行使职权行为侵犯,并造成损害的公民、法人或其他组织依法享有请求海事赔偿义务机关予以赔偿的权利。一般来说,享有海事行政赔偿请求权的人就是合法权益遭到违法行使海事行政职权行为侵犯,并造成损害的公民、法人或其他组织。有海事行政赔偿请求权的公民死亡的,该请求权转移给其继承人和其他有抚养关系的亲属;有海事行政赔偿请求权的法人或其他组织终止的,继续承受其权利的法人或者其他组织有权请求海事赔偿。

(2)必须有明确的海事行政赔偿义务机关。

(3)必须在法定期限内提出海事赔偿请求。

海事赔偿请求人应当在法定期限内提出。根据我国《国家赔偿法》规定,请求人请求海事赔偿的时效为2年。自其知道或者应当知道海事管理机构及其工作人员行使职权时的行为侵犯其人身权、财产权之日起计算,但被羁押等限制人身自由期间不计算在内。以附带的方式提起海事行政赔偿请求,一般按申请复议和提起诉讼的法定期限确定附带请求赔偿的期限,即申请行政复议的期限为知道该具体行政行为之日起60日内,但是法律规定的申请期限超过60日的除外;提起行政诉讼的期限为知道作出该具体行政行为之日起3个月内。

(4)所提出的海事行政赔偿请求必须是法律规定的应该赔偿的范围,或者说必须是在《国家赔偿法》明确规定的海事行政赔偿范围之内。如果受害人所受之损害不在法律规定的海事行政赔偿范围之内,则该请求亦不能依法成立。

2. 单独提出海事行政赔偿请求及先行程序

受害人单独提出海事行政赔偿请求的,应当首先向海事行政赔偿义务机关提出,在赔偿义务机关不予赔偿或赔偿请求人对赔偿数额有异议时,海事赔偿请求人才可以依法向行政复议机关申请行政复议或直接向法院提起诉讼。先行程序要求海事赔偿请求人在单独提出海事行政赔偿请求时必须首先向海事赔偿义务机关提出。

3. 一并提出海事行政赔偿请求

一并提出海事行政赔偿请求,是指海事赔偿请求人在申请行政复议或提起行政诉讼时一并提出海事赔偿请求。(参见《国家赔偿法》第九条第2款;《行政复议法》第二十九条第1款)其特点为:将确认海事行政侵权行为与要求海事行政赔偿两项请求一并提出,要求并案处理。海事复议机关或人民法院通常先对海事行政侵权行为进行确认,然后再决定是否应予海事行政赔偿。

4. 提出数项赔偿请求

《国家赔偿法》规定,请求人根据合法权益受到的不同损害,可以同时提出数项行政赔偿请求。例如,海事管理机构及其工作人员违法行使职权,造成公民身体伤害的,可以要求赔偿医疗费、因误工减少的收入,造成公民身体残疾并全部丧失劳动能力的,受害人还可以申请残疾赔偿金及由其抚养的人的生活费等。

5. 书面请求

请求赔偿属于要式法律行为,受害人无论向海事赔偿义务机关提出海事赔偿请求,还是向法院提起海事赔偿诉讼,都应以书面方式进行。申请书应包括以下内容:受害人的姓名、性别、年龄、工作单位和住所,法人或其他组织的名称、住所,法定代表人或主要负责人的姓名、职务;具体的请求、事实根据和理由;海事赔偿义务机关;申请的年、月、日。

海事赔偿申请书是请求人向海事赔偿义务机关提出的主要书面材料,因此必须内容完整,符合法定形式,语言简明,字迹工整,便于海事赔偿义务机关审理处理。请求人书面申请确有困难的,可以委托他人代书,也可以口头申请,由赔偿义务机关将其口头申请记入笔录,经赔偿请求人确认无误后,由请求人签字或盖章,该笔录则与正式申请书的法律效力相同。

二、海事赔偿义务机关的受案与处理

1. 受案

海事行政赔偿义务机关收到海事行政赔偿申请书后,要进行受案前的初步审理。赔偿请求人当面递交申请书的,海事行政赔偿义务机关应当当场出具加盖本行政机关专用印章并注明收讫日期的书面凭证。申请材料不齐全的,赔偿义务机关应当当场或者在5日内一次性告知赔偿请求人需要补正的全部内容。

海事赔偿义务机关对申请书的初步审理主要审理下列几项内容：①申请是否符合行政赔偿的要件；②申请书的内容和形式是否符合要求；③申请人所要求赔偿的损害是否确由本机关及其工作人员或受本机关委托的组织或个人的违法侵权行为所造成；④赔偿请求人所要求的海事行政赔偿是否属于《国家赔偿法》所规定的赔偿范围。

如经初步审理，所有这些要求均已达到，则应决定立案处理，并通知海事赔偿请求人。如果发现以下情况，则应另行处理：①申请书的内容、形式有缺漏，应告知申请人予以补充；②如果申请人不具有海事行政赔偿请求人资格，应告知由具有海事行政赔偿请求人资格的人申请；③行使海事赔偿请求权已超过法定期限的，该请求权依法灭失，应告知海事赔偿请求人不予受理的原因。

2. 处理

海事行政赔偿义务机关收到申请书之后，经审理认为赔偿申请符合条件的，应通知海事赔偿请求人，并在收到申请书之日起 2 个月内作出处理决定。海事赔偿义务机关决定赔偿的，应当制作赔偿决定书，并自作出决定之日起 10 日内送达赔偿请求人。赔偿义务机关决定不予赔偿的，应当自作出决定之日起 10 日内书面通知赔偿请求人，并说明不予赔偿的理由。海事赔偿义务机关在规定期限内未作出是否赔偿的决定，赔偿请求人可以自期限届满之日起 3 个月内，向人民法院提起诉讼。赔偿请求人对赔偿的方式、项目、数额有异议的，或者赔偿义务机关作出不予赔偿决定的，赔偿请求人可以自赔偿义务机关作出赔偿或者不予赔偿决定之日起 3 个月内，向人民法院提起诉讼。

(1)海事行政赔偿义务机关处理申请的期限。《国家赔偿法》规定，海事行政赔偿义务机关应当自收到赔偿申请之日起 2 个月内作出赔偿或不不赔偿的决定。

(2)海事赔偿义务机关处理赔偿的内容。海事赔偿义务机关应当依照《国家赔偿法》提出赔偿方案。方案的内容包括：赔偿方式、赔偿数额、计算数额的依据和理由、履行期限等。

(3)海事赔偿处理不成。海事行政赔偿义务机关在法定期限内如出现下列情形，视为处理不成：①海事赔偿义务机关对申请不予理睬或对自己提出的方案不予实施的；②海事赔偿请求人对海事赔偿义务机关的方案有异议的，包括对赔偿方式、金额、履行期限有不同意见的。海事赔偿义务机关作出赔偿决定，应当充分听取赔偿请求人的意见，并可以与赔偿请求人就赔偿方式、赔偿项目和赔偿数额依照《国家赔偿法》第四章的规定进行协商。处理不成，自 2 个月期间届满之日起 3 个月内，赔偿请求人可以向人民法院提出行政赔偿诉讼。

三、海事行政赔偿诉讼程序

海事行政赔偿诉讼是一种特殊的诉讼形式，它是人民法院根据海事赔偿请求人的诉讼请求，依照行政诉讼程序和国家赔偿的基本原则和基本制度裁判赔偿争议的活动。在起诉条件、审理形式、证据规则及适用程序诸方面都有其自身特点。（以下仅仅介绍了单独提起行政赔偿时的程序，并没有提出附带海事行政赔偿的程序）

第一，从起诉条件看，在单独提起海事赔偿诉讼时，要以海事行政赔偿义务机关先行处理为前提条件。在一并提起赔偿诉讼时，通常不以海事行政赔偿义务机关先行处理为前提条件。

第二,从诉讼当事人看,海事行政赔偿诉讼以海事行政赔偿义务机关为诉讼被告,实行“国家责任,机关赔偿”制度。致害的海事管理机构的工作人员不作为诉讼被告。

第三,从审理形式看,海事赔偿诉讼可以适用调解作为结案方式。行政案件的审理不适用调解,这是行政诉讼的一项特殊规则,但行政赔偿诉讼可以调解(说明,法律明确规定)。因为行政赔偿诉讼的核心是当事人的人身权、财产权等权利是否受到侵害,是否应予赔偿。权利具有可以自由处置的性质,当然也就存在着进行调解的基础。双方当事人之间因权利受损而发生赔偿争议,人民法院可以从中进行调解,以解决赔偿争议。

第四,从证据规则看,海事行政赔偿诉讼采用的是“谁主张、谁举证”的原则。《国家赔偿法》第十五条规定,人民法院审理行政赔偿案件,赔偿请求人和赔偿义务机关对自己提出的主动,应当提供证据。赔偿义务机关采取行政拘留或者限制人身自由的强制措施期间,被限制人身自由的人死亡或者丧失行为能力的,赔偿义务机关的行为与被限制人身自由的人的死亡或者丧失行为能力是否存在因果关系,赔偿义务机关应当提供证据。

海事行政赔偿诉讼原则上适用《行政诉讼法》规定的程序,《行政诉讼法》没有规定的(如送达等),还可以参照适用相应的民事诉讼程序。

第五节　海事行政赔偿的方式和标准

一、海事行政赔偿方式

海事行政赔偿方式是指国家承担海事行政赔偿责任的具体形式。海事行政赔偿是对侵权损害的救济,海事行政赔偿采用什么方式,依据什么标准,直接影响到救济的质量,影响到受害人权益,因而需要合理设计。我国《国家赔偿法》第三十二条规定:国家赔偿以支付赔偿金为主要方式。能够返还财产或者恢复原状的,予以返还财产或者恢复原状。由此可见,我国行政赔偿立法采取的是以金钱赔偿为主,以返还财产或者恢复原状为辅的赔偿方式。这一赔偿方式实际上包含着三种具体的赔偿方式,即支付赔偿金、返还财产、恢复原状。

1. 支付赔偿金

支付赔偿金,又称金钱赔偿,是指海事赔偿义务机关以货币形式支付赔偿金额,补偿受害人所受损失的方式。以金钱支付的方式赔偿,省时、省力,可以使受害人的赔偿迅速得到满足,也便于国家行政机关正常开展工作。同时,以金钱赔偿适用范围较广,不论是公民人身权、财产权及精神损害,都可以通过计算或者估算进行适当的金钱赔偿。所以,金钱赔偿是海事行政赔偿的主要方式。

2. 返还财产

返还财产,又称返还原物,是指海事赔偿义务机关将违法取得的财产返还受害人的赔偿方式。返还财产一般是指原物,原物既可以是特定物,也可以是种类物。和支付赔偿金相比,返还财产是一种辅助性的赔偿方式,只适用于财产权损害。如海事管理机构违法罚款、违法征收费用等,都可以适用返还财产。返还财产包括两种具体形式,返还金钱和返还财物。采用返还财产这一方式时,还必须具备以下几个条件:第一,原财物仍然存在;第二,返还财产比金钱赔偿更为便捷;第三,返还财产不影响公务的实施。如果原财产已经用于公务活动，如返还财产将影响到公务的实施，则不应以返还财产方式赔偿，而应予以金钱赔偿。

3. 恢复原状

恢复原状是指海事赔偿义务机关对受害人受损害的财产进行修复，使之恢复到受损害前的形状和性能的赔偿方式。恢复原状不以受害人是否提出请求为限，只要海事赔偿义务机关认为恢复原状既有可能又有必要，就可以主动采取恢复原状的赔偿方式。

其他赔偿方式包括停止侵害、消除影响、恢复名誉和赔礼道歉等。如果具体海事行政行为侵犯相对人的姓名权、名誉权、荣誉权等人身权，可采用上述方式。致人精神损害的，可以采取以上赔偿方式，造成严重后果的，还应当支付相应的精神损害抚慰金。

二、海事行政赔偿计算标准

海事行政赔偿的标准主要分为以下三种情况：

(1)海事管理机构侵犯公民人身自由的，每日的赔偿金按照国家上年度职工日平均工资计算。

(2)海事管理机构侵犯公民生命健康权的，赔偿金按照下列规定计算：

①造成身体损害的，应当支付医疗费、护理费，以及赔偿因误工减少的收。减少的收入每日的赔偿金按照国家上年度职工日平均工资计算，最高额为国家上年度职工年平均工资的五倍。

②造成部分或者全部丧失劳动能力的，应当支付医疗费、护理费、残疾生活辅助具费、康复费等因残疾而增加的必要支出和继续治疗所必需的费用，以及残疾赔偿金。残疾赔偿金根据丧失劳动能力的程度，按照国家规定的伤残等级确定，最高不超过国家上年度职工年平均工资的二十倍。造成全部丧失劳动能力的，对其扶养的无劳动能力的人，还应当支付生活费。

③造成死亡的，应当支付死亡赔偿金、丧葬费，总额为国家上年度职工年平均工资的二十倍。对死者生前扶养的无劳动能力的人，还应当支付生活费。

第 2 项和第 3 项生活费的发放标准，参照当地最低生活保障标准执行。被扶养的人是未成年人的，生活费给付至十八周岁止；其他无劳动能力的人，生活费给付至死亡时止。

(3)海事管理机构侵犯公民人身权致人精神损害，并造成严重后果的，应当支付相应的精神损害抚慰金。

(4)海事管理侵犯公民、法人和其他组织的财产权造成损害的，按照下列规定处理：

①处罚款、罚金、追缴、没收财产或者违法征收、征用财产的，返还财产；

②查封、扣押、冻结财产的，解除对财产的查封、扣押、冻结，造成财产损坏或者灭失的，依照第 3 项、第 4 项的规定赔偿；

③应当返还的财产损坏的，能够恢复原状的恢复原状，不能恢复原状的，按照损害程度给付相应的赔偿金；

④应当返还的财产灭失的，给付相应的赔偿金；

⑤财产已经拍卖或者变卖的，给付拍卖或者变卖所得的价款；变卖的价款明显低于财产价值的，应当支付相应的赔偿金；

⑥吊销许可证和执照、责令停产停业的，赔偿停产停业期间必要的经常性费用开支；

⑦返还执行的罚款或者罚金、追缴或者没收的金钱,解除冻结的存款或者汇款的,应当支付银行同期存款利息;

⑧对财产权造成其他损害的,按照直接损失给予赔偿。

第六节　海事行政补偿

海事行政补偿又称海事行政损失补偿,是法律设立的对海事行政主体合法行政行为造成行政相对人损失而对相对人实行救济的制度。海事行政补偿不同于海事行政赔偿,海事行政赔偿常与违法侵权损害联系在一起,称为海事行政损害赔偿。海事行政补偿与海事行政赔偿的主要区别,在于引起补偿与赔偿的原因不同。引起补偿的原因是合法行为致害;而引起赔偿的原因则是违法行为致害。我国《国家赔偿法》目前仍区分赔偿制度与补偿制度;赔偿法只适用于行政和司法机关及其人员行使职权时的行为违法所造成损害的赔偿;补偿则适用单行法律、法规的规定。

一、海事行政补偿的概念和特征

海事行政补偿是指海事行政主体的合法行政行为给行政相对人的合法权益造成损失,依法由行政主体对相对人所受的损失予以补偿的制度。

从严格意义上讲,海事行政补偿不属行政责任,而是基于"积极义务"而实施的补救行为。因为,海事行政责任是违法、不当的海事行政行为引起的法律后果,而海事行政补偿责任却以合法行政行为为前提。但是,海事行政补偿责任既然是法律规定的一种义务,对补偿主体来说,它当然也是一种责任,不过这里责任仅指义务而已。

海事行政补偿有以下主要特征:

(1)海事行政补偿的前提是海事管理机构及其工作人员依法履行职责、执行公务的行为导致特定个人、组织的合法权益受到损失,或特定个人、组织为维护和增进国家、社会公共利益而使自己的利益受到损失。

(2)海事行政补偿的主体是国家,而补偿义务机关是海事管理机构,任何个人均不负有以自己的名义和财产给付海事行政补偿的义务,且不发生海事行政追偿问题。

(3)海事行政补偿的对象是特定的公民或组织。海事行政补偿对象的特定性是海事行政补偿得以成立的一个要件。

(4)海事行政补偿的依据具有多样性,除法律、法规外,也可以是政策,海事行政赔偿则必须严格依照法律进行。

(5)海事行政补偿在实际损失发生之后进行,也可以在实际损失发生之前,依照法律规定或依当事人双方的约定预先进行,而海事行政赔偿以及其他类型的赔偿只能在损害发生之后进行,由于损害的发生对受害人而言是始料不及的,故而也不存在当事人双方在损害发生之前达成赔偿协议并给付赔偿金的可能性。

(6)海事行政补偿以个人、组织所受的直接损失为限,合法权益受损的个人、组织不得根据其受损权益大小或国家、社会因之避免损失或获益大小提出超出其现实损失之外的补偿要求。因为这种要求已不是损失补偿,而是要求分取利益。

(7)海事行政补偿的数额标准,大多采用“公正”、“相当”、“适当”等规定。

(8)海事行政补偿的方式是多种多样的,除经济补偿外,还可以是生产、生活和就业方面的优待和优惠。

(9)海事行政补偿费一般不单独在国家财政中列支,也不实行集中管理,而由具体海事行政补偿机关分散管理。这一点与海事行政赔偿也不同,海事行政赔偿经费单独列入国家预算,并且由国家财政机关实行集中管理。

二、海事行政补偿的种类

依照不同的标准,可以对海事行政补偿予以不同的分类,研究这些不同类型的海事行政补偿有助于我们加深对海事行政补偿特点的了解和认识。

1. 海事行政行为致损的补偿与相对人因公益而受损的补偿

根据补偿发生的原因不同,海事行政补偿可分为因海事管理机构合法行为造成损失的补偿和因相对人为公益遭受损失的补偿两大类。前者包括对海事行政征用的实偿,对紧急海事行政行为致损的补偿等;后者包括协助公务受损的补偿,为社会公益受损的补偿,以及从事高度危险活动致损的补偿等。

2. 法定补偿与裁量补偿

根据海事行政补偿是否依照法律规定进行,海事行政补偿可分为法定补偿与裁量补偿。法定补偿,是指海事管理机构依照法律、法规和规章的明确规定给个人、组织的补偿。裁量补偿,是指法律、法规和规章对合法行政行为造成的损害是否应作出补偿未作规定,而由当事的海事管理机构根据公平合理原则自由裁量作出决定。

3. 事前补偿与事后补偿

根据海事行政补偿行为发生的实际损失发生之前或之后,海事行政补偿可分为事前补偿与事后补偿。事前补偿是在实际损失发生之前实施的补偿,包括海事行政补偿决定及实施行为均发生损失产生之前,以及海事行政补偿决定作出在实际损失发生之前而补偿的给付行为发生在损害过程之中或损害发生之后两种形式。事后补偿是指补偿决定及补偿的给付行为均发生在实际损失产生之后的行政补偿。

4. 直接补偿与间接补偿

依照补偿手段是否具有直接填补损害的作用,可将海事行政补偿划分为直接补偿与间接补偿。直接补偿是以金钱或实物的方式直接填补受害人所受损失的一种行政补偿。而间接补偿则是通过授予某种特殊权利或利益,间接填补受害人所受损害的一种行政补偿。

5. 有约定补偿与无约定补偿

所谓有约定补偿,是指海事行政补偿义务机关与被补偿人在损失发生之前或之后已就补偿问题达成协议的海事行政补偿。无约定补偿,则是指海事行政补偿义务机关与被补偿人之间没有补偿协议,补偿按补偿义务机关单方面的意思表示进行的海事行政补偿。

6. 侵害人身权的补偿与侵害财产权的补偿

依照合法海事行政行为所侵害的合法权益内容的不同,海事行政补偿可分为侵害人身权的补偿与侵害财产权的补偿两类。这两类补偿在救济方法上有所不同。

7. 政策性补偿与非政策性补偿

所谓政策性补偿,是指国家对其实行公用征收、征用或其他政策所造成的特定损失的补偿;非政策性补偿,是指海事管理机构对其合法的具体公务行为所造成的特定损失的补偿。政策性补偿是执行国家事先已决定给予补偿的国家政策的必然结果,补偿对象一般具有一定的普遍性;而非政策性补偿是由海事管理机构的特定行为而非国家政策本身所造成的,补偿对象一般是个别的公民或组织。

三、海事行政赔偿与海事行政补偿的区别

(1)两者发生的基础不同。海事行政赔偿由海事管理机构及其工作人员的违法行为引起,以违法为前提;而海事行政补偿由合法行为引起,不以违法为前提。

(2)两者性质不同。海事行政赔偿是海事管理机构对其违法行为承担的一种法律责任,意在恢复到合法行为所应有的状态;而海事行政补偿是一种例外责任,意在为因公共利益而遭受特别损失的公民、法人或其他组织提供补救,以体现公平负担的精神。

(3)两者承担责任的方式不同。海事行政赔偿责任以金钱赔偿为原则,但也可以采取其他方式如恢复原状、返还财产、消除影响等;海事行政补偿责任多为支付一定数额的金钱。

(4)两者发生的时间不同。海事行政赔偿责任的前提条件是损害的实际发生,即先有损害,后有赔偿;海事行政补偿责任既可以在损害实际发生前先行进行,也可以在损害发生后进行。

第十三章　海事行政法制监督

第一节　海事行政法制监督概述

“一切有权力的人都容易滥用权力，这是万古不易的一条经验。有权力的人使用权力一直到遇有界限的地方才休止。[1]”海事行政管理机构的行政权力是人民通过法律授予的，因此为了确保海事行政管理在既定的范围内和既定的轨道上运行，需要在行使权力的过程中设置监督制度。对海事行政管理机构及其执法人员是否依法行使职权的行为实施广泛的监督，是依法行政的保障，是实现依法行政，保障人民合法权益的重要一环。监督制约机制的完善有助于促使海事行政管理机构及其执法人员兢兢业业、确实履行法定职责，从而形成依法行政的良好局面。

一、海事行政法制监督的概念

海事行政法制监督是指国家权力机关、上级海事行政管理机构、内部行政监察部门、司法机关和社会组织、海事行政管理相对人依法对海事行政管理机构及其行政执法人员的海事行政管理活动是否符合法制的原则，实行自上而下和自下而上及横向交错的广泛的监督。海事行政法制监督是海事行政管理机构及其工作人员依法实施行政管理的法制保障，也是海事行政法体系的重要组成部分之一。

从上述中不难看出海事监督主体的范围非常广泛，它包括国家机关、社会组织，也包括公民个人。作为海事监督主体的国家权力机关、国家司法机关、海事行政管理机构的上级机关，能够对监督对象采取直接产生法律效力的监督措施，如撤销或变更海事行政管理机构的违法或不当的行政行为等。作为海事监督主体的社会公众，不能对作为监督对象的主体作出直接产生法律效力的监督行为，但可以通过批评、建议或申诉、控告、检举的方式向有权国家机关反映，或通过新闻舆论引起有权的国家机关重视，使之采取能产生法律效力的措施，最终实现对海事行政主体的监督。

由法定的监督主体对行政主体及其执法人员行使权力的活动实施监督，在我国社会主义民主法制建设方面有着重大意义。按照我国《宪法》规定，国家的一切权力都属于人民，维护和保障人民的合法权益，是我们实施民主政治的重要内容。由于行政权力自身的属性和执法人员的道德水准、个人素质以及价值取向的差异，行政机关及其工作人员在行使行政权力时，难免会侵害公民的合法权益。通过对行政活动实施法律监督，不仅可以在很大程度上防止行政机关及其执法人员因违法或不当的行政行为对公民合法权益造成侵害，而且可以

---

[1] 孟德斯鸠. 论法的精神. 张雁，译. 北京：商务印书馆，1963.

在侵害发生之后,及时追究有关人员的责任,对被侵害者提供有效的法律救济。

二、海事行政法制监督的分类

海事行政法制监督按照不同的标准有几种不同的分类方式,主要有;

1. 按监督主体分

以此为标准分,海事行政法制监督有两大类:第一,海事行政管理机构系统内的监督,如上级海事行政管理机构对下级海事行政管理机构的监督(执法监督实施的日常工作由海事行政管理机构的法制部门负责)、内设监察部门的监督等。第二,其他国家机关对海事行政主体的监督,主要是指一是国家权力机关的监督,即全国人民代表大会及其常委会和地方各级人民代表大会及其常委会的监督;二是司法机关的监督,包括审判机关的监督和检察机关的监督等。其中海事行政管理机构的内部监督可以分为海事行政管理机构的层级监督和内设监察部门的监督。前者如海事行政复议、报批、备案等制度,后者如内设监察部门的监督等。

2. 按监督对象分

海事行政法制监督的对象包括两大类,即海事行政主体和海事行政执法人员。以此为标准,海事行政法制监督有:第一,侧重于对海事行政主体的监督,如审判监督;第二,侧重于对海事行政执法人员的监督,如监察监督;第三,对海事行政主体和海事行政执法人员的监督,如国家权力机关的监督。

3. 按监督内容分

海事行政法制监督的内容,主要侧重海事法律执行情况的监督和侧重于海事纪律执行情况的监督。因此,海事行政法制监督可以分为:第一,侧重对海事法律执行情况的监督,如国家权力机关的监督和司法机关的监督,主要以海事法律为依据,监督海事行政主体及其行政执法人员对法律的执行和维护;第二,侧重于对海事纪律的执行情况的监督,如监察监督,主要以国家有关政纪和财经纪律为依据,检查监督海事行政主体及其执法人员对国家有关政纪和财经纪律的执行和维护。

4. 按监督程序分

按照国家的法律规定,海事行政法制监督主体的监督权力并不完全相同,有的只能在事后行使监督权,有的则可以在事前和事中实施监督,也有的可以在事前、事中和事后进行全过程监督。因此,海事行政法制监督可以分为:第一,事后监督,即在海事行政行为实施后进行的监督,如行政复议;第二,事中监督,即在海事行政行为作出过程中进行的监督,如国家权力机关的人民代表视察、建议等监督形式;第三,事前监督,即在海事行政行为实施前进行的监督。事前监督主要体现在海事行政系统内部监督,如在重大决定作出前集体讨论或向上级海事行政管理机构先行请示,就有关政策界限寻求答复等。一般情况下,海事行政法制监督可以贯穿整个海事行政过程。

5. 按监督范围分

不同的海事监督主体的监督范围是不同的。因此,可以将海事行政法制监督分为一般监督和专门监督。一般监督如国家权力机关的监督、上级海事行政管理机构的层级监督,涉及面非常广泛,可以扩及整个海事行政执法领域。专门监督如监察监督仅侧重财务收支和人事政绩等问题的监督，一般不涉及全部海事行政事务。

三、海事行政法制监督的意义

（1）海事行政法制监督是贯彻国家民主法制原则，保护海事行政管理相对人合法利益的需要。

（2）海事行政法制监督是转变海事行政管理机构的思想作风和工作作风的需要。

（3）海事行政法制监督是加强海事行政执法队伍建设，增强海事行政执法人员法制观念的需要。

（4）海事行政法制监督可以纠正和避免违法行政的行为，防止造成损失起到防患于未然的作用。

（5）海事行政法制监督是遏制行政权力滥用的必要而且是非常有效的手段之一。

（6）海事行政法制监督是法律、法规得以切实实施，防止错误决策，确保海事行政行为正确的有效方法。

第二节　海事行政法制监督的国家机关

一、国家权力机关的监督

在我国，权力机关是指全国人民代表大会和地方各级人民代表大会。根据《宪法》规定，国家的一切权力属于人民，人民行使国家权力的机关是人民代表大会。行政机关由人民代表大会产生，是权力机关的执行机关，对它负责，受它监督。人民代表大会制度是我国的根本制度。权力机关不仅制定法律，而且监督行政机关执行法律。

1. 国家权力机关监督的概念

权力机关的监督，是指作为国家权力机关的各级人民代表大会及县级以上人民代表大会常务委员会对行政主体及其公务员行使行政权、履行行政职责的情况所进行的监督[1]。

我国权力机关对行政机关及其公务员的监督，是根据《宪法》的授权进行的。权力机关对行政机关及其公务员的行政行为的监督，在行政法体系中处于非常重要的地位。权力机关是由人民选举的代表组成的，它代表人民的意愿行使对行政机关的监督权。行政机关及其公务员接受权力机关的监督，实质上是接受人民的监督，是人民主权原则的具体体现。与其他监督主体相比较，权力机关对行政机关及其公务员的监督是最高层次的监督。它有权撤销行政机关制定的行政法规、规章和决定、命令。权力机关对行政机关的监督一般都限于宏观上的、带有全局影响的重大行政行为，而且权力机关有全面审查行政机关行为的权力，无论是抽象的行政行为，还是具体的行政行为都属于监督范围。而司法机关只能对行政机关的具体行政行为进行监督检查。海事行政管理机构作为法律授权的行政机关，在行使行政管理权时，也要受到国家权力机关的全面审查和监督。

---

[1] 叶必丰. 行政法与行政诉讼法. 北京：中国人民大学出版社出版，2003.

2. 国家权力机关监督的作用

国家权力机关对国家行政机关及其公务员,包括海事行政管理机构及其海事行政执法人员全部行政管理活动进行监督检查,已成为国家行政管理的一项重要的制度。这种监督的主要作用有:

(1)保证国家有关行政法律、行政法规等的正确实施,充分发挥行政机关的职能,达到依法行政的目的。

(2)能有效的防止和克服行政机关及其行政执法人员违法行政的行为,避免侵害相对人利益的行为的发生,达到保护行政相对人权利的目的。

(3)能够改进行政机关及其行政执法人员的工作作风,提高工作效率,达到提高行政执法人员的素质的目的。

3. 国家权力机关监督的方式

国家权力机关对行政机关的行政管理工作监督的主要方式有:

(1)由权力机关直接对行政机关的行政管理活动进行全面监督。

(2)由人民代表的监督来实现对行政机关的监督。

(3)由国家权力机关设立专门机构来实现对行政机关的监督。

二、国家司法机关的监督

按照我国《宪法》的规定,虽然行政机关只对权力机关负责,受其监督,但同时仍要受司法机关的法律监督。这是《行政诉讼法》和《宪法》规定的一条基本监督体制。司法机关对海事行政管理机构的监督是通过两种形式实现的。一是海事法院通过行政诉讼审查行政行为的合法性,纠正违法行政行为,监督海事行政管理机构依法行政。二是人民检察院、人民法院通过追究惩治职务犯罪,防范和纠正执法人违法犯罪行为,保证依法行政原则的落实。

1. 司法机关监督的概念和特征

司法机关的监督,是指人民法院和人民检察院依法对行政机关及其公务人员的行政行为进行审判活动和检察监督活动[1]。值得注意的是,海事行政诉讼案件现在由海事法院受理。

与其他监督形式相比较,司法监督有以下特征:第一,监督主体是审判机关和检察机关。司法监督主体审判机关和检察机关依法享有国家的司法权,其职权不同于海事行政法制监督的其他监督主体。审判机关和检察机关对海事行政管理机构及其执法人员实施监督,是防止行政专权和腐败的权力制约措施。第二,监督对象是海事行政管理机构及其执法人员。这与审判机关和检察机关对一般公民、法人或其他组织的监督审查不同,海事行政法制监督中的司法监督是特定对象的特定行为,即必须是享有海事行政管理权的海事行政管理机构及其执法人员,而且是与执行职务相关的行政行为。海事行政管理机构及其执法人员所作的民事行为或个人行为不属于监督的对象。第三,监督适用诉讼程序。审判机关和检察机关在监督行政行为时采用专有的审判和检察手段,即适用诉讼程序。这一点与权力机关等的监督程序是不同的。

---

[1] 方世荣. 行政法与行政诉讼法学. 北京:中国人民大学出版社出版,2003.

2. 司法机关监督的意义

司法机关对海事行政管理机构及其执法人员的行政行为进行监督具有非常重要的意义：第一，能够确实保护公民、法人和其他组织的合法权益，防止海事行政管理机构及其执法人员对其合法权益的侵犯，也能够使《宪法》赋予公民的对国家行政机关及其执法人员的违法行政的行为，向有关国家机关提出申诉、控告和检举的权利落到实处；第二，可以促进和增强海事行政管理机构及其执法人员依法行政的自觉性，防止官僚主义、徇私枉法、滥用职权等腐败行为，保证海事行政管理权力能够正确的行使。

3. 司法机关监督的范围

司法机关对海事行政管理机构及其执法人员的行政行为的监督并非是全方位的，那些属于司法机关监督的范围，是涉及司法权与行政权的关系问题。确定司法机关的监督范围，既要考虑充分保护行政管理相对人的合法权益，又要保护国家利益和社会公众利益，促进海事行政管理机构有效行使行政管理权，而且还应从我国的现有条件和实际状况出发。目前列入司法机关监督范围的主要是与行政管理相对人的切身利益关系比较密切的行政行为，即对侵犯公民、法人和其他组织的人身权和财产权的具体行政行为，可以通过诉讼途径，由审判机关和检察机关实施监督。抽象的行政行为不在审判机关和检察机关的监督范围内。

4. 审判机关的监督

审判机关依法享有审判权。其监督主要是通过行政诉讼的方式，对海事行政管理机构具体行政行为进行审查，有权撤销违法的具体行政行为，变更显失公正的行政处罚行为，以实现其监督职能。审判机关监督的主要特点是：第一，它是一种事后监督，是海事行政管理机构及其执法人员的行政行为作出之后实施的监督；第二，这种监督实行不告不理的原则，只有当事人起诉时才会启动监督程序；第三，这种监督主要是对具体行政行为的合法性进行监督；第四，这种监督是依照司法程序进行的。

5. 察机关的监督

检察机关是国家的法律监督机关，依法享有检察权。检察机关对海事行政管理机构及其执法人员的监督是全面的、多样的。一方面，它可以对犯有渎职行为的执法人员进行侦察和提起公诉，实现其对行政的监督职能；另一方面，它还可以通过派检察员出庭参与行政诉讼，或者在行政诉讼后通过提起抗诉督促审判机关依法监督行政机关，以对海事行政管理机构的行政活动进行监督。

第三节　海事行政管理机构的内部监督

一、海事行政管理机构的层级监督

1. 海事层级监督的概念

层级监督又称一般监督，即上级海事行政管理机构对下级海事行政管理机构、海事行政管理机构对其自身或其所属执法人员的监督，其中包括通过行政复议方式的监督。

海事系统内部的层级监督，具有通常性、广泛性和直接性的特点。层级监督的频率远高于监察等部门的监督；而且层级监督的范围最大，涉及所有海事行政管理活动，凡是海事行政行为，都列入它的监督视线之内；再则海事层级监督是以隶属关系的纽带维系的，所以监督主体和监督对象之间具有直接、密切的联系。

2. 海事层级监督的方式

海事行政管理机构内部的层级监督对海事行政管理机构及其执法人员的海事行政管理活动往往产生直接的甚至重大的影响。目前海事行政管理机构层级监督的方式有：

(1)审查批准。是指海事行政管理机构的上级按照有关的法律规范对下级海事机构的部分行政行为进行审核确认的活动。审查批准的内容主要涉及比较重大的行政行为，包括抽象行政行为和具体行政行为。通过较强的事先监督，起到预防行政违法的目的。

(2)备案审查。根据法定要求，各级海事行政管理机构制定的规章及其他规范性文件或根据要求，某些行政执法活动应在事后向上级海事行政管理机构备案，以供上级海事行政管理机构了解情况。如果在备案审查中发现违法或不当之处，可责令下级海事行政管理机构予以纠正或由上级海事行政管理机构直接撤销。

(3)审查工作情况汇报。听取、审查本级海事行政管理机构各工作部门和下级海事行政管理机构的执法情况报告，是海事行政管理机构内部监督的重要方式。通过下级海事行政管理机构向上级报告自己的工作，实现上级对下级行使行政管理权的监督。

(4)执法监督检查。是指上级海事行政管理机构对下级海事行政管理机构执行法法律、法规、规章、上级海事行政管理机构决定或者命令的情况采取的主动检查措施。它具有深入实际、真实客观的优点。值得注意的是执法监督检查是对行政执法行为的监督检查，是与对行政管理相对人的执法监督是不同的。

(5)行政复议。是指有权的海事行政管理机构应公民、法人和其他组织的申请，对被申请复议的具体行政行为是否合法、适当进行审查，并作出相应决定的法律制度。这是行政系统内部较为规范的一种监督方式。有关行政复议的内容本书另有详细的介绍。

(6)考核惩戒制度。这是海事行政管理机构对其行政执法人员的具体行政行为进行定期考核，如果发现执法人员的违纪行为，则视情节轻重由有关部门作出处理决定。

3. 海事行政管理机构的监督机制

交通运输部海事局为了督促各级海事行政管理机构依法行政、严格执法，采取了聘请社会监督员的方式来监督自己的行政执法工作。并在2001年制定下发了海法规字[2001]315号文，即《海事行政执法监督实施办法(试行)》。对海事行政管理机构的行政执法监督工作作了更加具体的规定。有关内容介绍如下：

1)原则性规定

(1)为加强对海事行政执法的监督管理，督促海事管理机构依法行政、严格执法，保障法律、法规、规章的正确和有效实施，制定本办法。

(2)本办法适用于中华人民共和国海事局、直属海事管理机构(指直属各级海事局)及其执法人员的各项海事行政执法行为。海事行政执法行为包括国家法律、法规、规章，我国批准或加入的国际公约、条约，以及上级政府主管部门授予海事行政主管部门的各项管理职能所涉及的行政执法行为。

(3)海事系统开展行政执法监督，应当建立健全执法责任制、执法公示制、执法错案追究制等有效机制和监督体系。海事行政执法监督，采取行政监督和社会监督相结合，以海事系统内的日常行政执法监督为基础,执法公示制为先导,行政执法责任制和错案责任追究制为保障。

(4)中华人民共和国海事局主管全国海事系统的执法监督机制的组织和实施工作。海事管理机构负责本单位及所属机构执法监督的实施工作。执法监督实施的日常工作由中华人民共和国海事局和海事管理机构的法制部门负责。未设法制部门的海事管理机构应当设立专职岗位负责此项工作,并接受上一级海事管理机构法制部门的业务指导。

(5)海事管理机构应当保证各项执法监督制度连续、有效的运行,并不断加以完善。海事管理机构应当加强执法培训,增强各级领导和执法人员的法律意识、法制观念,提高依法行政的水平和严格执法的自觉性,公示执法内容,规范执法行为,自觉接受执法监督。

(6)海事管理机构在实施执法监督时,应当遵循:

①有法必依、执法必严、违法必究、有错必改;

②使各项海事行政执法行为受到连续和有效的监控;

③管理不代位、监督不越位。

2)执法监督

(1)海事行政执法监督,主要内容是审核并监督下列海事行政行为的合法性:

①海事规范性文件的制定、修改与发布;

②海事行政审批、许可;

③海事行政强制;

④海事行政处罚。

(2)对海事规范性文件制定、修改、发布行为的监督,应当包括以下内容:

①制定、修改和发布海规范性文件的主体,是否超越职责权限。

②规范性文件内容的合法性,包括:

a. 是否符合上位法律、法规和规章的规定;

b. 有无超越上位法对执法主体设立新的权力、责任或者对行政相对人设立新权利、义务;

c. 执法主体的权力与责任是否统一,行政相对人的权利与义务是否统一;

d. 所设立的各项制度,是否有明确的程序和要求;

e. 各项规定的合理性以及与横向有关规定是否统一、协调。

③制定、修改、审核和发布的程序是否合法,包括是否充分征求了行政相对人的意见和建议,并做了合理的处理。

④海事管理机构以本身的名义发布的规范性文件是否按规定备。

(3)海事管理机构承担或参加法律、法规、规章起草工作时,其法制部门除按照本办法第十七条的规定进行审核外,还应当根据《立法法》等国家法律、法规和海事立法的有关规定,对立法主体、程序和内容的合法性进行审核,对法律、法规、规章之间的统一性和协调性进行审核,并提出意见和建议。

(4)对海事行政审批和许可行为的监督,应当包括以下内容:

①行政审批、许可项目的设立是否合法,其主体是否合法,即是否超越规定的职责和权限。

②行政审批、许可的程序是否合法、规范、简便。

③行政审批、许可所设立的条件和要求及办结时限是否充分、合理。

④是否收取有关费用,收费的依据和单据是否合法,是否办理了有效的收费许可证。

⑤实施行政审批、许可,是否按照有关规定进行备案审核。

(5)海事行政强制、行政处罚的监督,应当包括以下内容:

①行政强制、行政处罚的执法主体与程序是否合法;

②行政执法中认定事实是否充分、确凿;

③适用法律、法规、规章和规范性文件是否准确;

④做出的行政强制或处罚决定是否适当,其法律文书是否规范;

⑤主要或重大行政强制、处罚项目,是否按照规定程序进行审核、批准和备案。

(6)海事管理机构的法制部门应当对各项具体执法工作的责任的是否符合法律、法规和规章等规定的要求,责任是否充分和到位,责任是否得到有效的落实,进行审核。特别是超越职责权限,或者按明确的职责、权限而不作为的情况,应当及时向有关执法部门指出并向有关主管领导汇报。

(7)海事管理机构的法制部门应当对本单位海事行政执法监督机制的建立。贯彻情况进行有效的监督与跟踪,并结合日常执法监督工作和执法检查工作,审核:

①执法责任制是否按规定有效运行;

②执法公示制是否按规范建立并有效实施;

③错案责任追究制度是否建立并政党运行;

④主要和重大执法活动是否遵守执法监督的有关规定和程序;

⑤执法备案制度是否按照执法监督的有关要求得以落实;

⑥执法监督工作的定期评议和考核是否按要求进行。

(8)海事行政执法监督,可根据不同情部分采取审核、备案、通报、随访、检查、接受社会监督及其他方式进行。海事管理机构应当定期或不定期地开展执法检查。定期执法检查一般每年进行一次,不定期检查根据需要随时进行。海事管理机构应当将检查结果报上级海事管理机构。

3)备案、审核和通报

(1)凡涉及海事行政执法的法律、法规、规章和重要规范性文件的案文,在提交海事管理机构主管领导审签之前,应当经所在海事管理机构的法制部门审核。海事管理机构在发布跨辖区、跨省或辖区内综合性海事管理的规范性文件之前,应当按规定报上级海事管理机构审核。由有关海事管理机构起草或参与制定,并拟由省(直辖市、自治区或较大城市)地方人民代表大会或其常委会或人民政府发布施行的地方性法规、规章和规范性文件,有关海事管理机构应当将案文在提交批准之前,报中华人民共和国海事局审核。上述文件发布后,海事管理机构应当将正式文本报上级海事管理机构备案。

(2)海事管理机构应当统一使用中华人民共和国海事局规定的执法文件,并按照规定的要求填写。凡影响执法文书法律效力的内容,必须在执法文书内载明。所有执法文书均应当按规定备案。海事管理机构或执法部门应当按规定建立档案,保证各项执法文书随时可查。

(3)涉及下列事项的执法文书,海事管理机构或其执法部门应当在文书签发之前(附相关材料)经所在海事管理机构的法制部门审核:

①没收船舶的行政处罚;

②吊销证书(簿)、许可证明等的行政处罚;

③超过一万元人民币罚款的行政处罚;

④1 000 总吨及以上的机动船舶予以滞留(或禁止离港)、停航、停止作业等强制性行政处理。在做出前款(四)项规定的行为时,如遇特殊情况,经主管局领导同意,海事管理机构或执法部门可在上述文书签发后的 5 个工作日内,将有关文书的副本或影印件向所在海事管理机构的法制部门备案。

(4)海事管理机构应当在实施下列执法行为之前,将有关情况以适当的形式尽快通报所在海事管理机构的法制部门:

①本办法第二十六条规定的情形;

②大、重大、特大水上交通事故或污染事件的调查;

③全省、跨省、全水系、全国性的统一或联合执法行动;

④涉及本单位的行政诉讼事件。

(5)法制部门对备案的文书和通报的情况应当登记以便核查,发现问题及时提出纠正意见。

(6)海事行政执法随访,系指海事管理机构的法制部门组织人员参加或观察海事行政执法活动。海事行政执法抽查,系指海事管理机构的法制部门随机对海事行政执法部门、执法现场的执法情况进行督察。

(7)海事管理机构的法制部门应当每年制订随访计划,报有关局领导同意后实施。海事管理机构应当每年对下属海事管理机构或执法部门抽查 1 ~2 次,对现场海事行政执法活动抽查 2 ~3 次。法制部门在实施抽查工作前,应拟定抽查工作方案和提纲,报有关局领导同意后实施。

(8)随访的形式可以是随执法人员一起行动、在执法现场蹲点、在某个执法部门短期工作等。

(9)抽查工作以小组为单位。抽查小组可以由海事管理机构组织或直接由中华人民共和国海事局组织,由法制部门的人员或从海事管理机构有关部门抽调的人员组成。中华人民共和国海事局可以组织对海事管理机构之间的交叉或对口抽查。

(10)进行海事行政执法随访或抽查的人员,不得在现场妨碍或干预执法部门和执法人员正常的执法工作。

(11)发现违法执法行为,随访或抽查的人员应当认真记录,并及时向执法人员所在的部门通报或直接向所在海事管理机构的主管领导报告。发现执法风纪不良现象,随访或抽查人员应当及时向执法人员指出并要求其纠正。

(12)随访或抽查工作结束,法制部门应当形成书面报告向所在海事管理机构的领导汇报并向有关执法部门通报,必要时,还应当向上级海事管理机构报告。

4)执法考核与评议

(1)中华人民共和国海事局负责制定执法考核与评议的总体目标。海事管理机构按照总体目标确定本单位的执法考核与评议目标。

(2)海事管理机构应当在海事行政执法责任制和方针、目标管理的基础上建立行政执法考核与评议制度。执法考核与评议制度,应当与人事考核制度、分配制度以及评优和创文明活动等,建立必要的联系并成为其中的必要条件。执法考核与评议工作,由海事管理机构的法制部门负责实施,人事部门归口管理。

(3)执法考核与评议一年进行一次。海事管理机构的执法部门应当对本部门的执法人员进行执法考核,法制部门应当对各执法部门进行年度执法考核。年度执法考核与评议的内容至少应包括以下几方面:

①对其职责范围内应知的法律、法规、规章和主要的规范性文件的了解程度;

②执法工作是否勤政;

③执法文书的填写是否规范;

④有无发生越权执法、执法不作为或执法错案;

⑤执法监督机制落实情况;

⑥执法风纪是否良好;

⑦法制培训计划执行情况;

⑧执法水平、执法艺术。

(4)对执法人员的执法评议由其所在部门的负责人做出;对各执法部门的评议,由所在海事管理机构的法制部门提出评议意见,会签人事部门后报局领导审定;对海事管理机构的法律评议,由该海事管理机构的局领导集体做出并报上级海管理机构审定。一年中发生行政执法违法事件3起以上的,上一级海事管理机构应当认定为行政执法评议不合格。

(5)执法考核与评议情况应以书面形式报上一级海事管理机构,并计入有关个人、部门和单位的年度工作考核。

(6)海事行政执法人员实行考试、聘任和持证上岗制。凡年度执法考核与评估不合格的人员,所在海事管理机构的法制部门应当收存其执法证。执法证被法制部门收存的执法人员,应当参加规定的法制培训,通过相应的考试后,方可重新取得执法证。否则,其执法证应当由执法部门报请中华人民共和国海事局予以注销。被注销执法证的人员,人事部门应当将其调离执法岗位。

另外在《海事行政执法监督实施办法(试行)》中还规定了执法责任制、执法错案责任追究制以及有关法制部门和监察部门的职责和分工的内容。在最后还附录了两个附件即《海事行政执法错案责任界定导则》和《海事行政执法错案责任追究导则》,分别对海事行政执法错案责任界定和海事行政执法错案责任追究作了具体的规定。

二、海事行政管理机构内设监察部门的监察

1. 行政监察的概念

监察,是监视督察的意思。行政监察,是指行政系统中设置的专司监察职能的机关对行政机关及其公务人员的行政行为进行监视、督察和惩戒的活动❶。行政监察的目的,是为了

❶ 应松年. 行政法学新论. 北京:中国方正出版社出版,2003.

保证政令畅通,维护行政纪律,促进廉政建设,改善行政管理,提高行政效率。

国家行政监察机构是行政系统内对违反国家政策、法律法规和政纪的行政人员的行为进行查处的专门行政监察机关。它是行政自我约束、防止并纠正违法行政的有力武器。海事行政管理机构在系统内部设置了行政监察部门,履行国家行政监察职责。

2. 海事行政管理机构内设监察部门的监察职责

海事行政管理机构内设监察部门的监察职责,根据《行政监察条例》的规定主要有:

(1)监督检查海事行政管理机构及其执法人员贯彻执行国家有关法律、法规和政策以及决定命令的情况;

(2)受理海事行政管理机构及其执法人员违反国家法律、法规以及违反政纪行为的检举、控告;

(3)调查处理海事行政管理机构及其执法人员中违反国家法律、法规以及违反政纪的行为;

(4)受理海事行政管理机构及其执法人员不服行政处分的申诉;

(5)其他法律、法规规定的由监察机关受理的申诉。

3. 海事行政管理机构内设监察部门的监察方式

海事行政管理机构内设监察部门履行监察职责的主要方式有:

(1)检查。海事行政管理机构内设监察部门根据监察计划定期或不定期地对被监察部门和人员贯彻和执行国家法律、法规、政策以及决定、命令的情况进行检查;

(2)调查。海事行政管理机构内设监察部门有权对违法违纪行为进行立案调查。

海事行政管理机构内设监察部门在检查和调查过程中,还须遵守一些共同的规则,如:听取被监察部门和人员的陈诉和申辩;涉及重要、复杂的检查事项或举报应当备案;作出重要的检查建议或者重要的监察决定,还须经本级海事行政管理机构和上级监察机构的同意等。

第四节　中国共产党和社会的监督

一、中国共产党的监督

在中国,中国共产党对国家行政机关,包括海事行政管理机构及其执法人员的监督具有特别的地位和作用,也是党领导国家行政管理的重要方式。中国共产党对海事行政管理机构的领导和监督,不是"以党代政",不是包办一切。党的十六大报告指出:"党的领导主要是政治、思想和组织领导。通过制定大政方针,提出立法建议,推荐重要干部,进行思想宣传,发挥党组织和党员的作用,坚持依法行政,实施党对国家和社会的领导。"这一表述科学地、准确地体现了党的领导的实质。党的十六大报告明确了党组织和行政组织的不同性质和功能以及各自的职责。明确规定党对国家政治事务实行政治领导的主要方式是:使党的主张通过法定程序变成国家意志,通过党组织的活动和党员的模范作用带动广大群众,实现党的路线、方针和政策。因此,党对海事行政管理机构及其执法人员的监督,不是直接参加和干预其具体工作,而是对其工作督促和检查,改进工作方法,纠正偏差和失误,克服官僚主义，提高工作效率。监督海事行政管理机构是否依据宪法和法律行政，是否全心全意地履行保证船舶航行安全、防止船舶污染海域职责，为港口的建设和发展服务。同时，对在海事行政管理活动中的违反国法政纪的执法人员，建议主管部门予以处分。从而实现党对海事行政管理机构及其执法人员的行政法制监督。

二、社会主体的监督

除上述提到的监督主体外，还有一个重要的监督主体——社会主体的监督。

社会主体的监督是指公民、法人和社会组织对行政主体及其公务人员，包括海事行政管理机构及其执法人员行使职权和遵纪守法的情况实施的监督。公民、法人和社会组织作为监督主体，虽不能直接对监督对象采取有法律效力的监督措施和处理决定，但可以通过向有权国家机关提出批评、建议、申诉、控告、检举、起诉或通过报刊、杂志等舆论工具对违法行为予以揭露、曝光，对行政主体及其公务人员依法进行行政活动形成一种督促和威慑。同时也能为有权国家机关的监督提供信息，使之采取有法律效力的监督措施和监督行为。因而公民、法人和社会组织等社会主体实施的监督，是启动其他监督形式的基本动力，也是实施行政法制监督的广泛基础。

另外，《海事行政执法监督实施办法(试行)》中对有关社会监督也作了相应的规定：

(1)社会监督包括公众、媒体、有关单位和个人以及海事管理机构聘请的社会监督员以适当的方式和途径进行的监督。

(2)海事管理机构及其下属海事管理机构、有关部门和执法人员，应当积极、主动地搜集和听取社会有关单位、个人的意见，尤其是海事行政管理相对人的意见。

(3)对海事行政执法行为或有关执法部门、人员的举报和控告，海事管理机构应当在15个工作日内做出相应的答复或说明；经查属实的，应当按规定予以严肃处理并将处理结果向控告、检举的单位或个人反馈。海事管理机构受理举报、控告所属执法部门和执法人员的违法、不当的具体行政行为后，应及时查处并为控告、检举人保密。严禁对控告、检举人打击报复或变相打击报复。海事管理机构应当将重大举报案件及时报上级海事管理机构。举报、控告中涉及执法部门和人员违纪的部分，法制部门应当及时将有关情况通报或移交所在海事管理机构的纪检部门处理。

(4)对来自社会监督的意见和建议，海事管理机构的法制部门应当进行登记。归纳、研究，并将情况反馈有关的执法机构或部门，并向局领导报告。对确属违法或违纪执法的，海事管理机构应当及时予以纠正；对良好的建议，应当积极采纳。

(5)海事行政执法的社会监督员，由海事管理机构从海事行政执法相对人以及有关管理部门、人大、政协、新闻媒体、社会团体等单位中选聘，聘期一般不少于2年，可以续聘。每个海事管理机构聘请的社会监督员总人数应当不少于9名。

(6)海事管理机构应当对社会监督员提出相应的监督要求，提供必要的联系渠道，提供相应的海事法律、法规和国际公约及海事业务方面的知识和书籍，并每年与社会监督员进行座谈，听取他们对海事行政执法工作的意见和建议。